인생의 2막을 위한
라이프 디자인

은퇴수업

노년교육연구회 편

학지사

『은퇴수업』을 내며

우리는 지금 100세 시대를 살고 있습니다. 태어날 때는 인생 60세의 계획을 갖고 태어났지만, 현재를 살고 있는 우리에게는 인생 100세의 새로운 지도가 놓여 있습니다. 마치 3박 4일 일정으로 여행을 떠났는데, 중간에 일정이 바뀌어 여행이 5박 6일로 연장된 것과 같습니다. 3박 4일 일정에 맞춰 여비와 옷가지 등등을 준비했는데 갑자기 늘어난 일정에 난감하기 그지없습니다.

그러나 다행인 것은 모자란 물품을 구입할 수 있는 가게가 지금 우리 앞에 있다는 점입니다. 지금부터 일정을 다시 짜야 합니다. 그리고 중요한 것은 이번 기회를 놓치면 다시는 모자란 물품을 조달할 수 있는 가게가 나타나지 않을지도 모른다는 점입니다.

이 책이 갑작스럽게 늘어난 일정에 맞춰 인생이라는 긴 여정의 계획을 다시 짜는 데 도움이 되기를 바랍니다. 그동안 우리들이 연구하고 고민했던 지식을 총동원해서 이 책에 쏟아부었습니다. 그리고 우리도 아직 가 보지 않을 길이기에 부족했던 자신감은 다행히도 우리 중에 먼저 여정을 떠나 도착지점 가까이 가 있는 이광우, 이창섭, 홍석태 세 분의 선배들이 보충해 주었습니다.

이 책을 통해 우리가 말하는 것이 모든 이들의 성공적인 은퇴나 노후를 위한 정답이 될 수는 없을 것입니다. 왜냐하면 은퇴는 지극히 개인적인 것이고 은퇴 후의 삶은 저마다 다른 색깔과 다른 속도로 전개되기 때문입니다. 따라서 우리는 이 책에서 가능한 한 일반적이고 원론적인 이야기를 하려고 노력했습니다. 여러분께서 이 책을 펼쳐 드는 순간 공은 우리에게서 독자 여러분에게로 넘어가게 됩니다. 이 책에서 말하는 지식이나 원리를 어떻게 받아들이고 어떻게 삶에 적용할 것인가는 여러분 각자의 몫입니다. 그러면서도 간절히 바라는 것은 이 책이 여러분의 성공적인 노후에 조금이나마 도움이 되었으면 하는 것뿐입니다.

처음 노년교육이라고 하는 새로운 분야에 관심을 갖기 시작했던 20여 년 전만 해도 우리 사회에서 고령화란 낯설고 생소한 단어였습니다. 이미 다 끝난 인생인 노년들에게 교육이라니 가당치 않은 일이었으니까요. 그러나 다행히도 그렇게 모두가 외면할 때 외롭게 시작한 길에서 여러 친구들을 만났습니다. 우리들의 본격적인 만남은 2001년 9월 'GEG(Group for Educational Gerontology)' 라는 이름으로 첫 홈페이지를 열면서 시작되었습니다. 처음 몇 사람은 학교와 학회의 선후배 관계로, 몇몇은 스승과 학생의 관계로, 또 몇몇은 일면식도 없는 상태에서 홈페이지를 통해 인연을 맺었습니다. 이제 GEG에서 이름을 바꾸어 '노년교육연구회(Korean Society of Educational Gerontology)'가 되었고, 다섯 명으로 시작했던 회원은 254명으로 불어났습니다. 매달 20여 명이 작은 강의실에 모여 주제를 바꿔 가며 세미나를 하고 있습니다.

혹시나 노년교육에 관심을 가진 후학들에게 조금이나마 도움이 될까 하는 마음에 그동안 몇몇 회원들이 모여 『노인 자서전 쓰기』(학지사, 2004), 『세계의 노인교육』(학지사, 2006)을 집필했습니다. 그렇지만 이번처럼 여러 사람이 함께 공동작업을 한 것은 처음입니다. 19명이나 되는 사람들이 함께 작업을 하다 보니 더 많은 시간과 노력이 필요했습니다. 기획부터 치면 3년이라는 긴 시간이 걸렸고, 중간중간 멈추고 싶을 만큼 힘들었던 위기도 있었지만 모두들 잘 참고 결국 책을 완성했습니다. 지금 생각해 보니 오히려 힘든 작업을 함께 진행하면서 우리 공동체의 정체성과 단합을 확인할 수 있는 좋은 기회였던 것 같습니다.

힘든 시간을 함께해 준 노년교육연구회의 모든 회원들, 특히 직접 집필에 참여해 주신 김귀자, 김현순, 김형수, 나항진, 박선미, 박성희, 이경희(a), 이경희(b), 이이정, 이혜연, 이호선, 임현민, 조해경, 최일선 선생님(가나다 순), 그리고 전반적인 편집과 교열을 도와준 임현민, 추은경 선생, 또 무엇보다도 성공적 은퇴의 모범을 몸소 보여 주신 이광우, 이창섭, 홍석태 선생님께 깊은 감사를 드립니다. 또한 항상 저희 노년교육연구회에 물심양면으로 지원을 아끼지 않으시는 학지사 김진환 사장님과 꼼꼼한 편집으로 부족한 글솜씨를 채워 주신 이현구 과장님께도 고마운 마음을 전합니다.

2012년 여름에 저자들을 대표하여

한정란

| 차례 |

은퇴수업
4강

풍요롭게 은퇴하기 _ 231

은퇴수업
5강

지혜롭게 은퇴하기 _ 325

은퇴수업 준비하기

나이 드는 사회, 나이 먹는 개인

불과 10여 년 전만 해도 '고령화'는 우리와는 아무런 상관없는 생소한 용어였다. 그러나 그 짧은 기간 동안 고령화가 급속히 진행되어 우리 사회는 이제 '고령화 사회'를 지나 '고령 사회'로 나아가고 있다. 많은 이들이 알고 있는 바와 같이, 우리나라는 2000년을 기점으로 전체 인구 중 65세 이상 고령 인구의 비율이 7%를 넘어섬으로써 '고령화 사회' 단계에 들어섰고, 2018년에 이르면 14%를 넘어 '고령 사회' 단계에 접어들 것으로 예측되고 있다.

독자들 중 상당수는, 요즘 신문이나 TV 등 매스컴에서 연일 '고령화'에 대해 우려의 목소리를 내고 있으니, 우리나라의 고령화 수준이 심각한 정도에 이르렀다고 생각할 것이다. 그런데 솔직히 말하자면 우리나라의 고령화 수준은 적어도 아직까지는 그다지 심각한 편이 아니다. 뭐라고? 이미 고령 인구가 전체의 11%를 넘었는데도 심각한 수준이 아니라고? 물론이다.

현대사회에서 '고령화'는 사회의 발전 정도를 가늠하는 척도 중 하나다. 직장에서 승진하고 수입이 늘어나 가정형편이 좋아지면 끼

니마다 식탁에 좋은 음식들이 올라오고 건강을 위한 운동이나 정기적인 건강검진을 통하여 신체적으로나 정신적으로나 건강해지게 마련이다. 마찬가지로 나라 경제가 발전하고 안정되면 국민들의 신체적 · 정신적 건강이 개선되면서 수명이 길어지고 고령 인구가 증가하는 것은 자연스런 현상이다. 일반적으로 후진국일수록 평균 수명이 짧고 고령 인구의 비율이 낮은 반면, 선진국일수록 평균 수명이 길고 고령 인구 비율이 높다. 따라서 한 사회가 감당하기 어려울 만큼, 그래서 문제가 될 만큼 고령화되었는가 아닌가의 판단은 절대적인 고령 인구의 비율로 따지는 것이 아니라 그 사회의 현재 경제적 수준과 발전도에 비추어 평가해야 타당할 것이다.

그렇다면, 우리나라의 경우를 보자. 우리나라 GDP(국내총생산량)는 2010년 기준 세계 15위였다. 그런데 우리나라의 고령 인구 비율은 2010년 선진국(유럽, 북미, 오세아니아, 일본 등 50개국) 평균인 15.9%는 물론 유럽 평균(16.3%)이나 북아메리카 평균(13.1%)보다도 낮은 11%에 머물러 있다. 결국 현재 우리나라의 고령화 비율은 우리의 경제력과 비교해 보면 낮은 수준이라 할 수 있다. 따라서 11% 정도의 고령화율을 가지고 벌써부터 야단법석을 떠는 것은 만석꾼 집에서 쌀 한 가마 덜 들어왔다고 난리를 피우는 것과 마찬가지인 셈이다.

문제는 속도

그렇다고 우리나라가 고령화 문제로부터 완전히 자유로우며 아무런 염려도 없다는 말은 아니다. 왜냐하면 우리 사회 고령화의 심각성은 바로 '속도'에 있기 때문이다. 지금은 비록 고령 인구의 비율이 11% 정도에 불과하지만, 2030년에는 24.3%, 그리고 2050년이면 38.2%로 증가하여 선진국 평균인 26.2%보다도 더 높은, 세계 최고령국이 될 것으로 예상되기 때문이다. 세계 평균 고령 인구 비율은 2010년 7.6%에서 2050년 16.2%로 증가하고, 선진국 평균은 15.9%에서 26.2%로 증가하는 데 비해 우리나라는 11%에서 38.2%로 3배가 넘게 급증할 것으로 예측된다.

길어진 노년기

고령화는 사회적으로는 고령 인구의 증가를 의미하지만, 개인적으로는 생존기간의 연장이자 노년기의 연장을 의미한다. 또한 인생에서 노년기가 늘어난다는 것은 결국 그만큼 삶에서 노년기가 차지하는 비중, 즉 노년기의 중요성이 커진다는 의미이기도 하다. 평균 수명이 50세도 되지 않던 1940~1950년대와 평균 수명이 80세에 달하는 21세기에 노년의 의미는 전혀 다를 수밖에 없다.

전 미국 대통령 지미 카터는 그의 책 『나이 드는 것의 미덕(*The virtues of aging*)』(1999)에서 이렇게 말한다.

> 내 나이 또래의 미국인 가운데 3분의 1 이상이 은퇴했으며 이들 대부분의 기대 수명이 여든 살이라는 사실을 친구가 지적했을 때, 나는 뭐라 말할 수 없는 복잡한 감정을 느꼈다. 그렇다면 도대체 남은 25년간 무

엇을 해야 한다는 말인가?

이 질문은 오늘날 우리 모두가 심각하게 고민해야 할 숙제이기도 하다.

집을 구하는 문제를 예로 들어 보자. 새로운 아파트를 분양받고 입주 시기를 기다리며 1년 정도 잠시 머물 전셋집을 구할 때와, 앞으로 아이들이 학업을 마칠 때까지 안정된 주거환경을 마련해 주기 위한 집을 구할 때, 여러분은 똑같은 마음으로 집을 선택하고 이사를 준비하는가? 대부분이 그렇지 않을 것이다.

전자의 경우, 그 집에 머물 기간은 고작 1년 정도이고 새 집으로 이사할 때까지 임시로 머문다는 생각에 우리는 그 집에 대해 많은 것을 기대하지 않는다. 벽지가 조금 마음에 들지 않아도, 심지어는 벽지 한 귀퉁이가 찢어져 있어도, '1년쯤이야' 하는 생각에 큰 불평 없이 받아들인다. 기본적인 생활에 불편이 없을 정도의 공간과 기본적인 위생, 그리고 적당한 교통조건 정도만 보장된다면 그 외의 것들이야 아무래도 좋다. 이사를 할 때도 집에 맞춰 살림살이를 새로 장만하지 않으며, 심지어 당장 급한 짐이 아니라면 제대로 풀지도 않은 채 1년을 버티기도 한다.

그러나 아이들이 학업을 마칠 때까지 최소한 15년 이상 살 집을 구할 때는 사정이 완전히 달라진다. 생활조건은 물론이고 집을 되팔 때의 조건들까지 미리 계획에 넣는다. 또한 현재의 생활환경뿐 아니라 아이들이 자라면서 상위의 학교단계로 진학하는 데 따른 교육환경까지도 고려한다. 이사할 때는 한술 더 떠서 조금 무리를 해서라도 싱크대며 집안 구조, 거실장에서 신발장까지 꼼꼼히 수리하는 것은 물론이고, 집의 전체적인 분위기와 구조에 맞춰 소파, 침대, 식탁과 전자제품들까지 새로 장만하기도 한다.

우리의 노년도 마찬가지가 아닐까? 노년기가 불과 몇 년에 불과했던, 혹은 그조차도 기대하기 힘들었던 과거에는 노년기란 인생에서 덤으로 주어지는 시간에 불과했다. 언제 떠날지 모르는 나그네처럼 덤으로 주어진 인생이라면 미리 준비하거나 계획할 필요가 없다. 그러나 수명이 길어져 100세를 바라보는 지금, 노년기는 인생의 1/4을 넘어 1/3을 차지하게 되었다.

더욱이 사회적으로 노년에 이르는 퇴직연령인 평균 55세 전후를 노년의 시작으로 본다면 노년기는 결코 무시할 수 없을 만큼 긴 시간이 된다. 따라서 우리가 허락받은 노년의 20년 혹은 30년은 대충 살다 가기에는 너무도 길고 소중한 시간이며, 노년을 행복하게 누리기 위해서는 그만큼 철저한 준비와 계획이 필요하다.

고령화, 위기인가 희망인가?

고령화는 먼 미래의 이야기가 아니다. 바로 이 순간에도 우리 옆에서 진행되고 있고, 이미 우리 곁에 와 있는 현재진행형의 변화다. 하지만 그렇다고 법석을 떨 일도, 반대로 마음 편히 지켜볼 수 있는 일도 아니다. 왜냐하면 고령화가 위기를 초래하느냐 아니면 또 다른 희망을 불러일으키느냐의 결정은 우리 손에서 판가름 나기 때문이다. 즉, 고령화의 질을 결정하는 선택은 바로 우리 자신들에게 달려 있다.

사실 생각해 보면, 고령화는 인류의 오랜 꿈이었던 '장수'의 실현을 의미한다. 인류는 태초부터 죽음의 공포와 노화의 불안으로부터 자유로워지기를 꿈꿔 왔다. 로마시대에 평균 수명이 25세 정도였다고 하니, 인류에게 장수의 꿈이 얼마나 간절한 소망이었을지는 불 보듯 뻔하다. 그러나 이제 당시의 세 곱절을 훌쩍 넘을 만큼 오래 살 수 있는 행운을 안은 우리는 거꾸로 고령화의 공포에 떨고 있다. 고령화가 가져올 노인 부양부담의 가중과 생산성의 저하에 따른 사회 발전의 지체 또는 퇴행을 두려워하고 있는 것이다.

고령화는 사회의 발전과정에서 나타나는 자연스런 변화다. 우리가 사는 사회는 끊임없이 변화 · 발전한다. 인간의 욕구는 끝을 모르고 그 욕구를 채우기 위한 인간의 노력 역시 계속되며, 그 결과로서 사회는 계속 변화 · 발전해 나가기 마련이다. 인류가 생활하기에 더 나은 조건과 환경을 만들기 위한 연구와 개발의 결과, 의학과 기술이 발전하게 되었고 그에 힘입어 인류의 수명은 획기적으로 길어졌다. 수명이 길어지면서 자연히 고령 인구가 늘어나게 되었고 그 결과로 고령화가 진전된 것이다. 사회가 발전할수록 고령화 또한 더 진전되는 것은 당연한 순리이며, 사회의 발전과 고령화는 동전의 양면과도 같다.

결국 고령화를 막으려면 사회의 발전을 멈추어야 한다. 의학기술을 폐기하든지 경제적인 성장과 안정을 포기해야 한다. 그러지 않고 발전된 사회의 풍요롭고 안정된 환경에서 살고자 한다면, 고령화 역시 기꺼이 받아들일 수 있어야 한다. 한편 고령화를 부정적인 시각으로만 바라보는 것도 적절치 않다. 물론 고령화는 노인 부양부담을 가중시켜서 사회에 짐을 안겨 주거나, 가난하고(貧苦) 병들고(病苦) 할 일 없는(無爲苦) 외로운(孤獨苦) 노인들의 문제와 같은 부정적인 결과를 낳기도 한다. 그러나 더 오랜 삶의 기간을 누릴 수 있고 제2, 제3의 인생 기회를 가질 수 있다는 긍정적인 측면도 지니고 있다. 결국 고령화는 그 자체로서는 부정적인 변화도 긍정적인 변화도 아닌 자연스런 사회변화이며, 그 고령화의 결과를 부정적으로 만들거나 긍정적으로 만드는 것은 우리 인류들의 손에 달려 있는 것이다.

고령화의 주사위는 이미 던져졌고 우리에게는 머뭇거릴 시간이 별로 없다. 고령화를 위기로 만들 것인가 아니면 희망으로 가꾸어 낼 것인가는 바로 우리 한 사람 한 사람이 우리 앞에 다가올 그 긴 노년을 아무런 의미 없이 허무하게 흘려보내는가, 아니면 미리 준비하고 계획함으로써 새롭고 의미 있는 시간들로 재창조해 내는가에 달려 있다. 자신의 노년을 보다 아름답고 풍요롭게 만들고 싶다면, 그리고 고령화를 기회이자 희망으로 빚어내고 싶다면, 지금부터 함께 그 방법을 찾아 떠나 보자.

인간은 언제까지 발달하나?

인간은 누구나 태어나서 성장하고 늙어 가며 언젠가는 병들어 죽음에 이른다. 우리는 이러한 인간의 변화과정을 '발달'이라고 부른다. 그렇다면 인간은 언제부터 언제까지 발달하는가? 아마도 많은 사람들이 인간의 발달은 태어나 성장하여 어른이 될 때까지이며, 어른이 된 이후에는 늙어 가는 과정만 남았다고 생각할 것이다. 실제로 지금으로부터 60년 전까지만 해도, 발달은 청년기까지만 적용되는 변화라고 알려졌었다. 그런데 이러한 견해를 뒤집는 새로운 시각의 발달 이론이 등장했다. 그것이 바로 '전생애발달'이라는 새로운 관점이다.

전생애발달론

전생애발달론이란 말 그대로 인간은 전생애, 즉 평생에 걸쳐 발달한다고 주장하는 관점이다. 누구나 알고 있듯이 성인기를 지나 중년이 되고 또 노년에 이르면 신체적으로나 정신적으로나 노쇠해진다.

그런 노화를 발달이라고 보는 것이 한편 이해하기 어려울 수도 있다. 그러나 이러한 노화까지 발달로 볼 수 있느냐 없느냐는 그 변화를 어떤 관점에서 바라보는가에 따라 달라진다.

전생애발달 관점에서는 아동기와 청소년기를 지나 20대 초반에 이르기까지의 신체적 · 정신적 성장에 초점을 둔 기존의 발달 이론에서 벗어나 다음의 새로운 가정들을 제시함으로써 발달 이론의 새 지평을 열었다.

다방향성

발달은 일방향의 변화가 아닌, 다방향의 변화다. 즉, 발달은 플러스(+)의 성장만이 아니라 마이너스(−)의 쇠퇴가 동시에 따르는 과정이다. 우리의 일생 중 플러스적인 성장만 계속되는 시기는 한 순간도 없으며, 일생을 통해 플러스의 성장과 마이너스의 쇠퇴가 동시에 진행된다. 심지어 어린 아기 때에도 늘 성장하고 새로운 것을 획득하기만 하는 것은 아니다. 걸음마를 배우는 동시에 기는 능력이 쇠퇴하고, 씹는 법을 익힘과 동시에 빠는 능력이 쇠퇴한다.

그럼에도 불구하고 아동 및 청소년기는 성장으로, 중년 및 노년기는 쇠퇴로 대변되는 이유는 시기마다 성장하고 쇠퇴하는 부분이 각각 다르기 때문이다. 어릴 때는 주로 눈에 잘 띄고 외형적인 부분이 성장하고 눈에 잘 띄지 않는 부분이 쇠퇴하는 반면, 나이가 들수록 쇠퇴하는 것은 눈에 잘 띄는 부분이며, 얻어지는 부분은 보이지 않는 것들이다.

어린아이가 혼자서 아장아장 걷기 시작하고, 밥알을 온통 흘려 가면서도 숟가락을 들어 혼자서 오물오물 씹어 먹는 모습은 대견하다 못해 감격스럽기까지 하다. 그런데 우리는 그 감격 때문에 이전의 기고 빨던 행동이 사라졌음을 알아채지 못한다. 이와는 반대로 노년이 되면 눈에 띄게 늘어난 주름과 흰 머리, 그리고 기력이 쇠약한 것이 서글픈 나머지 그 내면에 채워지고 있는 인생의 깊이와 지혜, 그리고 경륜에 대해서는 알아차리지 못한다. 결국 무엇을 얻고 무엇을 잃는가에 상관없이 얻고 잃는 변화가 동시에 진행되는 것을 발달이라고 한다면, 노년기 역시 발달의 한 과정임에 틀림없다.

가소성(可塑性)

인간의 잠재력은 일생에 걸쳐 유지된다. 1955년에 미국 코넬 대학교에서는 흥미로운 연구가 진행되었다. 세계적인 천재 아인슈타인이 자신의 정신적 잠재력을 얼마나 활용했는가를 알아보기 위한 연구였는데, 그 결과는 놀라웠다. 아인슈타인은 자신의 정신적 잠재력을 15%밖에 활용하지 못했다는 사실이 밝혀진 것이다. 이는 아인슈타인 같은 천재도 자신이 가진 85%의 잠재력은 미처 계발하지 못한 채 죽었다는 것을 뜻한다. 그렇다면 우리 같은 보통 사람들은 어떨까? 연구진에 의하면 일반인들은 자신의 정신적 잠재력 중 1~2%도 채 활용하지 못한다고 한다.

이 결과를 바꾸어 말하면, 우리는 늙어서 죽기 직전까지도 계발 가능한 잠재력을 지니고 있다는 의미다. 따라서 노년기에도 여전히 발달할 수 있고 계발될 수 있으며 새로운 것을 학습하거나 새로운 것에 도전할 수 있다.

사회적 · 역사적 환경의 중요성

인간발달에 있어 유전적 요인이나 개인적 환경 외에도 사회적 · 역사적 환경이 매우 중요하다. 초기 발달 이론들은 인간발달에 대해, 타고난 유전적 요인을 강조하는 입장과, 개인을 둘러싼 환경의 중요성을 강조하는 입장으로 나뉘었다. 따라서 전생애발달론이 등장하기 이전까지 대부분의 발달 이론들은 유전론과 환경론을 오가며, 유전과 환경의 영향력을 측정해 내고자 했다.

그러나 전생애발달론에서는 유전과 개인의 환경뿐 아니라 이를 둘러싼 더 넓은 환경, 즉 사회적이고 역사적인 환경이 개인의 발달에 있어 매우 중요하다고 강조한다. 즉, 어떤 시대, 어떤 사회에서 나서 자랐는가에 따라 발달의 결과가 달라진다는 것이다. 비슷한 시대에 같은 사회에서 출생하여 자란 사람들은 비슷한 발달단계에 비슷한 역사적 · 사회적 사건들을 경험하거나 비슷한 환경에 놓이게 됨으로써 결과적으로 비슷한 발달을 하기 때문이다.

똑같이 좋은 두뇌와 뛰어난 외모를 가진 부모로부터 좋은 유전자를 물려받고 유복한 가정에서 좋은 교육을 받았다고 해도, 1940년에 태어나 사회적으로 일제강점기를 거쳐 해방과 한국전쟁을 두루 경험하면서 역사의 소용돌이 속에서 살아온 사람과, 1980년에 태어나 경제호황과 디지털 환경을 누린 사람의 발달경로는 전혀 다르다. 그만큼 개인의 발달에 있어 그를 둘러싼 사회적 분위기와 역사적 사건은 매우 중요한 영향력을 지닌다. 따라서 개인의 발달을 이해함에 있어 그가 성장한 사회와 역사적 배경에 대한 이해는 필수적이라고 하겠다.

개인차

발달에 있어 개인 간의 차이는 매우 크다. 개인차는 유전적 차이와 개인적 환경 및 사회 · 역사적 환경뿐 아니라 그에 대한 각 개인의 해석과 적응력 등을 모두 포함한다. 신생아실에 누워 있는, 갓 태어난 아기들의 모습을 본 적이 있는가? 강보에 싸인 아기들의 모습은 모두 비슷비슷하다. 양수에 불어 쪼글쪼글해진 빨간 얼굴, 고슬고슬 엉겨 붙은 머리카락, 누에고치처럼 포대기에 돌돌 말린 작은 몸집은, 만일 손목에 채운 팔찌마저 없었다면 도무지 그 부모가 누구인지를 가늠하기 어려울 것이다.

그런 신생아들 사이의 개인차란 부모로부터 받은, 아직 발현되지 않은 최소한의 유전적 차이가 전부일 것이다. 그러나 그 아이들은 자라면서 부모로부터 받은 영향과 교육, 또래관계에서의 경험, 영양상태와 식습관, 운동습관, 학교교육, 사랑과 이별의 경험, 직업경력 등을 통해 커다란 개인차를 만들어 낸다. 그리고 살아온 시간만큼의 그런 차이들의 종합된 결과가 바로 노년이다. 따라서 노년은 인생의 어떤 시기보다도 개인차가 큰 시기이며, '노인들'이라고 한데 묶어 버리기 무색할 만큼 커다란 개인차가 존재하는 시기다. 따라서 발달에 있어서, 특히 노년의 발달에 있어서 개인차에 대한 이해는 매우 중요하다.

이상과 같은 전생애발달론은 노년기를 '쇠퇴와 조락'의 시기로 바라보던 관점에서 벗어나 '발달과 변화'의 시기로 새롭게 조명할 수 있게 해 주었다. 전생애발달론의 관점에서 보면 노년기는 아동기나 청소년기와 마찬가지로 발달하고 성장하며 변화하는 인간의 발달과정 중 하나다. 따라서 어떠한 경로를 통해 노년기에 이르렀으며 노년기를 어떻게 준비했는가, 또한 노년의 변화를 어떻게 받아들이는가는 노년의 명암을 결정지을 뿐 아니라 인생 전체의 성패를 뒤바꾸어 놓을 수도 있다.

나이 듦의 의미

인간은 누구나 언젠가는 노인이 된다. 지위가 높든 낮든, 많이 배웠든 적게 배웠든, 돈이 많든 적든 인간으로 태어난 이상 우리는 모두 나이를 먹고 늙어 갈 수밖에 없다. 20대의 피 끓는 청춘으로서는 상상할 수조차 없는 일이겠지만 그들 역시 언젠가는 노인이 될 운명에 놓여 있다. 갖가지 의학적인 기술로써 주름을 완화하거나 제거할 수 있을지는 몰라도 신체뿐 아니라 정신적 · 사회적으로 전반에 걸쳐 나타나는 노화의 증거들을 완전히 제거하고 막아 낼 수 있는 방법은 불행하게도 아직까지 없다.

노화, 피하고 싶은 변화인가?

그렇다면 왜 사람들은 노화를 거부하고, 자신의 노화를 부정하며 피하려고만 하는 것일까? 노년은 정말 그렇게 암울하고 추하며 부정적인 시기인가? 일반적으로 노화에 대한 사람들의 거부감은 신체적 노화를 확대 해석한 데서 연유하는 것 같다. 우리가 늙어 가는 것을 가장 먼저, 그리고 가장 분명하게 인지하게 되는 것은 신체적 변화 중에서도 겉모습의 노화로부터다. 가장 우울한 모습으로 진행되는 것 또한 신체적인 노화 현상이다.

사람들은 대부분 직접적으로 자기 자신의 노화를 느끼기보다는 다른 사람들의 겉모습을 통해 자신의 노화를 깨닫게 된다. 우리 머릿속에는 늘 청춘이 살고 있다. 그러다 오랜만에 만난 친구의 모습에서 중년의 모습을 발견하게 될 때, 나도 벌써 그 나이가 되었구나 하고 깨닫게 된다. 늙어 가는 친구의 모습 속에서 나의 노화를 발견하는 것이다.

'노화유사체험(aging simulation)'이라고 하는 프로그램이 있다. 최근 우리나라에서도 대한노인회서울시연합회 노인생애체험센터 등 몇몇 곳에서 이 프로그램을 운영하고 있다. 그 원리는 간단하다. 다양한 도구들을 사용해 신체적 노화를 재현해 내는 것이다. 예를 들어, 시각의 노화를 경험해 보기 위해 노란색의 좁은 렌즈로 만든 고글을 착용하고, 청각의 노화를 체험하기 위해 소리의 일부를 차단하는 귀마개를 사용한다. 또 골격의 노화 체험을 위하여 등에 척추억제대(등을 굽은 채로 고정시켜 주는 도구)를 착용하고, 팔과 다리에는 관절의 자유로운 움직임을 제한하는 관절억제대와 모래주머니를 찬다.

이 모든 기구를 착용하는 데 걸리는 시간은 약 15분 정도인데, 착용이 끝나면 15분 사이에 본래 자기 나이에서 사오십 년을 훌쩍 뛰어넘어 80세의 몸이 된다. 갑자기 80세의 신체적 노화를 체험하게 될 때 사람들은 어떤 느낌을 갖게 될까? 결과는 예상만큼 만족스럽지 못하다. 인위적으로 신체적 노화를 만들어 내긴 했지만, 생각과 마음가짐까지 노인에 맞추지는 못했기 때문이다. 결국 몸은 80세이지만, 생각과 태도는 모두 20세에 머물러 있게 되는 것이다.

언젠가 체험 프로그램에 참여했던 건강한 남학생 하나는 체험을 마치고 집에 가서 보니 온 몸이 멍투성이였다며 놀라서 내게 전화를 해 왔다. 몸은 80대로 변했지만, 그런 인위적인 조작이 건장한 20대 남성의 혈기마저 꺾지는 못했던 것이다. 자신이 80세 노인이 되었다는 것을 잊은 채 무리하게 몸을 움직이다 보니 각 부위에 착용한 억제대들이 몸을 조여 온몸에 멍을 만들어 냈던 것이다. 필자 역시 처음 착용한, 불편하기 짝이 없는 체험복 때문에 체험이 끝난 오후 내내 두통에 시달려야 했다.

노화는 신체적으로만 진행되는 변화가 아니다. 몸이 늙어 가면서 우리의 생각과 태도, 그리고 사회적인 지위와 역할도 함께 늙어 간다. 마음은 아직 청춘인데 몸이 노쇠하면 세상 살기가 싫어질 만큼 우울하고 암담해지겠지만, 다행스럽게도 몸에 맞춰 우리의 가치관과 생각, 태도 모두가 변화한다. 중요하게 생각되던 것의 가치가 변하고 세상을 보는 시각이 달라지며, 사회로부터 요구받는 기대가 달라진다. 따라서 더 이상 젊음에 대한 미련이나 헛된 욕망을 갖지 않게 되며, 늙어 가는 자신의 신체를 담담히 받아들일 수 있게 되는 것이다.

어떤 이들은 이렇게 말한다. 늙고 병들어 내 힘으로 아무것도 할 수 없게 되면 차라리 죽어 버리지 왜 사는지 이해가 안 간다고. 그러나 그들이 정말 노인이 되었을 때 아직도 그렇게 생각하는지 되묻고 싶다. 어린아이 시절이 좋았다고 생각하는가? 그러나 아이들에게 물어보라. 아마 대부분의 어린아이들은 오히려 빨리 커서 어른이 되고 싶다고 말할 것이다. 왜냐하면 아이들은 어른이 되어 갖게 되는 역할의 중압감과 세상살이의 피곤함은 알지 못한 채, 학교공부나 여러 가지 통제로부터 자유로워진 어른들에 대한 허상만을 동경하기 때문이다.

어른이 된다는 것이 몸만 커지는 것이 아니라 생각과 마음과 역할도 함께 커져 몸의 성숙에 걸맞은 사회적 책임과 의무를 갖게 되는 과정인 것처럼, 노인이 된다는 것 역시 마찬가지다. 노년에 걸맞은 신체와 생각과 마음가짐, 역할을 갖는 것, 그것이 바로 노년의 참모습이 아닐까?

또한 노화라고 하는 변화는 '어느 날 갑자기' 닥치는 변화가 아니다. 노화는 오랜 세월에 걸쳐 천천히 진행되는 변화다. 우리는 매일 늙어 간다. 그러나 우리는 자신이 매일 늙어 가고 있다는 사실을 거의 알아차리지 못한다. 그만큼 노화의 속도는 아주 천천히, 조금씩 진행된다. 따라서 15분 만에 체험복을 입어 40년을 뛰어넘는 것 같은 불편함은 없다. 매일매일 조금씩 자신도 알아차리지 못하는 사이에 노화에 적응해 나가게 된다. 그러다 어느 날 문득 거울에 비친 자신에게서, 혹은 친구의 모습 속에서 늙어 버린 자신의 낯선 모습을 발견하게 되는 것이다.

나이 든다는 것…

그렇다면 노년의 의미는 무엇일까? 전생애발달론의 관점에 따르면 인간은 평생에 걸쳐 발달하고 변화해 나간다. 발달은 양적인 변화, 즉 양적인 확대나 축소뿐 아니라 질적인 변화를 포함한다. 즉, 유아기에서 아동기로의 발달은 키가 커지고 몸무게가 늘고 지적 능력이 향상되는 양적인 변화일 뿐 아니라, 자신의 관점 외에는 수용하지 못하던 자기중심적이고 유아적인 시각에서 탈피하여 다른 사람의 입장에 서서 생각할 수 있고, 당장 눈에 보이지 않더라도 이면의 것들을 예측하고 상상할 수 있는 '탈(脫)자기중심성'을 획득하게 되는 질적인 변화를 포함한다.

마찬가지로 중년기에서 노년기로의 변화 역시 신체 기능의 약화나 감각의 쇠퇴와 같은 양적인 변화만이 아니라, 직업적인 성취와 후세 및 사회에 대한 책임감에서 벗어나 자기 자신을 되돌아보고 생애의 의미를 통합하는 '자아통합성'의 획득이라는 질적 변화를 수반한다.

따라서 어떤 면에서 보면, 노년기는 인생에서 가장 발달된, 완성에 가장 가까운 상태에 도달하는 시기다. 인생 안에 숨겨져 있던 비밀의 열쇠들을 다 풀어내고 지나온 삶에 담겨 있던 의미와 성취들을 온전히 맛본 뒤에야 비로소 맞이하게 되는 것이 노년이다. 노년은 더 이상 두려울 것도, 더 이상 불안할 것도 없는 그런 시기다.

더욱이 노년은 우리 삶에 있어서 생산의 의무로부터 자유로운, 아동기 이외의 유일한 시기이기도 하다. 자녀양육과 가족부양의 의무로부터 벗어나 순수하게 자기 내면의 소리에 귀를 기울일 수 있는 시기이며, 결과에 대한 두려움 없이도 마음의 지시대로 따를 수 있는 시기이기도 하다. 그래서 공자는 나이 70을 "종심소욕 불유구(從心所欲不踰矩)", 즉 마음이 시키는 자신의 욕구대로 해도 법도에 어긋남이 없는 때라고 했는지도 모르겠다. 노년은 우리 인생이 궁극적으로 도달하게 되는, 자유롭고 성숙된 상태가 아닌가 싶다.

성공적 노화

요즘 우리 사회는 온통 웰빙(well-being) 열풍이다. 그런데 이러한 웰빙 열풍도 결국은 잘 살고 싶은 욕망, 궁극에는 잘 늙고 싶은 욕망에서 비롯된 것이 아닐까? 그렇다면 어떻게 늙어 가는 것이 잘 늙어 가는 것일까? 잘 늙는 것(aging well) 혹은 성공적 노화(successful aging)라고 하는 개념은 그 안에 기막힌 역설을 품고 있다.

지미 카터는 그의 책 『나이 드는 것의 미덕』(1999)에서 책 제목에 얽힌 일화를 소개하고 있다. 그가 지인들에게 자신의 책 제목을 말하자, 많은 사람들이 '나이 드는 것(aging)'이라고 하는 말과 '미덕(virtue)'이라고 하는 단어가 상반됨에 관하여 질문을 했다고 한다. 일반적으로 '노년'이나 '노화'는 '미덕'이라든지 '성공'과는 상반되는 의미로 사용된다. 노화라는 말은 미덕이나 성공보다는 추함이나 불행, 실패에 더욱 가까운 의미를 갖는다고 생각하는 것이 일반적이다.

그러나 카터가 그의 책에서 말하고 있듯이 세계 제일의 자리인 미국 대통령 시절과도 바꾸고 싶지 않은 시간, 그것이 바로 노년일 수 있다. 그는 성공적 노화나 나이 드는 것의 미덕이 결코 극단적인 역설이 아님을 강조한다. 생각하기에 따라 분명한 목표의식을 가지고 앞만 보고 달렸던 고3 수험생 시절이 행복했던 추억으로 기억될 수 있는 것처럼, 우리의 생각과 그것을 지지하는 환경 여하에 따라서 노년은 우리 인생에서 가장 행복한 시간이 될 수도 있다.

성공적 노화의 조건

그렇다면 성공적으로 노화한다는 것은 어떤 의미일까? 늙지 않고 젊음을 유지하는 것일까 아니면 빨리 늙어 가는 것일까? 과연 무엇이 성공적으로 노화하는 것일까? 일반적으로 성공적 노화란 노년기의 발달을 가장 잘 지지해 줄 수 있는 환경 아래서 노화가 진행되어 나가는 것, 그리고 자신의 노화과정과 변화하는 사회에 성공적으로 적응해 나가는 것을 의미한다.

그러나 애석하게도, 구체적으로 자신과 사회의 변화에 성공적으로 적응한다는 것의 구체적인 의미에 대해서는 아직 합의를 이루지 못했다. 왜냐하면 '성공적'이라는 말의 의미 자체가 매우 주관적일 뿐 아니라 사회나 문화에 따라 다르게 정의될 수 있는 개념이기 때문이다. 그럼에도 불구하고 많은 학자들이 성공적 노화의 실체를 밝혀내기 위하여 부단히 노력하고 있다.

그중에서도 성공적 노화 연구의 대표적인 인물들인 로웨와 칸(Rowe & Kahn, 2001)은 성공적 노화의 요인을 다음 세 가지로 제안하였다.

• 낮은 질병률
• 고도의 인지적 · 신체적 기능
• 능동적인 인생참여

즉, 질병 없이 건강한 상태를 유지하고, 학습하고 생활하는 데 필요한 인지 능력과 신체적 기능을 유지하며, 주위 사람들과 활발히 교류하고 적극적으로 삶에 참여할 수 있을 때 우리는 성공적으로 늙어 가고 있다고 말할 수 있다는 것이다.

한편, 노이가르텐(Neugarten, 1994)은 성공적인 노화의 조건을 다음의 5가지로 들었다.

• 일상적 활동의 즐거움
• 책임의 수용
• 목표에 대한 성취감
• 긍정적인 자기인식
• 긍정적 태도

일상적인 삶으로부터 얻는 즐거움이야말로 생을 아름답게 만들어 주는 활력소이며, 자신의 삶을 의미 있는 것으로 받아들이고 삶에 대한 책임을 수용하는 태도는 생에 대한 긍정적인 시각을 만들어 준다. 한편, 목표가 없는 삶은 목적 없이 표류하는 난파선과 같다. 어디로 가는지 모르면서 잘 살고 있다고 말할 수는 없기 때문이다. 또한 자기 자신에 대한 애정과 자신감, 자기 가치에 대한 확신 등 긍정적인 자기인식이야말로 삶을 가치 있게 만들어 주며, 뿐만 아니라 삶 전체와 삶의 사건들을 바라보는 긍정적인 태도는 노년기에 이르러 지난날을 되돌아볼 때 인생을 긍정적으로 통합할 수 있도록 도와준다.

가장 최근에, 미국 하버드 대학교 의대 교수이자 하버드성인발달연구소장인 베일런트(Vaillent, 2010)는 하버드 대학교 출신의 엘리트 남성들과 가난하고 불우한 가정에서 성장한 남성들, 그리고 영재로 판정받았던 중산층 여성들 등 세 집단에 대한 50년 이상에 걸친 연구를 통해 성공적 노화의 비결을 다음 여섯 가지로 제시하였다.

- 타인에 대한 배려, 생성감(generativity), 새로운 사고에 대한 개방성
- 감사하는 마음
- 독립성과 주도성
- 유머감각과 창조성
- 과거에 대한 반성과 배움에 대한 노력
- 친밀감과 인간관계

첫째, 후세대와 사회에 대한 책임감을 수용하고 그들의 발전과 성장을 돕는 생성감이야말로 성공적 노화의 중요한 조건이다. 또한 열린 마음과 생각을 유지하고 새로운 변화를 수용하는 개방적인 태도를 지녀야 한다.

둘째, 긍정적인 태도와 감사할 줄 아는 마음은 삶을 긍정적으로

만들어 준다.

셋째, 독립성과 주도성, 즉 타인이나 외부에 의존하기보다는 스스로 자립하고 주도적인 삶을 사는 것은 노년의 생을 보다 풍요롭게 만들어 준다. 또한 모든 일에 적극적이고 능동적인 태도는 인생에서 더 많은 열매를 맺을 수 있는 기회를 열어 준다.

넷째, 유머감각과 창조적 능력은 인생의 사건들을 긍정적으로 수용하도록 해 주고 긍정적인 자아개념과 더불어 양질의 인간관계를 조성해 준다.

다섯째, 과거의 경험이 주는 토대 없이 현재의 삶을 구성할 수 없으며, 과거의 경험을 새롭게 반추해 봄으로써 우리는 더 많은 의미를 만들어 낼 수 있다. 또한 끊임없이 배우고자 하는 욕구와 배움의 실천은 삶을 보다 풍성하게 가꾸어 나갈 수 있도록 돕는다.

여섯째, 친밀감과 인간관계는 노년기 사고(四苦: 貧苦, 病苦, 孤獨苦, 無爲苦) 중에서도 노년의 가장 큰 어려움은 고독이라는 점을 감안한다면 이해하기가 쉽다. 친하게 왕래하던 친구들과 지인들이 하나둘씩 사라지고 배우자마저 먼저 세상을 뜨고 나면, 진솔한 감정을 나누고 자신을 이해해 줄 누군가가 필요하다. 따라서 사람들과 친밀한 관계를 유지하고 발전시켜 나가며, 새로운 인간관계를 확장시켜 나가는 능력은 노년의 중요한 능력 중 하나다.

이와 같이 학자들마다 성공적 노화의 조건으로 제시하는 구체적인 내용은 다르지만, 긍정적이고 적극적인 태도와 후세대 및 사회에 대한 책임감, 조화로운 인간관계 등은 공통적인 요소라 할 것이다.

늙지 않는 것이 아니라 잘 늙는 것

그렇다면 과연 어떻게 사는 것이 성공적인 삶인가? 물론 이 질문에 대한 대답은 사람마다 다를 것이다. 경제적인 풍요에 최대 가치를 두는 사람이 있는가 하면, 가족의 화목에 더 큰 가치를 두는 사람도 있으며, 직업적인 성취에 가장 큰 가치를 두는 사람도 있고, 건강에 큰 비중을 두는 사람도 있다. 게다가 성공적인 노화의 기준은 개인의 가치관뿐 아니라 그가 속한 사회의 문화와 관습에 따라서도 달라진다. 개인주의 가치가 강한 사회에서는 개인의 성공이나 성취가 중요한 반면, 우리나라처럼 가족주의 혹은 집단주의 가치가 강한 사회에서는 가정의 평화나 자녀의 성공이 중요한 가치가 된다. 자본주의 사회에서는 경제적인 풍요가 중요한 가치가 되는 반면, 종교적인 색채가 강한 사회에서는 신앙이나 영적 성장이 중요하게 평가되기도 한다.

즉, 성공적 노화에 대한 생각과 구체적인 그림은 사람마다 다를 수밖에 없다. 많은 사람들이 '성공적 노화란 늙지 않고 최대한 젊음을 유지하는 것'이란 생각을 가지고 있다. 그리고 젊게 생각하고 외적으로 젊음을 유지하며 젊은이처럼 행동하는 노인들을 보면서 멋지다고 평가한다. 한편 일리가 있어 보이기도 하지만, 무조건 노화를 거부하고 젊음을 유지하는 것이 성공적 노화는 아니다. 오히려 반대로, 성공적 노화란 노화를 수용하고 받아들이는 것이다. 신체적인 노화를 수용하고 나이 듦을 받아들여 자기 나이에 걸맞게 생각하고 행동하는 것, 그것이 바로 성공적 노화다. 그렇다고 해서 '나는 이미 늙었으니까…' 하는 체념이 최선이라는 의미는 아니다. 노화를 긍정적으로 받아들이고 자신의 자리에서 적극적인 삶의 태도를 유지하며 제 역할을 다하는 것이 바로 성공적 노화라는 말이다.

60대 노인이 요즘 유행하는 미니스커트를 입고 머리를 노랗게 염색한다고 20대로 되돌아갈 수는 없다. 그보다는 20대는 가질 수 없는 멋, 60대만이 누릴 수 있는 중후한 멋을 풍기는 것이 진정한 60대의 길이 아닐까? 노년이 되어서도 젊은 세대와 경쟁하고, 자기 자신의 성취를 위해 싸우며, 눈에 보이는 것들에 연연한다면, 그것은 젊음을 유지하는 것이 아니라 나잇값을 못하는 망령된 노년에 불과할 뿐이다. 자녀의 입으로 들어가는 사탕을 빼앗아 먹는 부모는 없듯이, 젊은 세대의 성장과 발전을 시샘하는 노년은 아름답게 보이지 않는다. 젊은 세대와 경쟁하기보다는 후세대를 위한 배려와 조언을 아끼지 않는 노년이야말로 아름다운 노년의 모습일 것이다.

결국 성공적인 노화란 자신의 나이와 생리적인 노화에 심리적인 나이와 생각을 맞춰 나가는 과정인 것이다. 나이를 인정하는 당당함 위에 젊은 세대에 대한 너그러운 배려와 사회에 대한 책임을 덧입은 노년이야말로 아름답고 성공적인 노년일 것이다.

은퇴수업 1강

건강하게 은퇴하기

우리 몸은 어떻게 달라지나?

지금 우리 사회는 얼짱, 몸짱, 그리고 뒤이은 동안(童顔) 열풍이 뜨겁다. 이젠 TV 속 연예계뿐 아니라 일반인들에게까지 이러한 외모 열풍이 휘몰아치고 있다. 그런데 왜 하필이면 동안인가? 동안 열풍은 한마디로 노화에 대한 도전장이다. 그도 그럴 것이, 얼굴은 손등이나 목과 함께 신체 피부 중에서도 늘 외부환경에 노출되어 자외선의 영향을 가장 많이 받고, 그러기에 가장 먼저 노화하는 부위이기 때문이다. '노화에 가장 취약한 부위를 젊게 한다!' 이는 노화를 용인하지 않으려는 과감한 도전의 일면이다.

되짚어 보면 이런 열풍은, 불로초를 구하려 했던 진시황 이래 계속되어 온 장수와 젊음에 대한 욕망, 곧 늙어서 죽음에 이르고 싶지 않은 인류 보편적 욕망의 표출이라 할 수도 있다. 그러나 여기서 우리는 잠시 냉정해질 필요가 있다.

나는 30세 때 이런 생각을 했었다. '인생 60인데 이제 반생을 살았으니 나머지를 열심히 살아 보자.'

35세가 됐다. '주위를 보니 70세까지도 건강히 살더라. 나머지

35년을 잘 살아 보자.'

40세가 됐다. '인구 고령화로 평균 수명이 80세라는데 난 아직 반밖에 살지 않았다. 아직도 나는 젊다.'

45세가 됐다. '90세를 기준으로 중간쯤에 있을 뿐인 걸….'

이건 아니다! 이제 인정하자. 최소한 반환점을 돌았으니 현실을 인정하자. 나이를 인정하고 생리적 노화를 받아들여 좀 더 깊이 이해하도록 하자. 지피지기(知彼知己)면 백전불태(百戰不殆)라 했다. 적을 알고 나를 알아 '위태롭지 않은 노년'을 보내는 것이 현명하지 않을까?

위와 장의 노화

소화, 흡수, 배설을 담당하는 위와 장은 우리 몸에 영양을 공급하는 가장 중요한 장기들이다. 노년기에 위와 장에 장애가 발생하면 곧바로 몸 전체의 이상으로 이어지며 건강 전반에까지 영향을 줄 수 있으므로 주의가 필요하다. 위나 장은 노화에 따라 구조가 크게 변하지 않고, 소화장애의 양상 또한 청년기에 비해 크게 다르지 않으며, 특별히 질환이 없는 한 노년기 위장관의 운동, 소화, 흡수 등 기능상에도 큰 변화가 없다.

노화에 따른 일반적인 변화로는 위 점막과 분비선이 위축되거나 만성위염이 자주 발생하며 위 점막이 얇아진다는 것을 들 수 있다. 구체적으로는, 60세가 되면 위산분비가 25%가량 감소되며, 위산결핍증이 자주 발생한다. 따라서 위암, 만성 위축성 위염, 용종 등의 위험이 증가하지만 이런 것들이 모든 노인에게 발생하는 것은 아니며, 젊은이와의 차이도 크지 않다. 노화에 따른 소장과 대장의 변화는 주로 점막 세포의 위축과 무게의 감소에서 기인한다. 점막의 위축은 장 내부 융모의 모양을 훼손시켜 표면적을 감소시킴으로써 영양분의 흡수를 방해한다.

노년기 위장 기능 저하에 대한 대처법

1. 식사량을 줄이더라도 하루 세 끼 규칙적으로 식사하기
2. 미각 감퇴로 인해 염분 섭취량이 늘지 않도록 주의하기
3. 산책이나 걷기 등 규칙적 전신운동을 통해 위장기능을 활성화하기

한편 노년기의 대표적인 장질환은 만성 기능성 변비로, 위산분비 저하, 장운동 감소, 식사량 감소 등의 원인에 의해 주로 발생한다. 또한 노년기까지 누적된 불규칙한 식습관, 자극적인 음식, 과다한 스트레스는 각종 소화기 장애를 유발하기도 한다.

뇌의 노화

인간의 뇌는 20대까지 왕성히 발달하지만 40대 이후에는 서서히 노화한다. 뇌의 노화를 설명하는 이론은 매우 다양하다. 면역 체계나 중추신경계의 기능 변화와 기능 상실로 뇌의 노화가 일어난다는 이론이 있는가 하면, 세포대사 과정에서의 노폐물 축적으로 뇌의 기능 저하가 일어난다는 이론도 있으며, 유전자 돌연변이로 인해 뇌가

노화된다는 이론도 있다. 한편, 뇌의 정상적 노화와 병적 노화는 쉽게 구분되지 않으며 연속선상에 있다는 설명도 있다. 따라서 뇌의 노화를 쉽게 결론지을 수는 없다. 그러나 뇌의 구조적 변화와 기능적 변화는 어느 정도 분명하게 설명되고 있다. 뇌의 구조적인 노화 징후로는 신경세포의 감소에 따라 뇌의 부피가 줄어드는 현상이 있고, 기능상의 노화를 나타내는 신호로는 기억력의 저하나, 적절한 행동을 선택하는 실행기능의 저하를 들 수 있다.

뇌의 정상적 노화와 대비되는 병적 노화 중 대표적인 현상은 치매다. 치매의 약 50%를 차지하는 알츠하이머 치매는 노인성 치매라고도 일컫는, 서서히 진행되는 퇴행성 치매이며, 혈관성 치매는 뇌졸중 등의 혈관계통 질환으로 인한 뇌혈관의 손상으로 인하여 발생한다. 치매의 원인과 치료는 뇌의 구조와 기능만큼이나 복잡하다. 그러나 치매에 대한 예방법은 의외로 단순하다. 많이 걸어라! 많이 읽어라! 많이 웃어라!

심장 및 혈관의 노화

인체의 장기마다 노화의 속도가 각기 다르다. 가장 빠르게 노화하는 장기는 심장혈관으로 '사람은 혈관과 같이 늙어 간다'는 말이 있을 정도다. 나이가 들어서도 평상시의 심장기능은 젊은이와 큰 차이가 없지만, 운동할 때 도달할 수 있는 최대 맥박 수는 나이가 들수록 점차 감소하고, 운동할 때 올라간 혈압이 정상으로 돌아오는 데 걸리는 시간도 길어진다.

심장혈관의 노화에 따른 대표적 질환은 동맥경화증으로, 동맥이 탄력을 잃고 내경이 좁아지며 그 결과 혈압이 상승하는 병이다. 심장의 노화는 건강의 가장 기본적인 척도다. 실제 연령에 비해서 생체연령이 현격하게 젊은 사람들의 특징은 심장이 젊다는, 즉 심장의 노화가 더디다는 것이다. 여성이 남성보다 평균 수명이 긴 이유도, 여성은 노화에도 불구하고 심장 기능이 크게 떨어지지 않기 때문이다.

신바람 황수관 박사가 추천하는 '튼튼한 심장을 유지하기 위한 운동법'

1. 규칙적으로!
2. 숨이 조금 차도록!
3. 하루에 한 시간씩 주 5일!

폐와 신장의 노화

폐는 나이가 들어 감에 따라 탄력을 잃게 된다. 이에 따라 기능도 약해지는데, 숨을 내쉰 뒤에도 폐에 남아 있는 공기의 양이 증가하고 허파꽈리의 면적이 줄어들면서 산소교환 능력도 감소한다. 또한 폐의 움직임과 연결돼 있는 갈비뼈나 가슴뼈의 연골과 관절이 석회화하여 호흡 시 흉곽 운동의 크기가 감소한다.

노년기에 흔한 폐질환으로는 감기, 폐렴과 같은 감염질환, 만성 기관지염과 폐기종으로 인해 발병하는 만성 폐쇄성 폐질환, 그리고 기관지 천식과 호흡부전 등이 있다. 특히 천식이 있는 노인은 기온,

기압, 습도 등 기후변화에 매우 민감하기 때문에 찬 공기, 온도와 습도의 변화, 그리고 담배 연기 및 오염된 공기에 의해 발작이 심해지며, 감기에 걸리면 급속히 악화되는 경우가 많으므로 주의해야 한다.

그러나 폐 기능의 저하속도는 다행히도 다른 기관에 비해 느린 편이고 지속적으로 운동을 하는 노인의 폐 기능은 젊은이와 비슷한 수준을 유지하는 것으로 보고되고 있다. 역시 운동은 효과가 분명하게 확인된 만병통치약이다!

신장은 수분과 전해질의 균형, 산과 염기의 평형, 체내 노폐물의 배설 등을 통해 체내의 항상성을 유지하는 중요한 기관이며, 노화의 영향을 크게 받는 장기 중 하나다. 노인의 신장은 위축되어 청년기에 비해 70~80% 정도의 크기밖에 안 되며, 신장의 주요 기능인 소변을 생산하는 사구체의 수도 60~70% 감소한다. 이에 따라 신장에서 걸러져야 할 당과 단백질이 소변에 그대로 섞여 나오게 된다. 이러한 신장의 장애는 여과장치인 사구체의 기능 퇴화를 시작으로 하여 재흡수와 배설이 일어나는 세뇨관에 이상이 생겨 다양한 신장병으로 발전할 수도 있다.

신장의 기능이 심각하게 떨어지면 다른 사람의 신장을 이식받거나 투석에 의존할 수밖에 없는데, 노년기에 신장을 이식하는 것은 여러 가지 장애가 따르기 때문에 현실적으로 가능한 치료방법은 인공투석이다. 하지만 이 방법 또한 적지 않은 비용의 부담과 신체적 고통, 더욱이 일상생활의 불편함을 수반하므로, 신장질환은 노년기 삶의 질을 떨어뜨리는 대표적인 질환으로 꼽힌다.

대통령 주치의였던, 신장질환의 세계적 권위자 한대석 교수의 신장 건강 조언

1. 성인병 예방에 노력하자!
2. 미역 등 해조류 Good!
3. 육류나 찌개류 No!

시각과 청각의 노화

눈의 노화는 노년기 삶의 질을 떨어뜨린다. 인간이 노년기에 지적인 생활을 유지하는 데 필요한 글자, 그림, 그리고 영상정보를 받아들이는 통로를 방해하기 때문이다. 알려진 대로 눈은 노화의 영향을 가장 심하게 받는 장기다. 즉 인체의 다른 장기가 건강한 상태를 유지하고 있는 40대 중반부터 노안 증상이 나타날 정도로 눈은 인체에서 가장 빨리 노화한다. 프랑스 의학자 이브 코투아는 눈의 노화를 일으키는 3대 주범으로 연령의 증가, 활성산소, 자외선을 지목한다. 특히 눈이 각막을 통해 외부 사물을 받아들여 망막에 상을 맺어 인식하는 과정에서 만들어지는 활성산소는 '다른 물체를 다치게 하는 위험한 산소'로서 눈의 혈관, 신경, 망막 등을 공격하게 된다.

눈의 건강을 지키는 지름길

1. 전자기기 모니터 사용 시 틈틈이 쉬기
2. 야외 활동 시 차양 달린 모자나 선글라스 착용하기

시각의 노화가 가장 먼저 시작되는 반면, 청각의 노화는 비교적 늦게 나타난다. 이를 두고, 청각의 노화가 가장 늦은 것은 끝까지 예수 그리스도의 복음을 듣게 하려는 하나님의 뜻이 아니냐는 기독교인들의 해석도 있지만, 평균적으로 65~70세에서는 25% 정도, 75세 이상에서는 40% 정도가 청력장애를 나타낸다. 청력장애는 중이, 내이, 청신경, 청중추 등 청각계 전반에 걸친 기능 저하가 복잡하게 얽혀 진행된다.

노인성 난청 예방법

1. 독성약물, 시끄러운 소리 피하기
2. 담배, 술, 두부외상 피하기
3. 고혈압, 당뇨 등 만성 질환 예방하기
4. 이어폰 사용 최소화하기

노화에 따른 대표적인 청력장애는 노인성 난청이다. 노인성 난청은 일상생활의 불편만이 아니라 타인과의 의사소통 장애로 인해 사회에서 소외되는 결과를 가져오는, 무시할 수 없는 질환이다. 노인성 난청의 원인은 식이, 대사, 동맥경화증, 소음, 스트레스와 유전적 소인, 그리고 평생 동안 온갖 소음에 노출된 청각기관의 외상 등 다양하게 알려져 있으나, 정확한 원인은 아직 분명하지 않다. 노인성 난청은 초기에는 고음에 대한 감음도가 저하되다가 점차 중음과 저음에 대해서도 감음도가 약화되면서 서서히 청력장애로 진행된다.

따라서 일상생활에는 크게 어려움이 없다 하더라도 위급한 상황에서 경고음 같은 고음을 듣지 못하기 때문에 위험에 처할 수도 있다.

피부와 근골격계의 노화

나이가 들어 감에 따라 우리의 피부는 피부 층이 얇아져서 주름이 늘어나고 상처받기 쉬우며 땀샘과 피지선의 기능저하로 피하지방이 줄어들어 건조해진다. 피부는 다른 장기와 달리 평생 외부 환경에 직접 노출되어 있기 때문에 외부 요인의 영향을 가장 많이 받는다. 이 중 대표적인 것은 태양의 자외선에 의한 광노화(光老化)인데, 노출부위인 얼굴, 팔, 손은 다른 부위에 비하여 주름이 더 굵고 깊으며 검버섯과 잡티가 많이 생긴다. 광노화는 피부의 수분함유 역할을 저해하고 피부염과 피부암 등 직접적인 손상을 일으키기도 한다.

미국 케이스웨스턴리저브 대학교 연구진이 2002년에 쌍둥이 65쌍을 대상으로 조사한 결과, 피부의 광손상 지수는 일란성과 이란성 쌍둥이 모두에게서 유전적 요인이 큰 것으로 드러났으나 피부노화의 약 40%는 유전이 아닌 후천적 요인에 의해 진행되는 것으로 밝

자외선에 의한 피부손상 예방법!

1. 햇볕이 강한 시간에는 가급적 외출과 야외 운동 삼가기
2. 매일 적당량의 물을 자주 마시기
3. 알코올 및 카페인 음료 섭취 줄이기

혀졌다. 즉, 흡연, 체중, 자외선 차단제 사용 여부, 피부암 병력 등에 따라 피부노화 정도가 달리 나타났다. 따라서 유전적으로 태어날 때부터 정해져 있는 생물학적 노화는 어찌할 수 없다 하더라도 그 밖의 외적 요인에 의한 노화는 노력에 의해 최소화할 수 있는데, 그 대표적인 방법은 자외선 차단이다.

2010년 9월 20일자 동아일보 기사에 따르면, 우리나라 75세 이상 노인은 평균 5.8개의 질병을 가지고 있는 것으로 나타났다. 이는 40대가 2.15개의 질환을 가진 것에 비하면 평균 2~3배나 높은 수치다. 이 조사 결과에서 특징적인 것은 노인의 질병 중 절반 이상이 관절염이나 요통과 같은 근골격계 질환이라는 것이다. 근골격계의 노화와 질환은 활동의 공간적 범위를 근본적으로 제한한다는 점에서 노년기의 활동적 삶을 크게 제약한다.

노화에 따른 근골격계의 변화는 척추에서 분명하게 나타난다. 노화에 따라 추간판이 얇아지고 간격이 좁아지면서, 척추의 길이가 줄어들고 허리가 굽어지며 신장이 줄어드는 변화를 보인다. 또한 30세 이후에는 골 형성보다 골 흡수가 빠르게 일어나기 때문에 골밀도가 떨어지게 되고 골다공증의 위험성이 높아진다. 한편 노년기 골절은 일상적인 기능을 손상시킬 뿐 아니라 사망을 초래하기도 하는 심각한 질환이다.

노화와 더불어 근육의 긴장도와 질량이 현저히 감소하는데, 근육 긴장도는 60세 이후 급격히 감소하고 근력은 30세를 전후하여 최고에 도달한 후 서서히 감소하여 80대의 근력은 20대 중반의 70~80%가 된다. 동시에 근육질량의 감소, 근육 탄력성의 저하, 자극-수축 기전의 퇴행과 같은 변화가 평형기능 약화와 복잡한 자극에 대한 반응 능력의 저하로 이어지며, 신체 활동과 운동의 저하를 가져와서 노년기 근골격계의 약화는 운동량을 떨어뜨리고, 이는 다시 근골격계의 약화를 가져오는 악순환을 유발한다.

다행히 근골격계의 노화에는 후천적 생활환경 요인이 큰 영향을 미치기 때문에 중년 이후 지속적이고 적절한 운동을 통해 근육량을 늘리고 근력을 강화시키는 노력으로 노화의 속도를 늦출 수 있다.

알면 약 모르면 병

최근 유행하는 신조어 가운데 '9988234'라는 게 있다. '99세까지 88하게 살고 2일만 앓다가 사흘째 되는 날 사(死)하는 것이 가장 행복한 인생'이라는 것이다. 그렇게만 된다면 얼마나 좋겠는가? 하지만 이런 행복한 인생은 쉽게 허락되지 않는다. 중년부터의 꾸준한 관심과 대비를 통해서만 건강한 노년을 맞이할 수 있다.

노년기의 질병 취약성

노년기에는 여러 가지 질병의 발병률과 사망률이 증가한다. 65세 이상 노인의 사망률을 5대 사망원인에 따라 25세~44세의 연령군과 비교해 보면, 심장질환 92배, 암 43배, 뇌졸중 100배, 만성 폐질환 100배, 폐렴과 인플루엔자 89배에 이른다. 이래서야 어디 불안해서 살겠는가?

국민건강보험공단은 '2010년 상반기 65세 이상 노인진료비'를 분석한 결과, 고혈압, 대뇌혈관질환, 골관절염 등 3개 질환의 진료비

점유율이 전체 노인 진료비의 20%를 차지한다고 밝혔다. 연령대별로 가장 많은 진료비가 지출되는 질환에 차이가 있었는데, 65~74세에는 고혈압, 75~84세에는 대뇌혈관질환, 85세 이상은 치매로 나타났다.

노년기 질병은 노화에 따른 신체적 변화의 영향을 가장 크게 받는다. 근력감퇴나 시청각 장애, 장기기능 저하, 신장 기능의 문제, 전립선 비대까지 신체 부위마다 변화도 많다. 남성 노인들의 경우, 성욕은 여전한데 음경은 말을 듣지 않는다. 의욕처럼 발기가 잘 되지 않고, 설령 됐다 하더라도 힘이 없고 지구력도 없다. 한번 잠자리를 하고 나면 종일 자도 눈이 안 떠질 정도다. 또 눈에 보이는 것이 다는 아니다. 간장, 신장, 폐, 심장 등 몸속의 상태도 어느 것 하나 성한 것이 없다. 그렇다고 너무 실망하지는 말라.

노인병의 특징

넓은 의미에서 노인병은 노화 현상이 원인이 되어 발생한 병으로, 중년기인 40~60세 사이에 발생하는 만성 퇴행성 질환인 성인병을 포함한다. 또 좁은 의미로는 65세 이상에서 노화 현상과 함께 발생하는 병이라 할 수 있다. 노인병은 진행이나 증상이 젊은 사람의 것과는 다르며 다음과 같은 특징을 지닌다.

첫째, 노인병은 질병인지 노화 현상인지 구별하기가 쉽지 않다. 노인성 질환은 대부분 증상이 없거나 애매하다는 것이 특징이다. 열이 없는 염증, 복통이 없는 맹장염, 소리 없이 다가오는 심근경색증 등 가시적인 증상을 보이지 않는 경우가 많기 때문에 질환을 찾아내기가 쉽지 않다.

둘째, 한 가지 병이 발생하면 각 장기에 연쇄 반응적으로 병이 전이되는 다장기 질환이 형성된다.

셋째, 체내 여러 장기의 기능부전이 잠재적으로 존재하고 있다.

넷째, 생체방어력이 저하되어 치료효과가 미미할 뿐 아니라 만성병이 많으며, 약효가 떨어지고 부작용도 자주 발생한다.

다섯째, 노인병에서 자주 나타나는 병태로서 탈수, 전해질 이상, 혈관내응고증후군, 정신 · 의식장애 등이 있다. 노인은 수분 섭취가 불충분할 때가 많은데 신경화증에 의한 다뇨, 발열, 이상발한, 설사 등이 발생하면 탈수 상태가 되기 쉽고, 이어서 뇌혈전, 심근경색 등이 발병하는 경우가 적지 않다.

여섯째, 노인에게서 흔히 볼 수 있는 합병증 혹은 증후로 울혈성 심부전, 호흡부전, 대 · 소변 실금, 울증, 치매, 지각장애, 수면장애, 빈혈, 만성신부전, 골 · 관절증, 변비, 당뇨병, 골다공증, 약제부작용 등이 있다.

노년기에 잘 걸리는 질병

이렇게 많은 병이 노년을 기다리고 있다면 건강하게 장수하겠다는 꿈은 일찌감치 버려야 하지 않을까 하는 두려움이 생긴다. 그러나 개인이 섭생과 식습관 그리고 건강관리를 어떻게 하느냐에 따라 노년기 질환과 친해질 수도 혹은 아주 멀게 지낼 수도 있다. 그렇다면 우선 노년기를 위협하는 가장 치명적인 질환은 어떤 것들이 있는지 알아보도록 하자.

뇌졸중

흔히 '중풍'이라 일컫는 뇌졸중은 뇌에 혈액을 공급하는 혈관이 막히거나 터져서 뇌손상이 오고 그에 따른 신체장애가 나타나는 뇌혈관질환으로 반신마비, 언어장애, 심하면 식물인간 또는 사망에 이르는 심각한 병이다. 구체적으로 뇌의 혈관이 손상되어 출혈을 일으키는 '뇌출혈'과 뇌의 혈관이 막혀 혈액이 흐르지 않는 '뇌경색(허혈성 뇌졸중)'으로 나눌 수 있다. 뇌졸중의 원인 질환으로는 고혈압, 동맥경화, 심장병, 당뇨병, 고지혈증 등이 있다.

뇌졸중에서 가장 중요한 것은 응급처치다. 즉각적인 응급 치료가 회복 가능성을 크게 향상시킬 수 있다. 만약 뇌졸중 환자가 발병 후 3~6시간 안에 응급 치료를 받는다면 뇌졸중으로 인한 불구나 장애를 피하거나 감소시킬 수 있다. 따라서 뇌졸중의 첫 경고 신호가 있을 때 119로 즉시 전화해 빠른 응급처치를 받을 수 있도록 해야 한다.

뇌졸중 예방 수칙

1. 정신적 스트레스를 줄이고 충분한 심신의 휴식으로 혈압상승을 막자!
2. 적당한 운동으로 비만을 예방하고 간염이나 고혈압, 고지혈증에 주의하자!
3. 저염, 저당, 고단백, 섬유질 식품 위주의 식이요법과 칼슘 섭취에 집중하자!
4. 금주, 금연 및 규칙적인 생활 습관을 유지하자!
5. 장시간 따뜻한 곳에 있다가 갑자기 찬 곳으로 나가지 말자!

고혈압

고혈압은 병이라기보다는 '증세'라고 할 수 있다. 고혈압은 특별한 자각증상 없이 수년에서 수십 년간 진행되므로 상당수의 고혈압 환자들은 허혈성 심장병, 뇌졸중, 심부전, 신부전 등 치명적인 합병증이 발생하고 나서야 비로소 증상을 깨닫게 된다.

사람의 심장은 1분에 약 60~80회 수축과 확장 운동을 반복함으로써 혈관으로 혈액을 흘려 보내 영양분이나 산소 등 인체가 필요로 하는 모든 것을 신체 각 부분에 운반해 주는데, 이때 혈관을 따라 흐르는 혈액의 압력을 혈압이라고 한다. 고혈압이란 일반적으로 국제보건기구(WHO) 판정기준인 수축기 혈압 140mmHg, 확장기 혈압 90mmHg 이상일 때를 말한다.

고혈압의 대표적인 증상은 두통으로, 주로 뒷머리 부분이 뻐근하거나 멍하며, 심한 경우에는 띵띵 때리듯 아플 수도 있는데, 증상은 주로 아침에 나타났다가 오후에는 사라진다. 또한 쉽게 피로해지기 때문에 짜증을 잘 내고 신경이 예민해지며 간혹 어지럽거나 가슴이 답답하고 숨이 찬 경우도 있다. 고혈압의 원인으로는 유전적 원인과 환경적 요인이 있는데, 환경적 요인으로는 염분의 과다 섭취, 비만, 노화, 흡연, 과음, 정신적 스트레스, 여성의 피임약 복용 등이 있다.

고혈압에 대한 완벽한 예방책이나 치료책은 없다. 그러나 짠 음식을 피하고 흡연과 음주를 삼가며, 규칙적인 운동으로 적정 체중을 유지하고 스트레스를 줄이면 어느 정도 예방 효과를 거둘 수 있다. 고혈압은 조기에 발견하여 치료하면 어렵지 않게 혈압을 조절할 수 있으므로, 정기적으로 혈압을 측정하는 것이 무엇보다 중요하다.

당뇨병

당뇨병은 병 자체보다 그로 인한 각종 합병증 때문에 더 무서운 질병이다. 또한 합병증이 발생할 때까지는 특별한 증세를 보이지 않는 경우가 많아 '침묵의 살인자'라고도 불린다. 당뇨병은 8시간 금식 후 혈당을 측정했을 때 혈당 농도가 100ml당 126mg 이상인 경우를 의미한다.

혈액 내의 포도당 농도를 일정하게 유지시키는 기능을 하는 것은 인슐린이다. 인슐린은 체세포에서 포도당 흡수를 촉진하여 혈당을 저하시키고, 간과 근육세포에서 포도당을 글리코겐으로 바꿔 주는 작용을 한다. 그리고 단백질과 지방을 포도당으로 바꿔 주는 반응을 억제해, 세포의 산화과정에 지방과 단백질보다 포도당이 우선적으로 사용되도록 함으로써 혈당량을 낮춘다.

이런 인슐린의 기능이 약해지면, 세포가 포도당을 효과적으로 연소하지 못하기 때문에 혈액은 고혈당으로 끈적끈적해진다. 그 결과 혈액이 순환하는 데 어려움이 생겨 심장에 부담을 주며, 혈당을 희석시키기 위해 물을 많이 마시게 되므로 소변을 자주 그리고 많이 보게 된다. 또한 포도당이 세포 속으로 들어가 에너지를 만들어 내지 못하기 때문에, 쉽게 피로감을 느끼며 계속 배가 고프다고 느껴 많이 먹게 되지만 포도당이 이내 소변으로 배설되므로 이를 보충하기 위해 단백질과 지방을 포도당으로 전환시켜 사용하게 된다. 따라서 체중이 감소하고 상처가 잘 낫지 않으며 감염에 대한 저항력이 떨어져 염증이 자주 생긴다.

당뇨병을 완치하는 것은 쉬운 일이 아니지만 식사나 운동 또는 투약을 통해 잘 관리한다면 정상인과 별 차이가 없거나 오히려 더 장수하는 경우도 있다.

당뇨병 예방과 치료를 위한 수칙

1. 표준 체중을 유지하자!
2. 당질의 섭취를 줄이고 단백질과 지방을 늘리며 가급적 염분을 적게 섭취하자!
3. 일정한 칼로리를 소모하는 운동량을 결정해 꾸준히 계속하자!

퇴행성 관절염

퇴행성 관절염은 일명 '노인성 관절염' 또는 '골관절염'이라고 하는데, 나이가 들면서 관절연골이 파괴 · 소실되면서 일어나는 만성 질환이다. 질환이 진행되면 연골로 감싸여 있던 뼈가 드러나 부딪침으로써 마모가 일어나고, 관절 주변에 비정상적인 뼈가 형성되어 관절의 변형을 초래한다.

퇴행성 관절염은 50세 이상 장년층에서 주로 나타나기 시작하여 나이가 많아질수록, 그리고 여성에게서 더 빈번하고 심하게 나타난다. 관절염은 주로 체중을 지탱하는 관절, 즉 무릎, 엉덩이뼈, 경추, 요추 부위에 생기는데, 우리나라에서는 좌식생활의 습관으로 인하여 특히 무릎관절에 많이 나타난다. 또 비만인 경우 정상인보다 2배 정도 발병률이 높으며, 유전적인 요소도 연관성이 있다고 알려져 있다.

이 질환은 보통 장기간에 걸쳐 천천히 진행되기 때문에 체중관리나 적절한 운동, 약물치료 등의 노력을 기울이면 충분히 정상적인 생활을 영위할 수 있다. 퇴행성 관절염을 완화시키기 위해서 비만한 사람은 체중을 줄이고, 자기 체력에 맞는 가벼운 운동을 지속적으로 하며, 아픈 관절부위를 따뜻하게 유지하고, 심하게 아플 때는 관절 보호대를 착용하는 것이 도움이 된다.

골다공증

골다공증은 골밀도가 낮아져 뼈에 구멍이 생기면서 작은 충격에도 쉽게 부서지거나 골절상을 입는 골격계 질환이다. 특히 갱년기 이후 뼈의 소실률이 생성률보다 높아지면서 뼈의 밀도, 즉 골량이 감소하는데, 여성은 최대 골량의 30~40%, 남자는 20~30%가량 손실된다. 때문에 골다공증은 노년기에는 비교적 흔한 질환이며, 동통, 불구, 거동불능 등을 초래하는 합병증을 일으킨다. 65세 이상 여성 중 1/3은 골다공증과 관계된 척추나 고관절 골절을 경험하며, 80세에 이르면 50%가 척추관절, 그리고 30%가 고관절 골절을 경험하는 것으로 알려져 있다.

원인으로는 여성호르몬인 에스트로센의 감소, 뼈의 분해와 흡수를 촉진하는 작용을 통해 뼈를 약화시키는 부신피질호르몬의 남용, 음식을 통한 칼슘 섭취의 부족과 체내 흡수 능력의 감소 등을 들 수 있다. 특히 나이가 들면 음식의 섭취량도 줄어들고 외부출입이 줄어들어 햇볕을 쬘 수 있는 기회도 적어지며 간과 신장의 기능도 떨어지기 때문에 혈액 속의 활성형 비타민 D가 부족해져 골다공증에 걸리기가 쉬워진다.

통뼈를 위한 습관

1. 칼슘을 충분히 섭취하자!
2. 햇볕을 쬐거나 비타민 D를 섭취하자!
3. 규칙적으로 체중이 실리는 운동을 하자!
4. 금연과 함께 절주하자!
5. 폐경기 여성은 에스트로겐을 섭취하자!
6. 과일이나 야채를 충분히 즐기자!

치매

치매란 정상적으로 일상생활을 유지하던 사람이 나이가 들어서 뇌에 발생한 각종 질환으로 인해 여러 인지기능을 상실하고, 마침내 일상생활조차 할 수 없게 되는 경우를 말한다. 건망증과 치매는 다르지만 건망증이 갈수록 심해지거나 판단력이 떨어지면 치매이거나 치매로 발전할 가능성이 있으므로 미리미리 정밀검사를 받는 것이 좋다.

치매 중 가장 흔한 것이 알츠하이머 치매로서, 건강하던 뇌세포가 죽어서 신경전달물질인 아세틸콜린이 감소되어 기억력, 언어기능, 판단력이 상실되고, 성격이 변화되어 종국에는 자기 스스로를 돌보지도 못하게 된다. 그다음으로 흔한 것은 혈관성 치매인데, 이는 뇌혈관질환에 의해 뇌 손상이 누적되어 나타나는 치매를 말한다. 이와 관련된 위험인자로는 고혈압, 당뇨병, 고지혈증, 심장병, 흡연, 비만 등을 들 수 있다. 혈관성 치매는 중년부터 꾸준히 노력하면 얼마든지 예방이 가능하며 혹시 발병해도 초기에 발견하면 더 이상의 진

건망증과 치매의 구분

건망증	치매
사건의 세세한 부분만 잊는다.	사건 전체를 잊는다.
귀띔을 해 주면 금방 기억한다.	귀띔을 해 주어도 기억하지 못한다.
기억력에 문제가 있다는 것을 인정하고 메모 등으로 기억력을 보완한다.	본인의 기억력에 문제가 있다는 것을 모르거나 인정하지 않는다.

행을 막을 수 있고 완전히 회복되기도 한다.

혈관성 치매는 갑자기 발생하는 반면, 알츠하이머 치매는 서서히 진행된다. 알츠하이머 치매는 명확한 예방법이 없고 완벽하게 치료할 수 있는 방법도 없으나, 최근 들어 증상을 완화시키거나 진행을 늦추는 약물들이 개발되어 조기에 발견하면 병의 진행을 최대한 늦추면서 상당기간 삶의 질을 유지할 수 있다.

고스톱보다 더 좋은 치매 예방법

1. 야채나 과일을 많이 먹고, 식사량은 적당히 조절하자!
2. 과음이나 불필요한 약물 복용을 피하자!
3. 젊을 때부터 적당한 운동을 하자!
4. 적당한 생활의 긴장감을 유지하자!
5. 노후에 할 일을 미리미리 준비하자!
6. 두뇌를 자극하는 활동을 꾸준히 하자!
7. 가능한 한 남들과 자주 어울리자!
8. 꾸준히 정기건강진단을 받자!

나이 들수록 맑은 정신을 위하여!

체육시험 주관식 문제에 자주 나오던 올림픽 정신의 효시는 '건강한 육체에 건강한 정신'이다. 이 말은 로마시대 문학가인 유베날(Iuvenalis)이 한 말로, 곧 '육체와 정신이 함께 건강해야 한다'는 뜻이다. 실상 이 말은 나이가 들수록 점점 가슴에 와 닿는다. 늙으면 몸이 아프고, 정신은 흐려지고, 고집과 성질이 더 두드러진다는데 그야말로 걱정이 태산이다. 흰머리가 나기 시작하면 가장 먼저 두려워지는 치매, 노후에 더욱 심각해진다는 우울증, 세계 1위라는 노인자살, 배우자 사후에는 어떻게 살아야 할지, 잠이 오지 않을 때는 어찌해야 하는지, 제대로 발기는 될지 등등을 생각하면 정말 입이 딱 벌어지고 가끔씩 머릿속이 아득해진다. 이제 입을 다물고 정신을 바짝 차려 생각해 보자. 좀 더 건강한 정신으로 노년기를 맞는 방법은 무엇일까?

우울함, 그 깊은 고통

2주 이상 하루도 빠짐없이 전혀 기쁘지 않고 눈물이 나면서 사는 것이 힘들고 식욕도 없이 지내 본 적이 있는가? 그렇게 자려고 노력하는데도 긴 밤을 하얗게 지새워 본 적이 있는가? 그렇다면 당신은 우울증이나 불면증을 겪은 것이다.

먼저, 우울증이란 참 힘든 질병이다. 당사자는 물론 주위에서 지켜보는 사람들까지 덩달아 슬퍼지는 장애다. 남녀노소, 하다못해 개나 고양이도 우울증이 있다는데 뭐 잠시 우울한 거 가지고 호들갑이냐 싶을 수도 있겠지만, 실상 이런 '잠시'가 생명을 좌우하기도 한다.

우울증은 다 같아 보이지만, 나이 들어서 겪는 우울증에는 독특한 점들이 눈에 띈다. 젊은 시절 우울증은 주로 유전적 소인이 많은 반면, 노년기 우울증은 대개 환경적인 원인이 크다. 게다가 노년기에 발생하는 만발성 우울증은 가족력이 없고, 신체 기능 상실과 가까운 사람들의 죽음 등을 경험하면서 자존감에 가해지는 충격의 결과물이기도 하다. 특히 이 경우 치매성 질환이 일어날 가능성이 높고, 뇌의 손상이 크게 나타나기도 한다.

노년기 우울의 특징

1. 환경원인이 대부분!
2. 만성 질환은 우울의 친구!
3. 원인불명의 신체통증!
4. 높은 알코올 의존도!
5. 높은 자살 가능성!

무엇보다 노년기 우울장애는 보통 수개월에서 수년간 치료 없이 그냥 지나치기 쉽고, 또한 노인 스스로가 그 증상을 숨기거나 부정하기 일쑤여서 치료시기를 놓치면 때로 극단적인 방법을 통한 자살로도 이어지게 된다. 최근 높아진 우리나라 노인 자살률은 베일에 가려진 노인 우울증의 비극적 결과이기도 하다.

노년기 우울증은 어떤 양상을 보일까? 대표적인 양상으로는 부정적인 말, 자기비하, 반복적인 말, 비현실적인 두려움의 표현, 무언가 무서운 일이 일어날 것이라는 자기최면적 주문의 반복, 불면증, 만성 피로, 식욕부진 혹은 식욕과다, 신체 통증 호소, 관심의 저하, 활동 저하, 크게 울거나 눈물흘림, 안절부절못함, 수면부족 혹은 수면과다 등이 있다. 특히 노인 우울증의 경우 우울한 기색이 나타나지 않을뿐더러 도리어 크게 화를 내는 경우가 많고, 어떤 때는 이유도

우울증 예방책

- 오랜 기간 혼자 집에 머물지 않도록 한다.
- 규칙적 식사와 운동을 한다.
- 노인교실, 종교생활 등 사회 활동을 한다.
- 급격한 증상완화에 대한 환상을 지운다.
- 스트레스를 줄인다.
- 억지로 자려 하지 말고 산책이나 소일을 한다.
- 햇볕을 많이 쬐고, 즐거운 생각을 하며, 바른 자세를 취한다.
- 카페인 음료를 피하고 충분한 수분을 섭취한다.
- 전문가를 찾아간다.

없이 몸이 아파서 내과, 치과, 심지어는 부인과까지 빈번히 드나드는 경우가 있으며, 알코올에 의존하는 경우도 많다. 그러니 젊은 사람보다 세심히 살펴야 할 일이다. 은퇴와 역할 변화에 따른 환경변화와 기능의 변화에 적응하는 과정에서 대부분의 사람들은 한시적 또는 장기적으로 우울증을 경험한다.

잠 못 드는 밤의 고통, 불면증

초저녁에 잠깐 자고 일어나면 해가 떠오르도록 잠 못 드는 시기가 온다. 노모(老母)가 밤새 부엌과 마루를 오가며 분주하셨던 이유가 새삼 이해가 가는 때가 오는 것이다. 불면증은 보통 2주일 이상 하루 2시간 이하로 잠을 자는 경우를 말하는데, 노년기에는 아주 흔하며 삶의 질과 밀접히 연결되어 있다. 대개 나이에 따라 수면량이 변하는가에 대하여는 논란이 있지만, 상당수의 노인들은 잠이 줄어든다고 이야기한다.

흔히 인지기능 저하, 은퇴, 누워 있는 시간이 많을 때, 시설에 수

노년기 불면증 이렇게 이기자

1. 규칙적 생활!
2. 낮 시간 활동량 늘리기!
3. 8시 전에는 잠들지 않도록 운동이나 가벼운 산책하기!
4. 스트레스 줄이기!
5. 심할 경우 반드시 병원진료를 받을 것!

용되는 경우, 폐경, 질병, 약물 복용, 우울증의 경우 수면의 양에 영향을 미치는 것으로 알려져 있다. 그러나 그 외에도 위장질환, 심혈관장애, 당뇨, 신경통 등과 같은 만성 질환과, 스트레스, 흡연, 음주, 계절적 요인, 주간 활동, 치매 등이 수면에 영향을 미친다. 노년기의 다양한 신체적 · 정신적 변화를 생각해 보면 위의 많은 사유들 중 적어도 몇 가지는 해당될 테니 잠자는 게 과연 '일'이 될 만하다.

불면증과 연관된 증상으로는 과도한 졸음, 야간의 혼미, 자주 깨거나 야간에 돌아다니기, 초조, 공격성, 지남력(때와 장소, 일을 기억하는 능력) 장애 등이 있다. 불면증은 먼저 노인의 신체 기능에 문제를 가져오며 나아가 정신 활동에도 장애를 일으킨다. 장기적으로는 대인관계에도 어려움을 줄 수 있으며, 일상생활 동작에서도 실수가 잦아지고 무기력증을 경험하게 된다.

술 없이는 못 살아! 무서운 노년기 알코올 장애

우리에게 노년기 알코올 남용은 잘 알려져 있지 않다. 그러나 젊은 시절 없던 알코올 의존이 의외로 노년기에 발생하는 경우가 적지 않다. 흔히 가족 중에 알코올 중독자가 있거나 남성일수록, 생활 스트레스가 강할수록, 상실이나 사회적 고립을 당할수록 알코올 중독에 노출되기 쉽다. 특히 노년기에 접어들면서 경험하게 되는 역할 상실에 따른 박탈감, 소외감, 외로움, 사별의 슬픔 등은 마땅한 취미나 스트레스 해소수단이 없는 노인들이 반복적 음주를 선택하는 주요한 요인으로 작용하고 있다.

노인은 평형감각이나 반사작용이 저하되어 미끄러지거나 교통사고 등을 당하기 쉽고 사고가 날 경우 젊은 사람에 비해 더 크게 다치게 된다. 음주는 판단력을 저하시키므로 당연히 사고의 위험 또한 평상시보다 늘어나게 된다. 특히 고혈압이나 당뇨와 같은 만성 질환으로 투약하고 있는 경우 알코올은 치료제의 약효에도 영향을 미쳐 개인 건강에도 치명적일 수 있다.

알코올 중독의 경우 매일 음주를 할뿐더러, 술을 끊으라는 의사의 권고에도 불구하고 음주를 지속하는 경향이 있다. 노인의 경우 젊은 사람보다 체내 수분이 적어 혈중 알코올 농도가 급속히 증가하며 나이가 들수록 그 정도가 심해진다. 60세 이상의 노인은 젊은 사람에 비해 혈중 알코올 농도가 20% 이상 증가하며, 90세 이상에서는 그 농도가 50% 이상 증가한다. 특히 만성적인 음주로 영양 상태도 부실해지면서, 건망증이 심해지며 노화의 촉진에 따라 심신의 불안정을 가져오기 쉽다.

그만큼 노인들에게 알코올은 심각한 결과를 가져와 노년기 사망률을 증가시키는 원인이 되고 있다. 또한 오랫동안 음주를 한 경우 자살, 사고, 심혈관질환, 간 질환 및 암 등으로 사망하기 쉽다. 장기간 음주를 하는 노인들은 신체적 증상 이외에 정신적 증상도 보인다. 알코올은 강한 신경독소이기 때문에 노화를 촉진하며 다양한 정신장애를 유발한다. 불면과 같은 수면장애, 알코올성 건망증, 알코올성 치매, 우울증, 파킨슨병 등의 질병이 발생할 수 있다. 더욱이 술은 뇌세포를 손상시키므로 노년기 치매 증세가 더 심해질 수 있고 정상인 사람에게도 치매가 빠르게 찾아올 수 있다.

노년기 음주법

1. 되도록 음주하지 않는다.
2. 하루에 소주잔 정도의 컵에 1~2잔 정도 마신다.
3. 독주는 피한다.
4. 혼자 마시지 않는다.
5. 슬프거나 적적할 때 마시지 않는다.

그렇다면 노년기엔 어느 정도의 음주가 가장 좋을까? 일주일에 7~20잔, 즉 하루에 소주 한두 잔을 마시는 정도는 신체 기능에 어느 정도 도움이 된다. 그러나 이마저도 개인의 건강 상태를 고려해야 할 것이며 독주는 피하는 것이 좋다. 특히 혼자 마시는 일이 없도록 하고, 슬프거나 적적할 때마다 마시다 보면 시나브로 노년기 알코올 중독의 함정에 갇힐 수 있다. 알코올 냄새보다는 은은한 향수 냄새가 우리의 노년을 더욱 빛나게 해 줄 것이다.

사별, 그 끝없는 고독

사별 반응은 배우자, 자녀나 그 외의 가족구성원 혹은 가까운 친구의 죽음으로 인한 상실이 있을 때 나타나는 심리 반응을 말한다. 좀 더 넓게는 가까운 사람의 죽음과 이혼, 건강의 상실, 능력의 상실도 포함할 수 있다. 그 누구에게든, 또 어떤 것이든 상실은 개인에게 심대한 충격이 된다. 특히 배우자의 사망은 개인에게 가장 심각한 스트레스와 충격을 가져오는 사건이라고 할 수 있다. 대개 배우자를 잃게 되면 무감각, 부정, 분노, 불안, 죄책감 등의 심리적인 반응과 불면, 식욕변화, 가슴 두근거림, 현기증, 떨림, 졸도와 같은 신체적 양상이 나타날 수 있다. 특히 배우자가 사망한 이유가 자신 때문이라는 그릇된 믿음이 있는 경우, 상황은 더 심각해진다.

사별 반응은 남성일수록, 젊을수록, 우울 반응시점이 2개월 이내일수록, 죽은 이와 친밀감 정도가 강할수록, 유족의 건강이 좋지 않을수록, 사회적 지지가 적을수록 강하게 나타난다. 그러나 사별 반응은 시간이 지나면서 서서히 사라지는 경우가 대부분이다.

개인차는 있으나 사별 후 2개월 정도면 슬픔과 외로움 같은 우울증 양상이 줄어들고 현실에 적응하기 시작한다. 그러나 사별 후 2개월이 지났음에도 불구하고 심각한 정도의 우울이나 죄책감, 두문불출 혹은 장기화되는 환각 경험이 있다면 병원치료가 필요하다. 대체로 여성보다는 남성이 사별 후 어려움을 겪는 경우가 많다. 가사(家事)에 대한 부담과 변화된 환경, 지지적 환경의 부족 등이 그 주요 원인이 되며, 사별 자체보다는 사별 이후의 생활변화에 대한 적응

사별에 대처하기

1. 충분히 슬퍼하라. 괜찮은 척 위장하지 말라.
2. 애도기간(보통 49재까지)이 지나도 견딜 수 없거나, 두려움이 지속되는 경우 상담치료를 받으라.
3. 일상으로 복귀하도록 하라
4. 사별 이후의 거취(어디에 묵을 것인지, 무엇을 할 것인지, 식사 등 일상적 가사를 어떻게 할 것인지 등)를 가족들과 논의하라.

문제로 어려움을 겪는다.

사별을 준비한다는 말이 이상할 수도 있다. 그러나 배우자와의 사별이 곧 내 삶의 끝은 아니며 삶의 일상은 계속되기에 사별에 대한 대처는 중요하다. 따라서 아직 은퇴하지 않고, 사별하지 않은 남성과 여성들에게는 다음과 같은 준비가 필요하다.

사별 후 일상복귀를 위한 비책

- 밥과 국, 반찬 3가지 정도는 스스로 만들어 먹을 수 있도록 한다.
- 빨래와 청소 같은 가사에 참여하도록 한다.
- 친밀하고 의미 있는 대인관계를 형성한다.
- 취미를 갖는다.
- 자녀들과 긴밀한 관계를 유지하고 자주 접촉한다.

평균 수명이 길어지면서, 일찍 사별을 하는 경우 혼자 살아가야 할 날들이 둘이 살아왔던 때보다 훨씬 길 수 있다. 은퇴준비는 단순히 여가나 취미에만 그치는 것이 아니며, 매일매일 살아가는 것이 소중하다는 것을 잊지 않는 마음가짐을 유지하는 것이 더욱 중요할 것이다.

나이 들수록 화끈해지는 부부의 성(性)

최근 노년기 삶의 주제는 단순히 오래 사는 것보다는 좀 더 건강하고 즐겁게, 보다 생동감 넘치게 살아가자는 것이다. 웰빙 바람을 타고 장수와 더불어 건강한 노년기의 모습은 이제 일상적인 관심사가 된 것이다. 수명연장과 더불어 부부 생활주기 역시 길어졌기에 황혼기 행복 역시 개인의 차원을 넘어 '부부의 행복'과 같은 말이 되었다. 노년기 부부관계에서 나타날 수 있는 다양한 양상 중 여기에서는 노년기 부부의 성(性) 이야기를 엿보기로 한다.

우리나라 남도속요(南道俗謠)인 정다령(情打令)에는 이런 대목이 있다.

> 지학(志學)의 정은 번갯불 정이요, 이립(而立)의 정은 장작불 정이며,
>
> 불혹(不惑)의 정은 화롯불 정이요, 지명(知命)의 정은 담뱃불 정이며,
>
> 이순(耳順)의 정은 잿불 정이요, 종심(從心)의 정은 반딧불 정이라.

상징적인 비유가 돋보이는 이 속요가 일러 주듯, 예로부터 인간의

성생활은 전생애를 통해 이루어졌다. 평균 수명이 빠르게 늘어나고, 부부가 함께 살아가는 기간이 각기 혼자 살았던 시간의 2배를 넘어선 지 오래다. 25세에 결혼한 한 어르신은 지금 52년째 조강지처와 함께 살고 있다. 게다가 지금도 들으면 깜짝 놀랄 만큼 왕성한 성생활을 누리며 긴 여가를 짧게 보내고 있다.

뉴스 프로그램의 노인 관련 보도에서도 노인의 성(性)을 다루는 일이 점차 빈번해지고 있다. 서울에 거주하는 65세 이상 노인 1,000명을 대상으로 한 2009년의 성 실태 조사에서는 10명에 3명꼴로 한 달에 한 번 이상 성관계를 가지며, 월평균 1회가 31.3%, 2회가 40.8%로 나타났다. 남성 노인의 32.4%, 여성 노인의 11.5%가 이성친구가 있다고 답변했다. 이는 노년기의 성과 관련된 정보가 많지 않은데다 신체적 노화와 일반적 편견이라는 장해물이 있음에도 불구하고 노인들의 성 활동이 왕성하게 이루어지고 있음을 보여 준다.

노인의 성(性), 달라지고 있다!

노인의 성은 몸의 문제, 관계의 문제, 도덕적인 문제 등이 복잡하게 얽혀 있다. 의학발달로 과거보다 몸이 건강해졌고, 약이 좋아진 세상이라 성 능력을 강화하는 약들도 많은 요즘 시대에 노년기의 성은 노인의 존재를 표현하는 또 하나의 방식이며, 동시에 노년기의 부부관계는 중년기와 다름없이 '성적 친밀감'이 중요하게 되었다. 그러나 실상 노인의 성은 이와 같이 구체적이고 의미 있는 개념으로 이해되기보다는 일반적 편견에 더 많이 노출되고 있고, 노인 스스로도 오해하고 있는 점이 많다.

청년기와 노년기 남성의 전반적 성 변화

	청년	노인
발기 시간	5~10초	60~70세는 30~40초
발기 시 음경과 복벽 간의 각도	30~50도	-30도
성기 크기	10~12cm	0.5~1cm 감소
발기지속시간	50분 정도	10분 이하(사정욕구시간이 길다)
성교 능력 회복시간	청년 30분, 중년 1~2시간	12~24시간

대개 생물학적 성 능력에 있어 20대가 절정이고 그 후로는 점차 쇠퇴하게 마련이며, 노년기는 남녀 공히 서서히 또는 급격히 신체적 변화가 오게 되는 연령대다. 남성은 더 새로운 흥미와 욕구를 갖게 되지만, 발기 능력이 감소되며 성행위시간도 단축되는 등 조루(早漏) 현상도 나타나고, 여성들 또한 폐경과 더불어 호르몬 분비가 감

노년기 여성의 성 변화

1. 폐경으로 인한 생식 능력 소실
2. 질 위축
3. 질 윤활액(애액) 분비 감소
4. 질 건조
5. 질 경련
6. 성욕 감소

소하고 생식 능력이 소실되며 질(膣)의 위축 등 생식기의 변화가 초래되어 성교 시 통증을 호소하게 된다.

이러한 생물학적 변화를 부부가 서로 잘 알지 못하면서 부부들 사이에 심상치 않은 오해를 안고 사는 경우가 많다. 노년기 부부를 위한 성교육이 이루어진다면 이러한 오해를 바로잡는 데 더할 나위 없이 좋겠지만, 조금만 관심을 기울여 알고자 한다면 노년기의 사랑은 좀 더 싱그러워진다. 노년기 부부와 연인들의 한밤의 속삭임을 위해 서로를 알아 가는 과정이 은발에 빛을 더한다.

이 나이에 성 문제로 이혼하게 될 줄은…

노년기 성 문제는 개인 차원을 넘어 사회적인 차원으로 나타나기도 한다. 특히 이혼율 증가의 한 부분을 차지하는 '성(性)' 차이, 그리고 이혼 후 재혼의 증가 및 이성에 대한 관심과 성 활동의 중요성은 현대 노인들의 노후일정 지도에 과거와는 완전히 다른 그림을 그려 놓게 했다. 황혼이혼이나 황혼재혼도 그렇지만, 황혼주혼 역시 빠르게 증가하고 있다. 황혼주혼(走婚)은 노년기에 새롭게 시작된 동거로 짝 없는 외로움을 달래면서 서로 필요한 부분을 채워 주는 방식으로 나타나는 신 노년 동거를 말한다.

어디 이뿐인가? 최근 대두되고 있는 새로운 성문화 역시 노년기 성의 새로운 면을 잘 보여 주고 있다. 노인 전용 콜라텍이 증가하고, 노인을 대상으로 한 성매매(박카스 아줌마, 다람쥐 아줌마, 관악산 모포부대, 돗자리 아줌마, 낙타부대 등), 비아그라와 같은 발기부전치료제의 적극적인 사용 등은 노년기 성의 중요성이 개인의 차원을 넘어 나타나는 것이라 할 수 있다.

사별이나 이혼 또는 배우자와의 갈등으로 성적 결합이 어려워지더라도, 신세대 실버 홀아비나 신세대 실버 과부들은 가만히 앉아 있지만은 않는다. 노년기에 만나는 새로운 인생의 동반자에 대한 열망과 사랑은 인간의 본능인 '성적 친밀감'을 실현하고 나아가 '영적 친밀감'을 이루고 싶은 인간으로서의 의지이며 표현이다.

노년기 성기능 장애, 극복할 수 있다!

새로운 노인 성문화의 조류가 있다고는 해도 이에 맹목적으로 편승할 수 없는 몇 가지 이유들이 있다. 이는 노년기에 나타나는 여러 가지 성기능 장애 때문이다. 노년기에 나타나는 성기능 장애로는 발기부전(발기 장애)이 가장 대표적인데, 알다시피 발기부전은 성교를 하기 위해 필요한 발기 상태를 만들거나 유지하는 능력이 저하되거나 상실되는 것을 말한다. 50세가 넘어 가면서 대부분의 남성들은 때로 발기부전을 경험하게 되는데 이는 그저 자연스러운 노화 과정이라 할 수 있다. 연령증가에 따라 정액 사출과 극치감 정도도 감소한다. 발기부전이 발생하는 또 다른 요인들로는 이혼이나 배우자의 사망, 감정적 압박, 통증, 상실, 결혼 갈등, 사용하고 있는 약물의 부작용 등을 들 수 있다.

한편 여성 노인에게서 빈발하는 성기능 장애로는 폐경 이후 나타나는 성교통증과 질 경련 등이 주를 이룬다. 가장 흔한 경우인 성교

통증은 윤활액의 부족으로 인해 성교 시 통증을 호소하는 것으로, 폐경기를 경험하거나 자궁적출술을 받은 여성들의 상당수가 경험한다.

남성들은 꾸준한 운동(등산 등)과 자신의 건강수준에 맞는 규칙적인 성 활동, 약물요법(비아그라, 섹스레츠 등 발기부전치료제), 성생활 보조용품(진공흡입관 등) 등으로, 여성들은 질 윤활제(러브젤 혹은 오일류) 등을 통해 보다 원활한 노년기 부부관계가 가능하다.

늙어서 무슨 성관계인가 하는 이도 있겠지만, 실제 많은 노인부부들이 노년기 동안 즐겁게 성을 즐기고 있다. 그러나 실상 노년기에 누리는 성생활은 쉽게 얻어지는 것은 아니다. 노년기 성생활을 유지하기 위해서는 중년기부터의 점진적인 노력이 필요하다.

40세부터 준비하는 노년기 성생활 비결

1. 부부간에 젊어서부터 꾸준히(규칙적으로) 성생활을 한다.
2. 부부만의 다양한 체위를 개발한다.
3. 평소 충분한 대화와 사랑표현을 익히고 나눈다.
4. 서로의 성감대를 찾고 개발한다.

노년기의 성생활은 격렬하기보다는 차분하고 여유 있는 특성을 가지며, 서로를 이해하고 아끼는 한편 성적 반응을 서로 교감하며 즐거움을 누릴 수 있는 노인들만의 특별한 사랑놀이다. 노년기 성생활은 힘이 아니라 대화의 기술로 한다는 말처럼 노년기의 건강한 성관계는 서로를 충분히 이해하고 감싸 주는 사랑의 대화와 마음 나눔이 있어야 비로소 가능하다.

늙어 갈수록 3배 더 화끈해지는 비결

속이 꽉 찬 석류가 무르익을 때는 석류를 지지해 주는 푸르고 넓적한 이파리를 봐야 한다. 이파리가 단단하고 풍성할수록 석류는 더욱 알차고 탐스러워진다. 중년기에서 노년기까지 달려가는 성생활 앞에서 늘 식상한 반찬마냥, '그 밥에 그 반찬' 먹는 식으로 살아서야 어디 남은 40~50년을 버틸 수 있을 것인가? 이제 여기서 늘 먹는 그 밥이 한결 새롭게 느껴지게 할 몇 가지 비결을 털어놓을 참이다.

첫 번째 비결은 탐색과 발견이다. 부부가 오랫동안 함께 살다 보면 허벅지 어디쯤에 점이 몇 개가 있다는 걸 아는 것은 기본이다. 그러나 실상 많은 부부들이 무수히 많이 보고, 잘 알고 있는 서로를 낯설게 느끼고 다가서기 두려워하는 면모를 가지고 있다. 마치 미래에 쓰려고 남겨 놓은 것처럼, 늙어서 쓰면 요긴할 것 같아 일부런 그런 것처럼 대부분의 중년기 부부들은 아내의, 그리고 남편의 성감대를 완전히, 혹은 대부분 '무시(無視)'하고 산다. 아니 '무식(無識)'하게 산다. '무시'라면 알면서도 모른 척하는 것이요, '무식'이라면 몰라서 쓰지 못하는 것이리라.

사실 대부분의 사람들은 자신의 성감대조차 알지 못한다. 당신의 성감대는 어디인가? 성기? 젖꼭지? 아니면 귓불? 대부분이 추측하는 이런 성감대, 맞다. 그러나 인간의 신체는 효모와도 같아서 온도와 습도가 맞고 영양가가 주어지면 그대로 부풀고 흥분하고 터지며 성감대가 된다. 온몸이 성감대라 해도 틀림이 없다. 그리고 이 성감대는 저절로 '있다'기보다는 '만든다'라는 말이 더 어울린다. 배우자의 사랑스런 스킨십, 몸 구석구석으로의 속삭임이 온몸에 십 수년 동안 움츠리고 있던 성감대를 여명에 동터오듯 터뜨렸다가 종국에는 뜨거움과 환희에 몸부림치게 할 수 있다.

당신의 부끄러움과 근거 없는 자신감을 버리고 새로운 시도에 몸을 맡겨 보라. 새로운 속삭임과 어루만짐, 힘과 열정이 떨어져 가는 중년의 부부들의 긴 밤에 활력을 가져다줄 것이다. 오늘 바로 그의, 그녀의 성감대를 찾도록 하자. 그녀의 허벅지와 발가락에서, 그의 등줄기와 쇄골에서, 그리고 부부의 온몸에서 성감대가 솟아나올 것이다.

두 번째 비결은 문명의 혜택을 두려워하지 않고 적극적으로 활용하는 것이다. 60대에 처음으로 비아그라를 만난 노인은 이렇게 말했다.

> 이 약은 내게 20대의 발기와, 30대의 정력, 40대의 경험과 50대의 기술을 알려 주었다!

남편들 가운데 아내에게 비아그라의 존재를 알리고 있는 경우는 많지 않다. 물론 비아그라의 약효는 과연 대단하다. 자신의 건강과 상황에 맞도록 사용한다면 고개 숙인 남편에게 발기를, 의욕을 잃은 아내에게 성욕을 제공하니 말이다. 이런 문명의 혜택, 과학의 진보를 몸으로 경험하는 것이 어디 나쁜 일인가? 의사의 진단을 받고 적절히 사용한다면 부부의 건강 회복에 도움이 되고 부부관계를 증진시키며 인생에 새로운 자신감을 제공하기도 한다.

그러나 이런 것은 부부간의 정서적 교감이 충분히 이루어질 때 비

성생활 보조제 비교

특성	비아그라	시알리스	레비트라
모양 및 색깔	마름모 모양의 파란색	물방울 모양의 주황색	원형의 주황색
발현시간	공복 상태 복용 후 1시간	16분	15분
지속시간	4시간	36시간	4시간
부작용	안면홍조, 두통, 시력/청력이상	두통, 메스꺼움 등	안면홍조, 두통 등
금기	질산염제제 복용환자		

로소 가능하다. 노년기에 꿈꾸는 부부의 모습은 단순히 섹스에 전념하는 부부의 모습은 아닐 것이다. 함께 추억을 나누고, 현재를 흐뭇하게 바라보는 모습이 아닐까. 이 현장의 핵심은 정서, 곧 부부가 함께 나누는 사랑과 대화다. 이런 정서적 교감이 선행되어야 비로소 성감대니, 비아그라니 시알리스니 하는 소리가 나올 수 있다. 진공흡입관이나 바이브레이터와 같은 부부생활을 돕는 성보조기구는 상상할 필요도 없다. 정서적 나눔은 부부의 건강한 성생활을 위해 두말 할 나위 없는 첫 번째 관문이다.

시간이 날 때마다 그 모습들을 상상하고 또 상상하라. 우리의 상상은 자주 현실이 된다. 상상은 미래의 과거인 지금 우리로 하여금 그 미래를 준비하게 하기 때문이다. 여러분의 미래의 성생활, 따스함을 나누는 은발의 삶, 이 모든 것을 지금부터 준비한다면 현재의 배우자와 더없이 행복한 삶을 누리리라 확신한다. 다가올 행복한 노년기 부부의 밤을 기대해도 좋으리라!

무엇을 어떻게 먹을까?

노년기의 적절한 영양관리는 생리적 기능 감퇴와 질환 등의 건강 문제를 극복할 수 있게 하며, 원만한 식생활은 사회적 · 경제적 · 심리적인 위축에서 벗어나 보다 즐겁고 활기찬 생활을 영위할 수 있게 한다.

노년기의 신체적 · 생리적 변화와 영양

노년기에는 퇴행의 징후로서 치아 상태가 나빠지고 소화기능이 약해질 뿐 아니라 미각과 후각이 무뎌진다. 나이가 들수록 치근이 위축되면서 치아손실이 많아져, 실제로 65세 이상 노인의 절반 정도는 치아가 거의 없다고 한다. 60세 이상 노인의 20%, 70세 이상 노인의 48%가 틀니를 사용하고 있는 것으로 보고되었다.

의치를 사용하면 음식을 씹는 능력이 75~85%밖에 되지 않아 음식 선택에 제한이 따를 뿐 아니라 타액의 감소에 따라 음식 맛을 제대로 느낄 수도 없게 된다.

미각이나 후각도 퇴화해 맛과 냄새에 대한 민감도는 저하된다. 혀에서 맛을 감지하는 미뢰의 수는 성인의 경우에는 평균 245개이지만 노년기에는 급속히 감소하여, 74~85세경에는 88개가 된다. 따라서 식욕이 감퇴하고 음식을 더 짜게 섭취하게 되므로 혈압에 영향을 미친다. 또한 소화효소 분비 감소 및 활성 저하에 의해 영양소의 흡수가 낮아지며, 장의 연동작용이 부진해져서 변비가 생기기 쉽다. 즉, 위액이나 장액을 분비하는 점막세포가 위축되어 소화효소나 위산의 분비가 현저히 감소된다.

노년기에는 영양소 대사 능력도 저하되는데, 탄수화물 대사에서는 췌장에서의 인슐린 합성 능력이 저하되고 인슐린에 대한 조직 세포의 감수성이 줄어들어 당뇨병 유발의 주요 원인이 되기도 한다. 지방의 소화흡수력도 떨어지는데 이는 리파아제 등의 소화효소의 분비가 줄어들면서 담즙의 분비도 줄기 때문이다. 또한 연령 증가에 따라 혈액 내의 지방 제거 능력이 감소하면서 혈중 콜레스테롤 농도가 증가하여 체지방 증가와 함께 동맥 내벽에 지방이 축적되어 동맥경화와 고혈압, 심장병의 직접적인 원인이 된다.

노년기 영양관리에서 반드시 고려해야 할 것이 성인병이다. 성인병과 관련된 식이 및 생활양식을 살펴보면 다음과 같다.

식이 및 생활양식의 성인병 위험 인자

성인병증 / 위험인자	암	고혈압	동맥경화	심근경색	당뇨병	골다공증	비만
과량의 지질 섭취	●	●	●	●	●		●
탄수화물과 식이섬유의 소량 섭취	●		●	●	●		●
낮은 칼슘 섭취	●	●				●	
비타민과 무기질의 섭취 저하	●	●	●			●	
짠 음식과 염장 식품의 섭취 증가	●	●					
과량의 알코올 섭취	●	●	●	●		●	●
흡연	●	●	●	●		●	
유전자	●	●	●	●	●	●	●
나이	●	●	●	●	●	●	
습관적인 생활양식	●	●	●		●	●	●
스트레스		●	●	●			

바람직한 노년기 영양 섭취

2010년에 실시된 한국영양학회의 노인영양실태조사에 따르면, 우리나라 노인의 영양결핍은 심각한 수준으로 일반 성인에 비해 섭취량이 매우 부족한 것으로 나타났다. 조사 결과 하루 1회 이상 우유를 마시는 비율은 13%, 하루 1회 이상 과일을 섭취하는 비율은 35%이며, 고기 등 단백질류의 영양섭취 충족률도 50% 수준에 불과했다.

칼슘과 비타민

노년기 건강을 위해 필수적인 영양요소들을 살펴보면, 우선 노년기는 칼슘의 흡수율이 저하되는 반면 배설량이 늘어남에 따라 칼슘 요구량이 증가한다. 특히 뼈의 칼슘 손실 정도에 비례하여 골다공증 등의 위험이 높아지므로 양질의 칼슘공급원이 필요하다. 칼슘의 섭취를 위해 규칙적으로 우유를 마시는 것이 좋다.

또한 노년기에는 신체의 조절작용을 촉진하는 비타민을 충분히 섭취해야 한다. 일반적으로 노인의 비타민 요구량은 성인 수준과 비슷하다. 하지만 비타민 D와 비타민 B_{12}의 경우는 예외로, 비타민 B_{12}의 결핍은 신경계통에 영향을 미치고, 엽산의 결핍과 함께 빈혈을 일으키는 원인이 되므로, 일부 노인층에서는 이들 영양소를 더 많이 섭취해야 한다. 곡류 위주의 식사형태를 지닌 우리나라 노인은 특히 비타민 B군의 섭취가 부족한 경우가 많다. 실내에서 생활하는 시간이 점점 많아지는 노년기에는 비타민 D의 생성 능력이 떨어지거나 신장에서 이를 활성화시키는 능력이 부족하게 되어 비타민 D의 결핍증이 나타날 수 있다. 비타민 A가 햇볕을 받아 비타민 D로 변화하므로, 노년기에는 충분히 햇볕을 쬐어야 한다. 또한 비타민 A의 경우 섭취량도 부족할 뿐 아니라 섭취형태도 식물성 급원에 치우쳐 있으므로 생체효율이 높은 동물성 급원의 섭취를 늘릴 필요가 있다.

비타민 C는 감기 등 감염성 질환의 예방에 도움을 주고, 비타민 E는 항산화기능이 있으므로 노인들에게는 특히 필요한 영양소라고 할 수 있다. 나이가 들수록 철분의 체내 이용률이 현저히 떨어지므로 쇠간, 계란노른자, 굴비, 대합 같이 흡수율이 좋은 동물성 급원을 섭취하는 것이 좋다. 참깨, 들깨, 시금치, 호박, 김과 같은 식물성 급원에 포함된 철분의 경우, 신선한 식품을 통해 비타민 C를 함께 섭취하여 흡수율을 높이는 것이 좋다.

식이섬유소는 혈지질과 혈당수준을 감소시키고 동맥경화증이나 암, 당뇨병 등의 예방 및 치료에 도움이 된다고 알려져 있다. 노년기에는 치아가 손상되고 위산, 소화효소 등의 분비량이 감소해 소화불량이나 변비가 생기기 쉬우므로 섬유질이 많은 신선한 채소나 과일을 꾸준히 먹는 것이 좋다.

단백질

노년기에는 단백질의 흡수량과 이용률이 저하될 뿐 아니라 체내 단백질의 합성 능력도 줄어들어 체조직과 세포의 소모 현상이 나타나므로 신체단백질의 양이 성인의 60~70% 수준으로 감소하지만, 다른 한편으로는 각종 전염성 및 만성대사성 질병의 위험이 증가하므로 상대적으로 단백질의 요구량이 늘어난다.

1일 단백질 섭취권장량은 65세 이상의 남자 노인은 50g, 여자 노인은 45g이다. 노년기에 단백질 섭취가 부족하여 신체에서 소모되는 양만큼 보충하지 않으면 단백질이 결핍되어 기력이 약해지고 우울해지며 감염에 대한 저항력이 약해져 상처나 질병으로부터의 회복이 더뎌진다. 반대로 단백질을 과하게 섭취하면 산의 생성이 증가하지만 쉽게 배설되지 않아 통풍의 발생위험이 높아진다.

양질의 단백질 식품인 생선, 두부, 우유, 기름기 없는 육류 등을 매일 섭취해야 하는데, 만일 혈압이나 콜레스테롤이 높으면 우유나

> **대한가정의학회가 제시하는 장수 식생활**
>
> 1. 소금은 가능한 한 적게 섭취하자.
> 2. 동물성 지방을 과도하게 섭취하지 말자.
> 3. 채소와 과일을 많이 먹자.
> 4. 우유, 요구르트나 치즈를 먹자.
> 5. 생선이나 콩으로 질 좋은 단백질을 섭취하자.
> 6. 편식을 하지 말고 여러 가지 음식을 균형 있게 먹자.
> 7. 식품에 포함되어 있는 영양소와 식이요법을 적극적으로 배우자.
> 8. 식사는 친구나 가족과 함께 하자.

계란노른자 대신 탈지우유나 계란흰자를 섭취하는 것이 좋다.

열량과 수분섭취

노년기에는 여러 가지 생리적 변화들을 고려하여 적절한 체중을 유시할 수 있도록 적당량의 열량을 섭취해야 한다. 기초대사량은 75세 이상에서는 10%가 감소되며, 80세에는 30세 때보다 약 300kcal가 감소한다. 하지만 영양소의 체내 이용률이 낮아질 뿐 아니라, 심장 기능이 저하되고 근육량이 감소하며, 운동신경이 둔화되어 효율이 감소하므로 같은 일을 하더라도 노인은 청년보다 16~20%의 에너지가 더 필요하다. 정상범위 체중에 비해 과체중이거나 체중미달인 경우 사망률이 크게 증가할 수 있으므로 체중 유지를 위해 적절하게 열량을 섭취하는 것이 다른 어느 시기보다도 중요하다.

노인은 충분한 수분을 섭취해야 한다. 나이가 많아지면 체내 수분함유량이 점차 감소하고 갈증을 잘 느끼지 못하게 되므로 수분 섭취를 제대로 하지 못하게 된다. 이로 인해 혈중 전해질 농도의 균형이 깨지기 쉽다. 특히 노인들은 감기나 유행성 독감과 같이 고열이 나는 급성 질병에 걸리게 되면 탈수의 위험성이 증가하게 된다. 따라서 노인들은 힘들더라도 매일 약 2리터 정도의 수분을 섭취하는 것이 좋다.

한국영양학회에서는 노년층을 65~74세군과 75세 이상군으로 구분하여, 이에 적합한 영양 권장량을 식품구성탑으로 제시하였다. 65~75세 노인에 대해서 곡류 및 전분류는 각 식품의 1회 분량을 하루에 남자는 4회, 여자는 3.5회로 나누어 섭취하고, 채소 및 과일류는 1회 분량을 남녀 각각 7회와 6회로 나누어 섭취하도록 권장하고 있다. 육류, 생선, 계란 및 콩류의 일일 권장량을 각각 4회와 3회로, 우유 및 유제품은 남녀 모두 2회로 나누어 섭취하는 것이 좋다. 또한 농축 열량원인 유지, 견과 및 당류는 가능하면 적게 섭취하는 것이 좋다.

유지, 견과 및 당류
▶ 가능한 한 적게 사용
• 식물성 기름 1작은술(5g)
• 버터 1작은술(6g) • 설탕 1큰술(12g)

우유 및 유제품
▶ 남, 여: 1회/일
• 우유 1컵(200g) • 요구르트 1컵
• 아이스크림(1/2컵) • 치즈 2장

육류, 생선, 계란, 콩류
▶ 남: 4회, 여: 3회/일
• 육류(60g) • 생선(70g)
• 콩(20g) • 두부(80g)
• 계란 1개(50g)

채소 및 과일류
▶ 남: 7회, 여: 6회/일
• 생야채(60g) • 김치(60g)
• 과일(100g)
• 과일주스(1/2컵)

곡류 및 전분류
▶ 남: 4회, 여: 3.5회/일
• 밥 1공기(210g)
• 국수 1대접(건면 90g)
• 식빵 3쪽(100g)

▶ 식품군별 1일 권장 섭취횟수 • 주요식품의 1인 1회 분량

노인(65~74세)을 위한 식품 구성 탑

운동으로 노년을 건강하게

인간의 생리학적 기능은 30세 전후에 절정기에 이른 후 점차 하향 곡선을 그린다. 체력도 마찬가지다. 환경과 생활습관, 연령이나 신체 활동 정도의 차이에 영향을 받기는 하지만 나이가 들어 감에 따라 체력도 차츰 약해진다. 노화에 따른 체력의 저하를 막을 수는 없지만 규칙적인 운동은 체력의 저하 속도를 늦출 뿐만 아니라 심장·혈관이나 소화기 등 인체 장기의 노화를 막고 정상적으로 기능할 수 있도록 도와준다. 또한 운동은 면역력을 강화시킨다. 질병에 걸린 경우에도 면역력이 강한 사람은 치료가 빠른 반면에, 노화에 따라 면역계의 기능이 저하된 경우에는 치료가 더디거나 어렵다. 따라서 운동은 노년기의 건강한 생활을 유지하는 데 핵심이 된다.

운동? 누우면 죽고 걸으면 산다!

신바람 박사로 유명한 황수관 박사의 책 『9988 건강강좌』에 나오는 이야기다. 건강한 대학생을 대상으로 실험을 했다. 화장실에 갈

때를 제외하고는 아무것도 하지 않고 가만히 누워만 있도록 하고 21일 후 검사를 해 보니 건강하던 몸의 기능이 30% 정도 쇠퇴했다. 이 실험은 건강한 사람이 운동을 멈추는 것이 얼마나 해로운지를 단적으로 보여 주는 실험이다. 황수관 박사는 이 이야기를 필두로 걷기가 얼마나 중요한지를 강조하면서 될 수 있는 대로 차를 덜 타고(少乘) 많이 걷는(多步) 소승다보(少乘多步)가 건강의 지름길이라고 주장한다.

근육은 다른 신체기관처럼 나이가 들면서 질과 양이 감소한다. 이런 증상을 지칭하는 '근육감소증'이라는 용어도 있다. 운동을 통해 관리하지 않으면 20대 후반부터 매년 근력이 1%씩 줄어들어 60세가 넘으면 30~40% 감소하게 된다. 이러한 변화는 서서히 나타나지만 60세 이후에 갑자기 계단을 오르는 것이 벅차거나, 보행 중 다리에 힘이 빠지며 주저앉거나 발목이 쉽게 접질리게 되면 노인성 근육감소증을 의심해야 한다. 이러한 근육의 퇴화를 극복하려면 하체를 위주로 한 운동을 지속적으로 해야 한다.

근력운동으로는 하체를 강화시키는 운동에 집중하는 것이 좋다. 왜냐하면, 노년기에 나타나는 다리 근육 약화가 생활반경 축소와 삶의 질 저하의 주원인이기 때문이다. 또한, 다리 근육 운동은 다른 신체장기의 건강을 유지하는 데 결정적인 역할을 한다. 걷기나 뛰기와 같은 다리 근육의 운동은 위, 대장, 폐는 물론이고 두뇌의 건강에도 도움이 된다. 걷기 운동은 심혈관질환에 걸릴 위험을 30~40% 감소시키고 면역력을 증가시키며 당뇨병, 관절염, 낙상사고 등을 예방하는 데 효과적이다. 걷기 운동을 할 때는 노래를 부를 수 있는 정도로 하는 것이 좋다.

유산소운동? 편식은 해롭다!

유산소운동은 조깅, 수영, 건강 체조, 자전거 타기 등 비교적 장시간에 걸쳐 중간 이하 정도의 강도로 진행되는 운동이다. 유산소운동의 과정 중에는 에너지 소모 속도가 더디기 때문에 산소공급을 기다려 충분한 에너지를 생산하는 반응이 동시에 일어나는데, 이러한 생화학적 반응에는 산소가 존재하는 상태가 유지되기 때문에 유산소운동으로 부르고 있다.

무산소운동은 100m 질주나 역도와 같이 순간 최대의 근력을 발휘하는 운동으로서 근수축을 위해 단시간에 다량의 에너지를 공급하는 운동이다. 에너지를 생산하는 데 필요한 시간이 없기 때문에 우선 산소가 없는 상태에서 에너지를 사용하는 생화학적 반응이 진행된다.

무산소운동의 경우 근육 중에 있는, 산소가 없어도 분해가 가능한 글리코겐을 에너지원으로 사용하는데 이 과정에서 체외로 잘 배출되지 않는 피로물질인 젖산이 축적되는 반면, 유산소운동은 산소의 대량섭취, 심폐기능 강화, 심장부담 감소, 모세혈관 발달을 촉진하는 등의 장점이 있다. 또한, 지방의 연소에는 산소가 필요하기 때문에 유산소운동은 지방을 효율적으로 연소시킬 수 있어 체중관리에 바람직한 방법이다.

유산소운동이 좋다고 해서 유산소운동만 해야 할까? 100m 달리기와 같은 단거리 달리기는 순발력을 위해서 필요하고, 바벨 들어올리기는 노년기 근육의 퇴화를 방지하기 위해 꼭 필요하다. 사실 우리가 흔히 보는 축구, 농구, 배구, 탁구, 배드민턴 등의 많은 운동에는 유산소운동과 무산소운동이 혼합되어 있다. 다이어트가 그렇듯이 하나에만 편중되는 것은 항상 문제를 일으키므로 운동도 골고루 하는 것이 좋다.

유산소운동과 무산소운동의 비교

	유산소운동	무산소운동
에너지 변화 속도	늦다	빠르다
에너지의 지속성	장시간	단시간
산소의 필요성	필요	불필요
대사과정 배출물질	이산화탄소, 물	젖산(피로물질)
운동의 종류	조깅, 수영, 건강 체조	100m 달리기, 역기 들기

무술을 하나 선택한다면?

영화배우 성룡이 토크쇼에 출연해서 쿵후에 대해 말하는 장면을 본 적이 있는가? 쿵후에 대해 이것저것 묻던 사회자가 자기도 쿵후를 배우고 싶다고 하자 성룡이 한마디 던졌는데, 느닷없이 관객들이 자지러지고 사회자는 억울해하고 당황하는 기색이 완연해진다. 성룡의 그 한마디는, "당신에게는 (쿵후보다는) 태극권이 낫겠는데요!" 였다.

성룡의 대답은 이중적 의미였다. 쿵후는 어려우니 쉬운 태극권이 좋겠다는 정중한 권고인 동시에, 노인에게 맞는 운동을 권하면서 은근슬쩍 '너는 운동도 안 하고 체중관리도 안 해서 노인 같아 보인다'는 말을 완곡하게 표현한 것이었다.

미국사회에선 태극권이 노인들의 운동으로 인식되어 있다. 실제 노인이 참여하는 평생교육 프로그램 중 운동이나 무술 강좌에는 태극권이 압도적인 비중을 차지하고 있다. 왜일까? 태극권은 몇 가지 장점을 갖고 있다. 우선 태극권은 유연한 동작으로 구성되어 있으므로 부드럽게 천천히 움직임으로써 근육을 이완시켜 몸의 피로를 풀 수 있다. 느슨한 상태에서 펴고, 구부리고, 뒤트는 동작이 편안한 움직임으로 이어진다. 여기서 유연성은 요가의 그것과는 다르다. 요가는 얼마나 더 잘 비틀고, 더 잘 찢는가에 따라 수련의 수준이 평가되지만 태극권에서 유연성은 단순히 관절의 가동범위만으로 국한되는 개념이 아니며, 관절이 얼마나 부드럽게 작동하는가, 근육이 얼마나 부드럽고 탄력 있게 움직이는가를 포함하는 개념이다. 따라서 태극권은 노화에 따라 저하되는 근육의 유연성을 키우는 데 좋다.

미국 터프츠 대학교 의과대학 왕첸첸 박사팀은 평균 나이 65세의 무릎 퇴행성 관절염 환자 40명을 두 그룹으로 나눠, 한 그룹은 하루 1시간씩 1주일에 두 번 태극권을 3개월 동안 하게 했고 다른 그룹은 1주일에 1시간씩 스트레칭을 포함한 퇴행성 관절염 관련 치료를 3개월 동안 받게 했다. 3개월의 훈련 기간이 끝났을 때 태극권 수련을 한 그룹은 다른 그룹에 비해 무릎 통증이 눈에 띄게 줄어들었고 전반적인 신체 움직임이나 건강 상태가 더 좋아졌다고 보고하였다.

태극권은 노년기의 생체작동리듬에 잘 맞는 '느림'의 운동이다. 태극권의 '느림'은 놀라운 경험을 수반한다. 느리게 움직이는 것은 반드시 의식의 집중을 필요로 한다. 빠르게 움직이는 것은 '정신없이' 하는 것이 가능하나, 느리게 움직이는 것은 정신을 집중시키지 않고는 불가능하다. 태극권의 느린 동작에 의식의 집중이 병행되면 정신수양의 효과도 나타난다. 이러한 몰입 상태는 참선이나 명상 등에서 추구하는 의식 상태와 유사한 수련과정이다. 태극권은 여러모로 노인과 궁합이 잘 맞는 무술이라고 할 수 있다.

무리한 운동은 노화를 촉진한다!

인체의 노화를 설명하는 이론 중에 '소모 및 파괴 이론(Wear and Tear Theory)'이 있다. 이 이론은 인체를 하나의 기계로 가정한다. 많이 사용하게 되면 부속기관들이 닳거나 망가지는 기계와 같이 인체의 기관들도 오래 사용하다 보면 점진적으로 퇴화하는데, 노화는 이러한 퇴화의 산물이라는 것이다.

생체 복원 능력의 한계를 넘는 무리한 운동은 인체의 기관을 퇴화시킬 수 있다. 한 가지 예로, 운동 경험이 없는 중년 여성이 중·고강도 운동을 하면 운동에 소비되는 산소량이 증가하면서 노화의 지표인 텔로미어(세포시계 역할을 하는 DNA 조각)가 짧아진다. 6개월 이내 운동 경험이 없는 40대 초중반 여성 10명에게 개인당 최대 산소섭취량의 60%(중간강도)와 80%(고강도)에 해당하는 달리기를 하게 한 후 백혈구 텔로미어의 길이 변화를 측정했다. 실험결과, 운동 경험이 없는 사람이 갑자기 심한 운동을 하면 운동에 소비되는 산소량이 증가하면서 세포를 손상시키고, 세포의 노화를 방지하는 항산화효소의 활성도가 떨어지면서 노화의 지표인 텔로미어도 짧아진다는 것이 알려졌다. 일반적으로 나이가 들수록 텔로미어가 짧아지면서 세포가 손상되거나 파괴되기 쉬워진다고 한다. 그러므로 운동을 처음 시작할 때는 저강도 운동부터 진행하는 게 좋으며 능력에 맞는 적절한 운동을 해야 건강을 지킬 수 있다.

노화 전문가인 서울대학교 의과대학 박상철 교수도 마찬가지 주장을 한다. 적절한 양을 넘은 과다한 운동은 체내 처리가 어려울 정도로 과도한 유해산소를 생성시켜 노화를 초래하며, 여러 가지 질병의 원인이 된다는 것이다. 그렇다면 과도하지 않은 적절한 수준의 운동이란 무엇일까? 개인의 체력과 건강 상태를 기초로 한 전문가의 조언과 본인의 신중한 선택에 따라 결정해야 할 것이다.

은퇴수업 2강

활기차게 은퇴하기

관계는 삶이다

노화는 단순히 신체적인 쇠퇴만으로 나타나지 않는다. 외모와 몸이 노화되는 만큼 정신적인 성숙도나 인지 능력, 욕구, 성격도 함께 변해 간다. 뿐만 아니라 노인을 둘러싼 사회적 관계나 그 관계 속에서 맡게 되는 역할, 그리고 그 역할에 대해 주위에서 거는 기대도 달라지게 마련이다. 사회 속에서 한 개인이 차지하는 지위나 그가 수행하는 역할은 일생을 통해 일정하게 유지되는 것이 아니다. 그리고 그런 역할의 변화는 개인의 선택이나 개인적 조건들뿐 아니라, 사회 문화적 변화의 영향도 받는다. 사회에서 인정되는 노인들의 지위 역시 그 개인이 젊은 세대에 대하여 갖는 통제력이나 재산 정도, 그리고 지식의 소유나 기능의 수행 정도 등과 같은 개인적 요인들뿐 아니라, 노인이 살아가는 사회의 종교적 전통, 친족 및 가족적 유대와 결속도, 생산 지향성의 정도, 사회성원들 간의 관계 등과 같이 다양한 요인들의 영향을 받는다.

물론 사회적 노화에 정해진 일정 순서가 있는 것은 아니다. 즉, 반드시 은퇴하기 전에 결혼을 해야 한다거나, 취업 후에 출산을 해야 한다거나 하는 것은 아니지만, 한 사회 내에서 직업을 갖고, 결혼을 하고, 아이를 낳아 기르고, 승진을 하고, 은퇴를 하는 등에 대해 사회적으로 어느 정도 적절하다고 합의된 시기나 순서가 있다. 특히 우리 사회처럼 집단주의적 가치관이 강한 사회에서는 이러한 사회적 기준이 엄격하다.

퇴직에 적응하기

아직까지 우리 사회에서 퇴직은 특히 가족의 생계를 위해서 평생 동안 직장을 다닌 것이 몸에 익은 남성들에게 매우 충격적인 사건이 된다고 할 수 있을 것이다. 어떤 학자들은 여성이 남성보다 오래 사는 이유를 이러한 '은퇴쇼크'로 설명할 정도로 퇴직은 남성들에게 매우 큰 상실감을 가져다준다. 그러나 평생 동안 집안에서 가사를 돌보아 온 여성들이라고 해서 은퇴쇼크를 전혀 경험하지 않는 것은 아니다. 이들에게 남편의 은퇴는 또 다른 형태의 쇼크로 작용하게 된다. 퇴직 후 '집안에서 세 끼 식사를 하는' '삼식이' 남편으로 인해 자유롭던 외출에 제한을 받게 되고, 그동안 '가족'의 울타리 밖에 있었던 남편이 퇴직과 더불어 갑자기 그 울타리 안으로 들어와 좁은 공간 속에서 함께 생활하게 되면서 그동안 잘 정비되었던 생활의 질서가 무너지게 되는 등의 스트레스는 커다란 쇼크로 작용한다. 결국 준비되지 않은 퇴직은 남녀 모두에게 쇼크로 다가온다.

따라서 퇴직 후 역할 없는 노년기가 아니라 활기찬 노후의 인생을 즐기려면 젊은 시절부터 행복한 노후를 대비한 계획을 세워 나가야 한다. 노후 계획의 주된 목적은, 생애 대부분의 시간을 투자했던 직장생활에 대한 관심과 열정을 가정과 사회로 옮겨 나가는 데 있다. 퇴직 후에도 가정과 사회에서 노년기의 새로운 역할을 찾아 열정적인 인생을 누리려면, 가정 안에서나 가족관계 속에서는 물론 지역사회 속에서 자아를 실현하기 위해 스스로의 역할을 새롭게 찾아 나가야 한다.

준비 없이 시간을 흘려보내다 직장에서 은퇴를 맞게 되면 새로운 역할을 찾지 못한 채 소속감의 상실과 소외감으로 우울한 노년을 맞이할 수밖에 없다. 애칠리(Atchley)는 퇴직을 맞이하고 그에 적응하는 과정을 다음 7단계로 분류하였다.

애칠리의 퇴직 적응의 7단계

1단계	먼 단계 (remote phase)	퇴직을 아직 멀리 앞둔 시기로 언젠가 퇴직을 하게 되리라는 사실은 알고 있지만, 아직 너무 먼 일이라고 여기기 때문에 구체적인 계획이나 생각을 갖고 있지 않다. 그러나 차츰 퇴직이 가까워질수록 퇴직에 대한 태도나 준비를 보다 구체화해 간다.
2단계	근접단계 (near phase)	퇴직이 점차 가까워지면서 경제적 계획을 더 구체적으로 세우고, 퇴직으로 인한 구체적인 수입에 대해서도 생각을 하게 된다. 이때의 태도는 대체로 크게 두 가지로 나뉘게 되는데, 첫 번째는 '곧 그만둘 사람의 태도(short-timer's attitude)'를 보이는 것이다. 마치 제대를 앞둔 말년 병장처럼 모든 일에 의욕이 없고, 퇴직까지 별 문제없이 조용히 있다가 나가기만을 기다리는 것이다. 두 번째는 퇴직 후 생활에 대하여 막연한 환상과 핑크빛 희망을 갖는 것이다.

퇴직		
3단계	밀월단계 (honeymoon phase)	퇴직을 한 직후에는 대부분 직장에서의 제약과 의무에서 벗어나 홀가분함을 만끽하게 된다. 밀린 잠도 실컷 자고, 한가로이 산책도 즐기며 퇴직의 여유로움을 만끽한다. 그러나 대부분 이러한 밀월단계는 언젠가는 끝이 난다. 경제적 사정이 좋은 경우에는 수년간 지속될 수도 있지만, 그렇지 못한 경우에는 수 주일만에 끝날 수도 있다.
4단계	환멸단계 (disenchantment phase)	밀월단계에서 벗어난 모든 사람들이 그런 것은 아니지만, 일부의 사람들은 경제적인 어려움이나 무료한 생활에 대한 환멸과 소외감으로 퇴직생활에 대하여 염증을 느끼거나 심한 경우에는 우울증에 빠지기도 한다. 특히 일이 모든 삶의 중심이었던 사람들일수록 퇴직에 적응하는 데 더 힘든 시간을 겪게 된다.
5단계	재지향단계 (reorientation phase)	환멸단계에 빠졌던 대부분의 사람들은 다행히도 자신이 처한 현실을 직시하고 현실에 맞추어 방향을 다시 조정해 나간다. 이 시기 동안 퇴직자들은 자신의 퇴직결정과 퇴직 후 자신의 생활양식 및 일상에 대하여 재평가를 하며, 어떤 이들은 다시 일로 돌아갈 것을 결정하기도 하고, 또 어떤 이들은 자신의 퇴직 후 삶에 대하여 만족을 얻게 되기도 한다. 예컨대, 경로당에 나가 새로운 친구들도 사귀고, 노인복지관에 나가 자원봉사에도 참여하며, 새로운 일자리를 찾아 나서기도 하면서 자신의 생활을 새롭게 구축해 나가고자 한다.
6단계	안정단계 (stability phase)	재적응에 성공하면 그 이전의 삶과는 다른 형식의 안정을 되찾게 된다. 퇴직자로서의 자신의 위치와 역할에 대하여 성공적으로 적응하여 나름대로 안정된 생활을 되찾아 이제 퇴직을 새로운 변화가 아니라 그저 평범한 일상으로 받아들이게 된다.

7단계	종결단계 (termination phase)	언젠가는 퇴직자로서의 생활도 종결을 맞이하게 된다. 일부는 재취업을 함으로써 다시 직업인으로서의 지위를 회복할 수도 있지만, 또 다른 일부는 노화나 질병 등으로 인하여 생활의 독립성을 상실하거나, 죽음으로 인해 더 이상 퇴직자로서의 역할을 할 수 없게 된다.

자료: 한정란(2005).

젊어서부터 새로운 시작을 준비하자

사회 · 경제 활동에서 서서히 물러나는 은퇴기는 후배에게 자신의 일을 물려주고 편안하게 쉬는 휴식기가 아니다. 최근에는 노후에도 건강한 체력과 젊음을 유지하는 노인층이 크게 증가하고 있다.

노년기가 휴식기가 되어서는 안 되는 또 다른 이유는 먼 거리를 이동하지 않고도 정보통신기술을 바탕으로 하는 인터넷과 휴대전화, 스마트폰을 이용한 다양한 의사소통방법의 발달과, 평생교육을 통한 자기개발이 가능해졌기 때문이다. 따라서 노년기는 휴식기가 아닌, 자기개발의 시기이자 지속적인 발전의 시기가 되도록 만들어 가야 한다. 직장생활과 사회생활을 기반으로 쌓은 나의 경험과 노하우를 밑거름으로 적극적인 노년기를 계획할 때, 삶의 만족도와 성취감이 높아질 수 있으니, 인생 100세를 계획하면서 활기찬 노후생활을 준비해야 한다.

늦어도 30대부터는 은퇴준비를 시작하자

30대는 결혼을 하고 자녀를 양육하면서 직장을 다니는 시기가 되므로 인생 중 가장 바쁜 시기라 할 수 있다. 경제 활동과 자녀양육 등으로 여념 없이 바쁘지만, 그 이후 행복한 70년을 위해서는 30대부터 은퇴준비를 시작해야 한다. 2008년 피델리티 사에서 조사한 결과에 따르면, 20대 이상 한국인 4명 중 3명은 은퇴준비를 걱정하고 있지만, 실제 은퇴준비를 시작하는 나이는 평균 36.5세로, 유럽에서 가장 늦은 포르투갈보다도 4.5세나 더 늦게 은퇴준비를 시작하는 것으로 나타났다.

인생 100세 계획하기

행복한 노후를 위한 인생 100세를 계획하려면 30대부터 천천히 준비해 나가야 한다.

인생 100세 계획하기

시기	노년기 준비 목표	실천 전략
20~30대	은퇴자금 만들기를 계획하기	직장을 구하고 결혼을 하는 시기이므로, 연금 등 노후자금 마련 계획 세우기
40대	건강을 관리하고 부부가 함께 하는 취미생활 시작하기	중년부부가 각기 매우 바쁜 시간을 보내게 되므로, 시간을 쪼개어 자신에게 맞는 운동을 시작하기 함께 할 수 있는 취미생활을 시작하기
50대	빈 둥지 시기 잘 보내기	자녀가 성장하여 출가하는 시기로 가정에는 부부만 남게 되므로, 부부가 함께 하는 공동의 시간을 늘려 나가기

60대	인생의 새로운 의미 만들어 가기	거주 지역에서 새 친구 만들어 가기, 자원봉사 참여, 노인복지관 평생학습관에서 자기개발하기, 다양한 활동에 참여하기
70대	건강 유지에 힘쓰고 배우자 및 친구의 사망에 대비하기	건강관리와 자아실현에 힘쓰기, 배우자 및 친구의 사망에 대비하기, 유언장 작성, 주변의 물건을 정리하기, 자신의 장례절차를 가족에게 알리기
80대	신체적인 쇠약을 극복하고 건강 지키기	안경, 보청기와 같은 의료기기를 사용하여 정신적인 소외를 극복하고 무료한 일상이 되지 않도록 문학, 예술 활동 즐기기
90세 이후~	포용하고 감사하는 마음 갖기	인생의 유한성을 생각하면서, 삶의 의미 성찰하기, 용서와 감사하는 마음 갖기

30대는 은퇴계획의 첫 단추를 끼는 시기로, 적은 액수라도 노후자금의 기반을 다지도록 해야 한다.

40대는 각각의 직장에서 중요한 직책을 맡아 바쁘게 활동하는 시기이지만 신체적 노화가 나타나기 시작하는 시기이기도 하다. 따라서 건강하고 행복한 노후를 위해서는 자신에게 맞는 운동을 선택하여 시작하고, 분수한 시간을 할애하여 부부가 함께 공동의 취미생활을 만들어 나가도록 노력해야 한다.

50대는 그동안 키워 온 어린 새가 둥지를 떠나 버리는 것처럼 부부에게는 자녀를 성인으로 키워 떠나보내는 빈 둥지 시기가 되므로, 부부끼리 좋은 시간을 보내는 연습을 시작해야 할 때다. 부부가 함께하는 시간을 늘려 나가기 위해서 함께 종교 활동에 참여하거나, 틈틈이 여행을 함께 해 보는 것이 매우 바람직하다. 또한 자녀를 성인으로 인정하고 독립성과 자율성을 보장하여 사소한 일에 지나친 간섭을 삼가는 여유를 가져야 한다.

60대부터는 터닝 포인트를 만들어 인생의 의미를 새롭게 만들어 가야 한다. 퇴직 후 일상의 삶을 함께 나눌 수 있는 벗은 직장동료가 아니라 내가 거주하고 있는 지역사회에 거주하고 있는 또래 노인들이다. 그러므로 지역사회에서 새로운 친구를 사귀고 자원봉사 활동에 참여하거나, 가까운 노인복지기관의 문을 두드려 교육 프로그램을 수강하는 것은 전환기의 자기개발을 위해 매우 중요하다. 또한 스스로의 정체성을 정립하는 데는 성숙한 인격의 도야를 위해 자신의 몸과 마음가짐을 바르게 갖는 것이 필요하며, 3세대가 원만하게 살아가는 행복한 가족 관계를 만들어 가도록 노력해야 한다.

70대부터는 건강 유지에 힘쓰고 배우자 및 친구와의 이별에 대비해야 한다. 성공적인 노후생활을 즐기려면 건강한 신체를 유지해야 하는데, 그러기 위해서는 가벼운 산책 등 규칙적인 운동과 건전한 식생활을 지켜 나가야 한다. 더욱이 이제는 오랜 벗이나 배우자의 갑작스런 사망에 대비하기 위하여 인생의 유한함을 알고 자신의 주변을 정리해 나가는 것도 필요하다. 유언장을 작성하거나, 유산을 상속하거나, 주변의 물건을 정리하거나, 자신이 원하는 장례절차 등에 관해 가족과 이야기를 나누는 것이 성숙한 어른으로서의 태도라 할 수 있다. 배우자가 먼저 세상을 떠나 혼자서 노년을 보내야 한다면, 자식들의 처지를 고려해 노인 요양원을 선택할 것인지, 아니면 부부가 함께 살아왔던 집에서 혼자 노년을 보낼 것인지도 신중하게 생각해 보아야 한다.

80대부터는 신체적인 쇠약을 극복하고 건강을 지키기 위해 노력하며, 매 순간 후회 없는 시간을 보내기 위해 노력하는 것이 바람직하다.

90대부터는 유연하게 포용하고 감사하는 마음을 갖고 자아통합을 완성해 나가도록 노력해야 한다. 세상에 태어남과 떠남에 이르기까지 삶의 의미를 성찰하면서 지금 이 순간 나의 삶에 감사하는 생활을 습관화하도록 노력해야 한다.

행복한 은퇴

은퇴 후 성공적인 노후를 보내기 위해서 삶의 방향을 결정해야 한다. 삶의 방향을 결정해 나가는 4단계 과정을 구분해 보면 다음과 같다.

현재 나의 모습을 인정하고 수용하기

연기파 배우 잭 니콜슨이 주연한 영화 〈어바웃 슈미트〉는 2003년 우리나라에서도 개봉되었었다. 슈미트는 평생 다니던 보험회사에서 은퇴한 후 24시간을 아내와 함께 보내며 매우 무료한 황혼기를 맞는다. 그러나 남편 슈미트와는 달리 매사에 배려심이 많은 아내는 퇴직 후 함께 여행을 떠날 계획으로 남편 몰래 버스를 구입하는 등, 행복한 노후를 보내기 위해 준비해 왔다. 그런데 슈미트가 은퇴하고 얼마 되지 않아 아내는 갑작스런 심장마비로 세상을 떠나고, 홀로 남겨진 슈미트는 스스로 살아가는 법을 찾기 위해 좌충우돌하면서 진정한 행복을 찾아가게 된다. 평생을 함께 한 아내의 소중함을 헤아리지 못했던 자신의 모자람을 슈미트는 다음과 같이 표현하고 있다.

내가 지닌 것, 있을 때 고마워할 줄 알아야 한단다.
겁쟁이는 출발하지 않고, 약한 자는 길에서 죽는다.
우리 모두가 작은 존재에 지나지 않으며
우리가 기대할 수 있는 건 작은 변화일 뿐인데
내가 이룬 작은 변화는 뭘까?
무엇이 내 덕분에 좋아졌을까?
내 인생이 누구한테 도움이 된 적이 없구나…
단 한 번도.

−영화 〈어바웃 슈미트〉 중에서

아내에게 퉁명스럽게 대하고 아내가 왜 굳이 내가 싫어하는 그 일을 꼭 해야만 하는지 도무지 이해되지 않으며, 아내의 얼굴 표정, 앉는 모습, 웃는 모습, 모든 일이 짜증나는 슈미트의 모습은 일상에서 흔히 만날 수 있는 우리 아버지들의 모습이다. 갑작스럽게 아내를 잃고 사랑하는 딸이 결혼해 떠난 후에야 슈미트는 자신에 대한 성찰을 시작하게 된다. 시간이 흐르면서 삶의 의미도 변하게 마련이지만 스스로 변화하려 하지 않았던 자신의 모습을 슈미트는 발견하게 된다. 아내가 자신의 반대에도 불구하고 비싼 돈을 주고 구입한 버스를 타고 낯선 곳으로 여행을 떠나면서, 슈미트는 삶에서 가장 소중했던 것이 진정 무엇이었는지 찾게 된다. 자신이 살아가는 환경, 현재 지니고 있는 것, 그런대로 쓸 만한 자신의 건강, 자녀 등에 대해 진정으로 감사할 줄 알게 되면서 행복한 노후를 찾게 된다. 이와 같이 노년기에는 자신이 처한, 그리고 누리는 삶의 모든 환경을 수용하고 인정해야 한다.

노년기 삶의 목표 만들기

인생을 봄, 여름, 가을, 겨울의 사계절에 비유하여 아동기, 성인기, 노인기, 그리고 마지막 죽음의 시기로 나눈다. 봄은 만물이 겨울잠에서 깨어나는 계절이므로 인간의 아동기에 해당하며 인생을 준비하는 시기가 된다. 여름은 꽃이 피고 성장하는 계절이므로 인간의 성인기에 비유되며 인생의 활동기가 된다. 가을은 열매를 맺고 월동을 준비하는 계절이므로, 인간의 노인기에 해당하며 인생이 결실을 맺는 황금의 시기로 볼 수 있다. 겨울은 살아 있는 모든 유기체가 발달을 완성시키는 때이므로 고요한 침묵의 계절이요, 인간에게는 죽음을 맞이하는 시기가 된다.

우리는 모두 다 각기 좋아하는 계절이 있다. 반드시 겨울보다 봄이 좋다고 이야기할 수 없는 것은, 각각의 계절이 저마다 고유한 특징을 통해 아름다움을 나타내기 때문이다. 인생 역시 마찬가지다. 반드시 아동기가 성인기보다 좋다고 말할 수 없으며, 노인기보다 성인기가 좋다고 말할 수도 없다. 누구나 자신이 좋아하는 계절이 있고, 각 계절마다의 장점과 특성이 있듯이, 우리 인생 역시 각각의 의미와 특성 그리고 목표가 있다.

은퇴를 맞게 되는 인생의 가을, 즉 노년기는 여름까지 애써 가꾼 결실을 거두며 삶을 되돌아보고 정리해야 하는 시기다. 따라서 인생을 풍요롭고 충실한 내용으로 꾸미려면 노년을 살아가는 의미를 되새겨보고 노년에 걸맞은 목표를 정해야 한다.

자신감 갖기

노인을 대상으로 강의를 하다 보면, 대부분의 노인들이 노년기에 관해 알고 있는 지식이 매우 적다는 사실에 놀라게 된다. 노인들에게 노년이란 지루한 기다림일 뿐 노후를 행복한 삶의 여정으로 생각하는 경우가 거의 없기 때문이다. 노후에 대한 특별한 설계가 없으며, 평균 수명이 얼마인지 잘 모를 뿐더러 노년건강에 대한 상식조차 부족하다. 또한 가족관계의 변화 등에 관해 거의 생각하지 않고, 자신의 새로운 역할을 찾기 위해 노력하기보다는 지난날 자신의 모습을 그대로 유지하려는 태도를 흔히 볼 수 있다. 게다가 대부분의 노인들은 성공적인 노화에 대한 자신감이 매우 부족하다. 노년기에는 저마다 적극적으로 삶을 개척할 수 있는 자신감을 찾는 것이 가장 중요하다.

노년의 자신감은 노년기의 분명한 삶의 목표로부터 나올 수 있다. 삶의 목표가 분명해진다면, 삶에 대한 자신감은 저절로 따라올 것이다.

노인교육 강의에서 만난 은퇴한 초등학교 교장선생님 한 분은 은퇴 이후 매일 무료한 일상을 보내시다가 우연히 신문에서 정보를 보고 노인교육에 참가한 후 그 소회를 다음과 같이 털어놓았다.

> 정년퇴직을 하고 매일매일 집에서 지루한 시간을 보내게 되었거든. 새 학기가 시작되는 3월 한 달 내내 잠을 못 잤어, 잠이 안 와… 불면증에 시달렸지. 아내는 열심히 교회 다니고, 아침 식사를 마치면 부리나케 밖으로 나가 버리니 혼자 점심 먹게 되는 날이 많아지는 거야. 아침에

> 나간 아내는 저녁식사를 준비할 무렵에야 들어오고, 처음에는 혼자 보내는 시간들이 귀중하게 느껴지기도 했지만 슬그머니 불안해지면서, '내가 언제까지 이렇게 살아야 하나' 그런 생각이 들더라고, 그러던 차에 신문에 끼여 들어온 전단지에서 보게 된 ○○대학교 평생교육원 강의를 듣게 되었고, 이제야 조금 자신감이 생기는 것 같아, 어떻게 살아야 하는지….

그분은 교육을 통해 다른 또래 노인들과 1주일에 한 번씩 만나 퇴직 후의 문제나 소외감 등에 관해 서로 의견을 교환하는 기회가 많아지면서, 자신이 겪고 있는 문제가 단지 혼자만의 문제가 아니라는 것을 체험했다고 고백한다. 교육을 받으면서 행복한 노후를 위해 적극적으로 활동하기로 결정하고 자신이 해야 할 일의 방향을 찾았다는 것이다. 지금은 오전에는 소외아동들을 지도하는 자원봉사를 하고, 오후에는 노인강좌를 들으면서 노년기에 자신감이 충만한 성공적 귀감이 되었다.

새로운 정체성 만들기

과거의 사회적 지위로부터 벗어난 뒤, 자신의 존재를 인정받을 수 있는 다른 대안을 찾지 못하면 자신의 정체성에 대한 혼란을 겪게 된다. 따라서 제3의 인생 시기인 노년기에 먼저 '나는 누구인가'라는 질문을 통해 전생애를 성찰하면서 새로운 정체성을 구축해 나가야 한다.

그동안 내가 하고 있는 일이나 직업을 통해 혹은 가정이나 자녀와의 관계 속에서 자신의 정체성을 구축해 왔다면, 이제 노년에는 본래적인 나로 돌아가 진정한 나 자신의 삶의 의미와 정체성을 탐색해야 한다. 더 이상 내가 하고 있는 일이나 직장에서의 지위, 내가 만들어 낸 성과를 통해 나를 나타내는 것이 아니라, 온전한 나 자신을 통해 나를 설명해 나가야 한다.

이를 에릭슨(E. Erikson)은 '자아통합'이라고 불렀는데, 평생을 통해 다양하게 발현되었던 온전한 '자아(self)'의 의미를 통해 진정한 자기정체성을 만들어 내는 것이 노년기에 해결해야 할 숙제라고 할 수 있다.

늙어서도 가족

'가족'은 구성원의 발달단계에 따라 그 역할과 기능이 역동적으로 변화한다. 개인이 발달단계에 따라 비슷한 사건을 경험하고, 비슷한 위기에 직면하며, 비슷한 발달과업을 달성하는 것처럼, '가족' 역시 발달의 변화과정을 겪는다. 가족의 변화과정은 개인이 가족생활에서 경험하는 자녀로서의 성장과 독립, 결혼, 출산, 육아, 성인자녀의 독립, 퇴직 및 노후로 구성되며, 시간적 연속의 각 단계를 거치게 된다. 다양한 상황의 발생으로 인해 모든 가족들이 똑같이 이러한 단계를 거치는 것은 아니지만, 일반적으로 가족관계는 결혼으로 형성되고 자녀의 출산으로 발전, 확대되었다가 자녀의 결혼과 독립으로 축소되면서 노년기 사망으로 종료된다.

가족구성원들 간의 상호관계가 가족관계다. 가족은 사회를 구성하는 기초적이면서도 중요한 집단으로서, 가족관계의 만족은 개인의 행복지수에도 직접적인 영향을 미칠 뿐만 아니라 건강하고 행복한 사회를 만드는 데도 중요하다.

2008년에 통계청이 조사한 우리나라 50세 이상 성인의 가족관계

만족도를 보면, 전체 인구의 만족도(56.1%)보다 낮고, 특히 65세 이상 노인 인구의 만족도(46%)는 가장 낮은 것으로 나타났다. 노년세대는 젊은 세대에 비해 전통적인 가족관을 지니고 있어, 가족관계에 대해서도 시대변화의 추이를 받아들이는 새로운 시각을 갖지 않는다면 결국 외로움을 느끼게 되고 가족관계 만족도는 떨어지게 된다.

은퇴 후 노년기의 삶, 특히 일상생활에서 가장 핵심적인 가족관계를 행복하게 만들려면, 노년기의 원만하고 전향적인 가족관계를 유지하고 이를 위해 미리 준비하고 계획해야 한다.

가족의 변화

핵가족화와 지속적인 저출산 현상으로 가족규모가 축소되고 세대구성이 단순화하고 있는 것은 어제 오늘의 일이 아니다. 우리나라 평균 가구원수를 보면, 1975년 5.0명에서 2005년 2.9명으로 40% 이상 감소했으며, 3세대 가구 가족은 1980년 16.5%에서 2005년 6.9%로 급격히 줄어들어 자녀 · 손자세대와 함께 하는 노인의 수가 줄어드는 대신, 부부끼리만 사는 가족은 2000년 14.8%에서 2005년 18%로 빠르게 증가하고 있다(통계청, 2006).

여성의 취업 증가와 핵가족화에 따라 가족의 복지 기능이 약화되고 있다. 즉, 가족 돌봄 기능이 위축되어 노인복지기관, 경로당 등에서 여가를 보내는 노인이 증가하고 있고, 개인주의 가치관 확산과 더불어 젊은 층의 부양의식이 상실됨에 따라, 노인의 전통적 가족의식은 변하지 않고 있음에도 불구하고 노인부양과 관련한 가족 간의 갈등은 커지고 있다.

가족주기에서 본 노년기

가족주기로 볼 때 보통 중년기를 지나 노년기에 접어들면서 부부는 3세대의 조부모가 되고, 부부 둘만 남게 되므로 새로운 관심이나 사회생활을 만들어 나가야 한다. 자녀가 성장한 중년기를 기점으로 자녀 독립기에 이어 세대교체가 일어나는 노년기까지 각 단계에서 요구되는 발달과제의 달성 여부는 개인의 정신건강에 큰 영향을 준다. 은퇴 이후 노년에 이르기까지 가족관계에서 중시해야 할 사항은 다음과 같다.

첫째, 부부의 순기능을 유지하며 사회적 또는 육체적인 쇠퇴에 대응하는 일, 둘째, 자녀들에게 가정 내의 중심적인 역할을 이양하는 일, 셋째, 경험자로서의 지혜를 가족 체계 속에서 적절히 전달하는 기회를 갖는 일 등이다.

수명의 연상으로 노년기가 노년 조기(young-old), 노년 중기(middle-old), 노년 후기(old-old)로 나누어지고, 가족관계도 3대가 공존하던 시기에서 4대가 공존하는 시대로까지 변화한 지금, 가족은 노인 · 자녀 · 손자녀 세대에게 경제적 상호의존성과 유대감을 표현하는 데 중요한 역할을 하며, 가족 내의 유대감은 노인의 육체적 · 사회적 · 심리적 안녕에 매우 중요한 요인이 된다.

우리나라의 10세 이상 전 국민이 가족과 함께 하는 생활시간량은 하루 평균 2시간 49분(169분)에 그치고, 이 중 가족 · 친척과의 교류

시간은 9분으로 나타나(통계청, 2005), 가족 간, 세대 간 단절 현상이 매우 심화되는 양상을 보이고 있다.

특히 노년기는 가족관계를 중심으로 한 활동 비중이 크기 때문에, 가족구성원 간 애정을 바탕으로 한 관계의 질이 노년기 생활만족도와 삶의 질에 중요한 요인이 된다. 또한 가족 간 결속력은 위기나 문제 상황의 대처에 중요한 열쇠가 될 수 있으므로 가족 간 결속력을 높이기 위한 노력이 필요하다.

가족구성원 간 결속력 증진 방안

- 신체적 건강을 유지한다.
- 가족구성원 간에 서로 이해하고 신뢰하며 존경하는 마음을 갖는다.
- 가족구성원 상호간의 가치, 태도, 신념을 인정한다.
- 가족구성원들이 참여하는 여러 가지 상호작용 활동을 늘린다.

노부모와 성인 자녀 관계

노년기의 부모-자녀 관계, 조부모-손자녀 관계 등 세대 간의 유대관계는 노년기에 누리는 소중한 기쁨의 근원인 동시에 자신의 인생을 돌아보며 자아통합감을 형성하는 데에도 기여한다. 특히, 부모-자녀 관계는 개인의 일생에서 가장 오랜 시간 지속되는 관계 중의 하나로서, 부모는 자녀를 통해 한 개인으로서의 꿈과 희망과 사랑을 경험하며 자녀 역시 부모의 보호 아래 사회의 구성원으로 성장하게 된다.

부모와 자녀는 서로가 발달해 가면서 상호의존성과 독립성을 조정해 나가게 되는데, 자녀는 성인이 될수록 성숙성과 독립성이 증가하는 반면, 부모는 노인이 될수록 자녀에 대한 사회적이고 심리적인 의존성이 증가하게 된다. 의존성은 생활비나 용돈 등의 경제적 의존성뿐 아니라 신체적 부축이나 차량제공 등 일상생활 능력에 대한 신체적 의존성, 사회적 관계가 줄어들면서 누구누구의 부모로서 자녀를 통해 사회적 관계를 재설정하게 되는 사회적 의존성, 감정적 유대, 심리적인 위안과 상담을 얻는 심리적 의존성, 중요한 일에 대한 기억이나 판단을 자녀에게 의존하게 되는 정신 능력의 의존성 등 매우 다양한 측면에서 증가하게 된다. 하지만 이러한 의존성 증가를

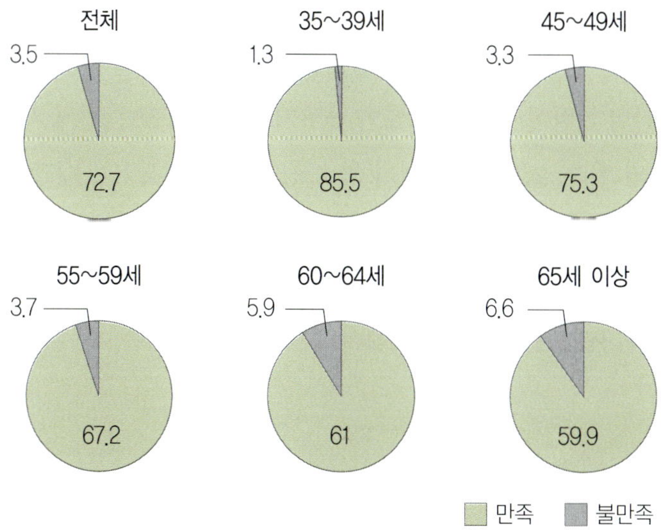

가족관계 만족도(단위: %)

출처: 통계청(2008b).

자녀가 부담으로 느끼게 될 때 노부모-자녀 간 정서적 관계의 질은 떨어지게 된다.

한 연구(김유경 외, 2009)에 따르면 우리나라 성인 중 자녀관계에 만족하는 성인은 1998년 65.2%에서 2008년 72.7%로 높아졌으나, 65세 이상 부모 중에는 만족하는 사람이 59.9%에 그쳐 노년기로 갈수록 자녀관계에 만족하는 비율이 낮아지는 경향을 보이는 것으로 나타났다. 이와 같이 노년기에 성인 자녀와의 관계에 대한 만족도가 낮아지는 원인은 다양하겠으나, 세대 간 가치관의 갈등, 세대 간 정서적 유대감에 대한 인식 변화, 경제적 부담 문제 등이 만족도를 떨어뜨리는 주요 요인이다.

노부모와 성인 자녀 간의 관계 증진 전략

세대 간 유대관계는 단순한 의무감이 아니라 애정을 바탕으로 한 유대감이 기반이 될 때 만족도가 높아지므로, 노부모는 먼저 자녀와의 대면 접촉, 전화 통화, 문자 발송 등을 통해 정서적 유대감을 높이도록 노력해야 하며, 스스로 짐짓 활기차고 행복하게 생활하는 모습을 자녀 세대에게 보여야 한다. 노부모가 성인 자녀와 애정에 기반한 유대관계를 증진하기 위해서 노력해야 할 것들은 다음과 같다.

노부모-성인 자녀 간 관계증진 전략

- 노화를 수용하고, 자녀와 손자녀에게 본보기가 되는 삶을 산다.
- 가능한 한 경제적으로 자립하고, 자녀에게 지나친 의존이나 효도를 기대하지 않는다.
- 자녀를 독립된 개체로 인식하고, 과도한 사생활 간섭, 개입, 훈계를 하지 않는다.
- 사후 재산과 부채 처리를 명확히 한다.
- 유산 상속을 명확하게 처리한다.

조부모와 손자녀 관계

개인차가 있기는 하지만, 일반적으로 조부모가 되는 시기는 결혼 후 자녀를 출산한 지 25년 이후가 되는 시기로서, 인생주기로는 중년기에 해당한다. 이 시기는 아직 노년기로 진입하기 전이고, 오늘날과 같은 고령화 시대에 노인이라고 부르기에는 어색하기 때문에 조부모 자신도 할아버지, 할머니가 된다는 사실을 인정하기가 쉽지 않다. 이에 따라, 조부모가 된 중년기 조부모들은 종종 자신의 역할이 얼마나 중요하고 의미가 있는지 깨닫지 못하는 경우도 있다.

손자녀와의 관계에 따라 조부모 유형은 다음 5가지로 나누어 볼 수 있는데, 어떤 유형의 조부모가 좋은가를 따지기보다는 각자의 환경에 가장 적합한 조부모 역할을 수행하는 것이 더 바람직할 것이다.

조부모 유형

유형	내용
형식적 조부모	손자에게 선물 사주기 등을 좋아하지만, 부모의 권위나 책임은 침해하지 않으려고 조심함.
놀이상대	손자들과 비공식적이고 유희적인 관계를 맺고 즐김. 손자들에게 일방적으로 서비스나 재화를 제공하기보다는 상호만족을 강조함.
대리부모	부모가 일하는 동안 손자들을 돌보는 책임을 지님.
지혜의 원천	가족 내에서 권위적인 위치를 유지, 특별한 지식과 기술을 소유함.
원거리형	휴일이나 특별한 때에만 접촉함.

출처: Neugarten & Weinstein(1964); 한정란(2005)에서 재인용.

책임과 의무의 관계인 부모-자녀 관계와 달리 혈연의 사랑으로 이루어진 조부모와 손자녀의 관계는 손자녀의 인생발달에 조부모가 큰 영향을 미치기도 하고, 조부모 자신에게도 생의 의미를 되찾고 고독과 소외를 해소하는 동시에 만족감을 얻을 수 있는 기회를 제공하는 등 서로 호혜적인 관계로 발전할 수 있다.

조부모와 손자녀 관계의 긍정적 측면은, 손자녀와의 접촉을 통해 젊음과 정열을 다시 느끼게 되는 생물학적 갱신감, 조부모로서의 새로운 정서적 역할 내지 성취감, 손자녀에게 경험과 연륜에서 터득된 지혜와 지식을 가르치거나 인격성장 등을 이끄는 멘토(mentor)로서의 만족감, 손자녀를 통해 조부모 자신이나 자녀들이 이루지 못한 목표 성취감을 맛보는 것 등이 있다. 반면, 조부모와 손자녀 관계의 부정적 측면으로는, 자녀양육에 대한 조부모와 성인 자녀의 의견과 가치관의 차이에 따른 갈등, 조부모가 손자녀에게 중요한 존재가 되지 못한다는 인식에 따른 조부모와 손자녀 사이의 관계 소원 등이 있다.

한편, 우리나라는 1998년 IMF 경제체제와 2008년 미국발 세계경제위기 등 경제문제, 부모의 이혼 등으로 인한 가족해체의 영향으로 조부모와 손자녀로 구성된 조손가족이 증가하고 있고, 조부모의 대리부모 역할이 증가하는 추세를 보이고 있다. 대리부모로서 조부모는 자신의 잠재된 건강문제와, 필요시 도움이나 지원의 부족, 손자녀 돌보기로 인한 가족이나 사회적 관계의 감소 및 사회적 고립에 빠질 위험, 양육비 등 경제적 빈곤 문제 등에 노출되어 있다. 여성가족부의 위탁을 받아 운영하는 중앙 및 시 · 도, 시 · 군 · 구 건강가정지원센터(http://www.familynet.or.kr)의 조손가족지원을 비롯한 다양한 형태의 조부모 교육 프로그램이나 서비스들을 적극적으로 이용할 필요가 있다.

조부모의 유형과 역할은 시대와 개인에 따라 다양하게 나타날 수 있다. 조부모는 가정의 평화와 결속을 증진시키는 역할을 한다. 또한 손자녀를 비롯한 가족구성원과 친족 간의 친밀성과 유대감을 유시시키는 핵심 축이 된다. 한편 우리나라에서 실시했던 서동인의 연구(1996)에서는, 훈계자, 물질 제공자, 대리모, 가계 역사 전수자, 손자녀 지지자, 생활 간섭자 등이 조부모의 역할로 조사되었는데, 그 중에서 비중이 가장 높은 것으로 나타난 역할은 훈계자였다. 그러나 이와 같이 일방적인 훈계자로서의 조부모는 손자녀와 원만한 관계를 형성한다고 보기 어렵다. 따라서 손자녀 관계에서 조부모의 바람직한 역할 및 기능을 위해 고려해야 할 것들을 살펴보면 다음과 같다.

조부모-손자녀 간 관계 증진 전략

- 인격적으로 성숙한 모습과 심신 건강을 유지한다.
- 손자녀를 평가하기보다는 이해하도록 노력한다.
- 손자녀와 이야기하는 대화기술을 개발한다. 최근 유행어, 손자녀 세대의 화법을 배우도록 한다.
- 정기적으로 손자녀와 접촉한다. 시간이 여유로운 조부모가 적극적으로 손자녀와 만나는 정기적인 접촉기회를 만든다.

노년기 형제자매 관계

노인들은 자신의 배우자, 자녀, 손자녀와의 관계를 우선으로 하지만 자신의 형제자매도 즐거운 교제대상이 된다. 은퇴를 하고 자녀들은 집을 떠난 이후이기 때문에, 과거에 자주 접촉하지 못했던 형제자매 사이가 다시 가까워질 수 있는 시기이고, 가까이에서 자주 접촉할 수 있는 편안한 대상이 형제자매이기에, 형제자매 간의 유대는 연령이 높아질수록 더 증가하는 경향이 있다. 노년기의 형제자매 관계는 다음의 몇 가지 유형으로 구분된다.

노년기 형제자매 관계 유형

유형	내용
친밀형	감정적 지원과 빈번한 접촉, 시기심과 적개심이 적음. 배우자가 없는 경우에 많음.
근접형	적당한 수준의 친밀감과 도구적 지원 및 정서적 지원. 시기심이나 적개심 없음. 이성의 형제자매 간에 많이 나타나며 모두가 기혼이고 학력이 높고 원래 가족구성원이 적은 경우에 많음.

경쟁형	적개심이나 시기심 존재. 약간의 도구적 지원과 낮은 정서적 지원. 본인은 기혼이고 상대방은 혼자된 경우에 많음.
소원형	적개심과 시기심이 많고 접촉이 거의 없음. 심리적 관여 정도 낮음. 남자 형제간에 이 유형이 많음.

출처: 최규련(2007).

우리나라 중년기와 노년기의 형제자매 관계 만족도는 젊은 세대들의 형제자매관계 만족도보다 낮은 것으로 나타났다. 남자보다는 여자들의 만족도가 조금 높은 것으로 나타났는데, 이는 여성들이 남성들보다 친밀한 형제자매 관계를 형성한다고 볼 수 있다.

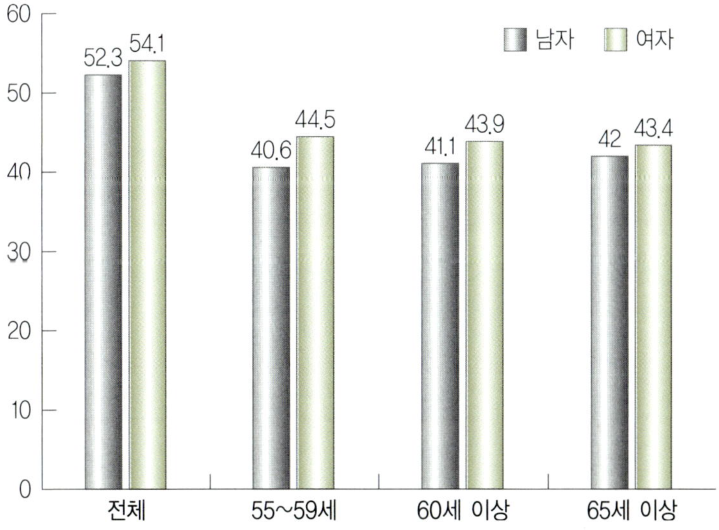

연령, 성별에 따른 형제자매 관계 만족도(단위: %)

출처: 통계청(2008b).

나이가 들수록 사회적 관계망이 차츰 축소되기 때문에 형제자매 관계는 노년기의 사회적 지지망으로서 중요한 역할을 한다. 나이 터울이 많지 않을 경우, 형제자매들은 비교적 세대가 같고 비슷한 사건들을 경험해 왔기 때문에 폭넓은 공감대를 이루고 있어, 서로 이해하고 정서적 지지를 보내는 면에서는 자식에 비교할 수 없을 만큼 탁월한 관계를 형성할 수 있다. 형제자매 관계는 간혹 경제적 · 신체적 어려움에 처했을 때 실질적 도움이 되기도 한다. 대체로 노년에 형제들과 친하게 지내는 사람들은 정서감정이 평화롭고, 형제들 간의 유대를 재확립한 사람들은 무엇과도 비교할 수 없는 성취감을 갖게 된다. 형제간에 가끔 경쟁이나 불화가 있었을지라도, 어린 시절에 형성된 정서적 친밀감과 애정이 여전히 존속하므로 관계 회복이 용이한 특징이 있다.

금슬지락(琴瑟之樂)

오늘날 우리 사회는 평균 수명의 연장에 따른 고령화의 급속한 진전과 가족부양 기능의 약화, 자녀 수의 감소로 인해 자녀를 출가시킨 후 노부부 단독가구가 보편화되는 한편, 서구식 부부 중심 사고도 확대되고 있다. 2010년을 기준으로 우리나라 남성의 평균 수명이 76.4세, 여성이 82.9세인 점을 참고한다면, 자녀를 출가시키고 부부만이 살아가는 시간은 20년 전후가 되지 않을까 싶다. 그만큼 노년기 부부는 제2의 부부기를 맞게 되므로 새로운 문제와 기회를 동시에 만나게 된다.

중년기를 넘어 가면서 부부는 부모–자녀 체계에서 부부만의 체계로 친밀한 협력관계를 재구성해야 한다. 긍정적인 측면에서 본다면 이 시기는 중년기의 부부에게 새로운 활동 영역에 참여하거나 역할을 담당하면서 부부관계를 돈독하게 확장해 가는 기회가 될 수 있다. 그러나 잘못하면 부모로서의 책임감이 상대적으로 감소됨으로써 오는 해체감, 공허감, 상실감, 우울증 등을 경험할 수도 있는 시기다.

특히, 여성의 경우 자녀양육과 교육을 대부분 완료하고 공허함과 우울증이 심화될 수 있는 시기이며, 남성의 경우에는 은퇴와 더불어 사회생활에 대한 무력감과 자신감 상실 등의 문제에 부딪히게 되는 시기이기도 하다. 따라서 중년기 이후의 부부는 일상생활에 있어서 부부간의 공유 활동 범위를 확장하도록 노력해야 한다. 자녀 출산 후에 감소되었던 결혼 만족도가 중년기 이후에 다시 높아지는 U자 곡선을 이룰 수 있도록 하기 위해서는 부부만의 친밀한 협력 체계를 재구축해야 한다. 노년기 부부는 상호의존성이 높아지게 되는데, 이는 노년기 삶의 만족도에 있어 중요한 요소다.

노년기는 부부 쌍방 혹은 일방이 은퇴를 하게 되고, 자녀에 대한 돌봄과 지원 기능(부양 기능)이 줄어들게 됨에 따라 정신적인 공허

중년기와 노년기 부부의 갈등과 기쁨의 근원이 되는 주제

순위	중년기 부부		노년기 부부	
	기쁨의 근원	갈등의 근원	기쁨의 근원	갈등의 근원
1	과거 좋았던 시간	자녀	자녀 또는 손자녀	의사소통
2	다른 사람들	돈	과거 좋았던 시간	휴양
3	자녀 또는 손자녀	휴양	과거의 휴가	돈
4	과거의 휴가	의사소통	최근 함께 한 일	자녀
5	최근 함께 한 일	성	다른 사람들	성
6	어리석고 재미있던 일	인척	미래 설계	인척
7	미래 설계	친구	TV, 라디오, 독서 등	친구
8	TV, 라디오, 독서 등	종교	자유롭고 비형식적인 일	종교
9	자유롭고 비형식적인 일	알코올과 약물	어리석고 재미있던 일	질투
10	성취	질투	성취	알코올과 약물

출처: Hoyer, Rybash, & Roodin(1999).

함, 회한을 불러올 수 있다. 게다가, 부부가 하루의 대부분을 같은 공간에서 지내게 될 때 오는 새로운 부딪힘과 갈등, 성호르몬 감소에 따른 남성의 여성화와 여성의 남성화가 부부 사이에 갈등을 가져오기도 하지만, 강요된 친밀감으로부터 오는 의사소통 부재는 더욱 큰 갈등을 초래할 수도 있다.

노년기 부부관계의 유형

노년기의 조화로운 부부적응은 개인의 만족뿐 아니라 자아통합감을 자아내는 중요한 요인의 하나다.

현재 우리나라 노인들은 가부장적 가족 가치관을 지닌 세대다. 그에 반해 서구적 가치관이 점점 확대되고 있고 은퇴 후 남편의 권위는 갈수록 약화되고 있으며, 부부 중심형 혹은 동료형 부부생활을 하는 경우는 많지 않다. 따라서 노년기에 들어와 갑자기 가정에서 보내는 시간이 늘어나도, 자연스럽게 부부간의 대화시간이 늘어나

노년기 부부 유형

유형	내용
부부 중심형 (The husband-wife)	친밀감을 강조하고 관계의 특성을 공유하며 반드시 다른 역할을 배제하지는 않으나 부부의 역할에 결혼의 초점을 두는 유형
부모-자녀형 (The parent-child)	배우자 중 한 사람은 부모 역할을, 또 한 사람은 자녀 역할을 하면서 보호와 양육, 지배와 순종, 의존성의 특성을 갖는 유형. 배우자의 한쪽이 건강을 상실했을 경우에 이루어지는 유형

동료형 (The association)	친구나 동료로서 행동하며 부부관계의 친밀감과 부모 역할의 만족감이 종합되어 부부관계의 영속성을 증진시키는 유형

지는 않는다. 노년기를 준비하는 지금부터 부부가 동료애를 가지고 상대방을 이해하고 배려하는 준비를 시작해야 한다. 다음의 사례처럼 말이다.

> 저는 매일의 제 스케줄을 화이트보드에 써 놓아요. 스케줄이 뭐가 있는가… 날짜하고 시간하고… 화이트보드가 습관이에요.. 글씨도 크게… 우리 집사람도 그 스케줄을 보고 거기에 맞춰서 자기도 시간을 조절할 수 있지 않습니까? 그래서 제 집사람은 제 월별 스케줄을 다 압니다, 제가 써 놓기 때문에… 행복하죠. 마음이 가벼우니까 즐겁지 않습니까? 집사람도 친구 만나거나, 딸아이, 며느리 만나는 등 일을 자유롭게 하고… 저녁시간에는 함께 집에서 저녁 해 먹고 그래요…. (73세, 남자)

부부가 대등한 관계 속에서 서로를 이해하고 협력하는 관계로 발전하려면 먼저 상대를 배려하는 작은 노력부터 시작해야 할 것이다.

노년기 부부관계 증진 전략

오랜 기간 결혼생활을 통해 난관을 극복해 온 부부에게 노년기는 또 다른 삶의 장이 된다. 노년기 부부는 서로에게 의지하게 되며, 일상생활에서 함께하는 시간이 절대적으로 늘어나기 때문에 부부가 서로 이해하고 사랑하는 것은 삶의 질 향상뿐 아니라 개인의 만족이나 자아통합감에 기여하며 행복에도 큰 영향을 미친다. 우리나라 노인들은 아직까지 유교문화적인 관습이 남아 있어 남녀 역할이 명확하게 구분된다. 또한 빠르게 변화하는 가치관과 사회 흐름을 쫓아가지 못하고 정체감의 혼란 및 위기감을 경험하는 경우가 많다.

호주제가 폐지되어 민주적이고 평등한 가족관계가 형성되었으나 여전히 가족관계 내에서 여성이 가사 및 돌봄 노동을 전담하는 것을 미덕으로 생각하는 노인 부부가 많다. 통계청의 조사결과 우리나라의 20년 이상 된 부부들의 이혼율은 2009년 전체 이혼율의 22.8%로 상당히 높은 편이다. 이러한 결과는 1991년보다 5배, 2000년보다 2배나 증가한 것이며, 주된 이혼사유로 성격차이가 46.4%를 차지한다는 사실은 부부관계 증진을 위한 각자의 노력이 절실함을 시사한다.

황혼기에 접어든 노년기 부부가 서로의 친밀감 형성과 함께 인생의 동반사로서 여생을 살 누리려면 나음과 같이 함께 노력해야 한다.

노년기 부부관계 증진 전략

종류	내용
현실 이해 및 수용 전략	• 노년기의 신체적 감퇴와 노화를 인식하고 이를 수용한다. • 부부간에 자신들의 신체적 · 생리적 노화 현상에 대한 솔직한 대화와 이를 수용하는 적극적인 태도를 취한다. • 은퇴에 따른 수입 감소로 인한 신체적 · 사회적 활동의 축소를 이해하고 받아들인다.

역할 재조정 전략	• 전통적인 남녀 역할에서 벗어나 부부 공동의 협력체제로 진화한다. • 가부장적이고 고착화된 성역할 관념에서 벗어나고, 상호 신뢰와 도움을 주는 대등한 생활을 실천한다. • 남성의 가사노동 분담률을 50%까지 높이도록 노력한다.
관계 재정비 전략	• 상호도구적 부부관계에서 정서적이고 심리적으로 친밀한 부부관계로 전환한다. • 상대방의 자존심을 상하지 않게 한다. • 서로를 격려하고 수시로 애정을 표현한다. • 동료의식을 중시하며 충분한 대화를 나눈다.
상호작용 활성화 전략	• 부부간에 자신들의 신체적 · 생리적 노화 현상에 따른 여러 문제들을 수용하고 긍정적으로 해결해 나갈 수 있도록 서로 돕는다.
의사소통 활성화 전략	• 권위구조로 생활해 온 부부관계를 평등한 부부관계로 전환한다. • 공통의 취미나 관심을 통한 공통 화제로 원활한 의사소통이 이루어지도록 한다. • '내가 ~'로 시작하는 대화법을 사용하고 자신의 의견이나 생각, 느낌을 솔직하게 전달한다.
공동의 활동 및 독립 영역 개발 전략	• 부부가 함께 즐길 수 있는 활동에 참여한다. • 함께 휴식하며 공동 작업을 시도한다. • 부부가 따로 즐기고 몰두할 수 있는 독립된 일이나 취미를 갖는다.
부부의 성에 적응하기 전략	• 노화로 인한 성기능의 변화를 이해하고 수용한다. • 부부 상호지원을 통한 원만한 성적 적응을 시도한다.

바람직하고 행복한 노년기 부부관계를 위해서 현재의 상태를 파악해 부족한 부분을 보완하고 준비해 가야 한다.

다음의 체크리스트는 9점부터 36점까지의 범위에 걸쳐 있는데,

부부관계는 가치관과 태도 및 상황에 따라 변화하는 것이므로 최저 점수가 나쁜 부부관계를 의미한다기보다는 낮은 점수를 받은 항목에 대해서 부부 상호간의 대화와 관심이 더 필요하다고 해석하는 것이 바람직하다.

● 부부관계 체크리스트 ●

※ 다음에 대하여 스스로 점검해 봅시다. 점수가 높을수록 부부관계가 좋음을 나타냅니다.

(1: 아주 아니다. 2: 아니다. 3: 그런 편이다. 4: 아주 그렇다)

- 가능하면 부부간 대화시간을 가지려고 노력한다. 1, 2, 3, 4
- 부부 장래의 생활에 대해 이야기한다. 1, 2, 3, 4
- 부부의 생일, 기념일을 알고 있다. 1, 2, 3, 4
- 배우자가 내게 무엇을 요구하는지 알고 있다. 1, 2, 3, 4
- 배우자의 친구 이름을 3명 이상 말할 수 있다. 1, 2, 3, 4
- 배우자의 관심사나 고민에 대해 알고 있다. 1, 2, 3, 4
- 배우자와 같이 식사할 때는 이야기로 꽃을 피운다. 1, 2, 3, 4
- 배우자에게 소중한 존재로 인식되고 있다. 1, 2, 3, 4
- 배우자와 함께 있으면 마음이 편하다. 1, 2, 3, 4

부부간 의사소통 촉진 전략

부부간 갈등을 줄이고 친밀한 관계로 거듭나기 위해서는 서로의 입장을 배려한 효율적인 의사소통이 필요하다. '말 한마디에 천 냥

빚을 갚는다' '오는 말이 고와야 가는 말이 곱다'는 속담들에서 보듯이 소통을 위한 대화기술은 부부관계에서도 대단히 중요하다. 특히, 평균 수명의 신장으로 노년기 부부가 해로하는 세월이 길어짐에 따라 부부간 의사소통의 중요성은 더 커지고 있는데, 무엇보다도 동등한 부부관계가 확립되고 함께하는 시간과 활동이 많을 때 친밀감을 느끼고 자연스러운 의사소통을 할 수 있으며 대화도 풍부해지고 다양해진다는 것을 잊지 말아야 한다.

노년기 부부간 의사소통 시 고려할 사항(최규련, 2007)

- 용기와 자신감 가지기: 자신의 이야기를 하기 위해서는 자신의 생각을 인정하고 솔직하게 얘기할 수 있는 용기와 자신감이 있어야 한다. 부부 중 어느 한쪽에 열등감이나 피해의식이 있다면, 배우자의 말을 이해하려고 하기보다 방어적 태도를 취하고 서로에 대해서 비난하게 되므로 자신의 말을 정확하게 할 수 없기 때문이다.
- 배우자 존중하기: 배우자의 말을 잘 받아들이기 위해서는 배우자를 존중하고 배우자의 입장에서 이해하는 마음이 있어야 한다.
- 배우자의 심리적 · 문화적 차이 이해하기: 동일한 경험에 대해 부부간의 의견이 다를 수 있는데 배우자의 심리와 문화적 배경을 이해하면 불일치를 극복해야 대화가 원활해진다.
- 의사소통 규칙 정하기: 부부간 대화 시 지켜야 할 규칙을 정한다. 예를 들어, 배우자의 말을 듣다가 대화가 아닌 싸움으로 간다는 생각이 들 때, 또는 대화를 계속하기 어려울 정도로 화가 날 때는

'잠깐, 쉬었다 하기' '10분간 침묵하기'와 같은 규칙을 적용한다.

- 주의 깊은 경청하기: 자기가 하고 싶은 말만 하고 배우자의 말을 경청하지 않으면 다툼이 나기 십상이므로 다음에 유의한다. ① 배우자가 말할 때 먼 산을 쳐다보거나 다른 일을 하지 않는다, ② 배우자가 하고 있는 말을 가로막고 자기 말을 하거나 자리를 뜨는 행동을 하지 않는다, ③ 배우자의 말을 다른 의미로 해석하거나 과장 또는 축소하지 않는다, ④ 배우자의 말을 끝까지 듣지 않고 미리 판단하여 평가하거나 넘겨짚지 않는다, ⑤ 배우자의 이야기를 들으면서 자기 생각을 하거나 다음에 할 말을 준비하지 않는다.
- 감사와 칭찬, 인정하는 표현하기: 비판, 단점 지적, 불만과 같은 부정적인 표현은 가급적 줄이고 감사, 칭찬, 격려 같은 긍정적인 표현을 5배 이상 많이 사용하도록 한다. 배우자가 단점을 지적하더라도 인간성을 거론하거나 지나치게 비판하여 자존심을 상하는 일이 없도록 주의해야 한다.

성공적인 부부관계 전략

1. 현실을 이해하고 수용한다.
2. 부부 공동의 협력체제로 역할을 재조정한다.
3. 전통적 역할에서 벗어나 정서적 · 심리적으로 친밀관계가 되도록 노력한다.
4. 부부 상호작용과 의사소통을 활성화한다.
5. 부부가 함께 하는 공동의 활동을 많이 한다.
6. 감사와 칭찬, 인정하는 표현을 자주 한다.

곰삭은 우정의 맛

우정의 특징과 성격

인간다운 삶을 영위하는 데 있어서 친구관계는 중요하다. 친구관계는 대부분 생활주기상 같은 단계에 있거나 비슷한 환경일 때 형성되며, 사회적 관계의 기초가 된다. 따라서 사회적 역할을 상실해 가는 노년기에는 친구관계가 바람직한 사회적 관계가 될 수 있다.

친구관계를 통해 나타나는 '우정'의 개념은 매우 광범위하고 다층적이다. 우정은 대체로 가족과 같은 자연적인 관계라기보다는 선택적이며, 강요되거나 사회적 역할에 의해 주어진 것이라기보다 자발적이다. 또한 가족과 친족을 넘어서서 개인을 다른 개인과 연결시켜 주는 사회성을 가진 관계다. 더 나아가, 진정한 친구들은 서로를 특정 목적을 위한 수단으로 취급하지 않는다. 비록 우정의 형성 단계에서는 상대방이 지닌 몇 가지 특징들에 의해 관계가 시작될 수 있지만, 우정이 성립된 후에는 다른 특정 이득이 있다 해도 그것이 친구관계를 대체하지 못한다. 친구관계로부터 나오는 우정의 구체적 특징은 다음과 같다(Hartshorne, 1994).

첫째, 상호 정서적인 애착이다. 친구들은 서로를 좋아하고 정서적으로 공감한다. 깊은 우정일수록 친구들은 서로를 개별적 요소로서가 아니라 통합된 존재로 인식하며, 상대방이 자신의 '마음에 맞는다'는 느낌을 갖는다. 가능한 한 상대방과 함께 있기를 원하고, 함께 있다는 사실 자체가 즐거움을 준다.

둘째, 상호인지와 배려다. 친구들은 상대방의 관심, 이념, 가치관, 태도, 친구가 소중하게 여기는 것들을 공유하거나 최소한 그것들의 중요성을 인정한다. 더 나아가 친구들은 상대방의 관심과 복지, 이념을 구현하는 데 도움을 준다. 친구들은 서로가 추구하고자 하는 바와 그 중요성을 알고 그것이 달성될 수 있도록 돕는다.

셋째, 자아관의 형성에 기여한다. 친구가 가지고 있는 나에 대한 이미지, 나에 대한 평가들은 나에 관한 소개로 받아들여지거나, 내가 나 자신에 대해 새롭게 생각할 동기를 제공한다. 즉 친구는 '또 다른 나'다.

넷째, 내 행동의 이유를 제공한다. 누군가가 내 친구라는 사실, 그리고 그가 어떤 상황에 있다는 점을 알면 우리는 그를 위해 '행동'한다. 친구이기 때문에 도와주는 것, 친구가 원하기 때문에 그 일을 하는 것 등 우리는 우정 때문에 어떤 행동을 할 이유가 생긴다.

다섯째, 특수한 의무가 생긴다. 친구와 모르는 이 사이에서 우리는 대개 친구 편에 서게 된다. 친구가 아닌 사람보다는 친구의 감정, 이해, 그의 마음에 더 많은 관심을 기울이고 더 배려하게 된다.

친구의 기능

나의 지지자, 나의 후원자

나이가 들수록 친구가 필요하며, 친구 간의 우정은 삶의 핵심이 되기도 한다. 친구들은 가족과 달리 동시대를 경험했기 때문에 때로는 가족보다도 서로를 이해하는 능력이 뛰어나고 서로의 입장과 생각을 이해하고 지지하는 폭이 넓다. 이러한 지지 기능은 정서적 · 사회적 · 도구적인 측면에서 은퇴 이후 우리의 삶에 자리한다.

우선, 친구는 정서적 지지자다. 정서적 지지란 서로 간의 심리적 스트레스나 신체적 질병 등을 정서적으로 이해하고, 조언하고 위로하며, 신뢰하는 것이다. 마음을 터놓고 일상사를 함께 이야기하고 걱정과 고통을 함께 나눌 수 있는 절친한 친구는 정서적인 면에서 최고의 지지자다. 때문에, 노인들은 가족보다는 친구와 함께 있을 때 더 즐겁고 활기찬 경우가 많다. 친구의 수, 친구와의 접촉빈도, 친구와 함께 하는 활동정도가 노인의 외로움, 걱정 정도, 적극성 및 삶의 만족도와 정적 상관관계가 있다는 연구들(Spakes, 1979; Wood & Robertson, 1978; 김애순, 2002에서 재인용)이 이 점을 증명하고 있다. 이는 친구가 서로 의지하고 마음을 터놓으며 상호 정서적 지지원을 제공하기 때문이다.

둘째, 친구는 사회적 지지자다. 인생의 동년배들로서 비슷한 경험을 한 친구는 서로의 경험을 나누고 친교 활동을 한다. 이 과정은 개인의 재사회화를 촉진시킨다. 은퇴나 사별 등으로 노년기의 사회적 역할이나 기능이 변화할 때, 친구는 필요한 정보를 제공해 주며 새로운 사회적 교제를 주선해 주니 참으로 '벗'이라 할 만하다. 친구와의 사귐으로 우리는 공동체 속에 재통합된다. 살아온 삶의 경험과 역사가 유사한 동년배들은 세월의 선물이자, 삶의 열매와 같다.

셋째, 친구는 도구적 지지자인데, 이것은 경제적으로 곤란을 겪거나 건강상으로 도움이 필요한 경우 친구로부터 물질적·신체적 도움을 받는 것을 말한다. 가족이 있거나 가족 간의 유대가 원만한 경우는 가족의 도구적 지지가 가장 크지만, 가족이 없거나 가까이 있지 않을 때, 혹은 가족이 도움을 줄 수 없을 때, 친구의 도움은 정말 큰 힘이 된다. 인디오들 말로 친구는 '내 짐을 들고 가는 자'라 하지 않는가! 친구는 대가를 바라지 않고 자발적인 동기에서 기꺼이 나를 돕는다. 친구의 도움을 받으면, 나 역시 친구를 돕고자 한다. 이런 '돕는' 일은 삶을 풍성하게 한다. 보통, 친구가 제공하는 도구적 지원은 심부름, 쇼핑, 일시적 보살핌 등 다양하며, 때로는 간병까지 하기도 한다.

나이가 들어도 친구와는 투닥투닥!

사람이 나이가 늘면 인지적으로 단순해지고, 원인과 결과를 자기 쪽에서 편향되게 바라보게 된다. 또 자기중심적 사고도 강해지는 경향이 있기 때문에 친구 간의 갈등을 경험할 가능성도 많아진다. 자신의 잘못은 상황적 요인(시간 없음, 질병 등)으로 돌리고, 친구의 잘못은 친구가 가진 기질적 요인(성격, 이기심, 무감각 등)으로 돌려 버리게 되면, 친구 간에 오해와 불화가 조장될 수 있다.

노년기에 생기는 친구 간 갈등은 젊은 시절보다 심리적 타격이 크다. 사기가 저하되고 우울 수준이 높아져 정신건강에도 좋지 않으며 신체적인 건강에도 영향을 미치기도 한다. 특히, 노년기는 동년배의 친구들이 거동이 불편하게 되거나 세상을 떠나는 경우가 늘어나고, 새로운 친구를 사귀기 역시 쉽지 않아지는 때다. 친구의 관계를 유지하는 가장 좋은 방법은 현재의 친구를 소중히 여기고 갈등상황을 만들지 않도록 하는 것이 바람직하다. '있을 때 잘하라'는 말이다.

노년기 친구 간에 발생할 수 있는 갈등의 원인이 몇 가지 있다. 첫째, 친구 간에 형성된 묵시적 규범을 위반하는 경우다. 우정에 담긴 친구 간의 진실성, 신뢰성, 상호성, 동등성, 존중 등을 상대방이 의도적으로 위반했을 경우나, 친구를 비판하거나 험담하거나, 사생활을 침해하는 행위 등은 우정에 금이 가게 만든다. 어떤 친구들 사이에는 과거의 어떤 일에 대한 언급을 금기시하는 묵시적 규범도 있기 때문에, 이를 화제에 올리지 않도록 해야 한다.

둘째, 친구 간에 자발적으로 해 주어야 할 일을 하지 않거나 사회적 지지의 상호 균형을 깨뜨리는 경우다. 친구 아내의 장례식처럼 중요한 행사에 불참하거나, 매사를 남에게 떠맡기거나, 빌린 돈을 갚지 않거나, 약속을 지키지 않는 등, 친구 사이에 말하지 않아도 자발적으로 해야 할 도리를 하지 않거나 상호관계를 지키지 않을 때, 상대방은 실망, 화, 분노 등을 느끼게 되고 우정은 갈등 상태에 빠지게 된다.

셋째, 나이가 들수록 친구 간에는 벽이 없어지면서 사적인 정보들(과거의 일, 실패담, 결함 등)을 더 많이 노출하게 된다. 이러한 자기노출이 친구 상호간에 적절히 균형을 이루지 못할 때 관계가 불편해질 수 있다. 한 사람은 허심탄회하게 자기 자신의 많은 부분에 대해 얘기하는 데 비해, 다른 사람은 듣기만 하고 전혀 개인적인 얘기를 하지 않는다면, 벽을 느끼게 되고 우정을 지속하기 힘들게 된다. 친구 사이의 자기노출은 교제기간, 개인적 성격, 동기 등에 따라 달라질 수 있기 때문에, 적절한 균형을 유지하는 것이 좋다.

넷째, 친구 간의 도구적 지지가 한쪽에만 치우치게 될 때도 갈등이 발생할 수 있다. 다시 말해 친구 간에 주고받는 애정이나 물질적 교환이 불공평하면 갈등이 생기게 된다. 특히, 노년의 친구관계에서 민감한 부분은 도움(돈, 물건, 서비스 등)을 주고받는 상호거래다. 친구들은 가족과 달리 단기간의 도움은 줄 수 있으나 장기간의 지원이 필요할 경우 도움을 주는 쪽과 받는 쪽의 균형이 무너지게 된다. 이는 친구관계를 훼손하는 원인이 될 수 있다. 친구는 서로 염려하는 관계가 바람직하다.

친구관계에 영향을 미치는 사건들

중년기 이후 친구관계에 영향을 미치는 대표적 사건으로 은퇴, 자녀출가, 홀로 됨, 주거지 이동 등을 들 수 있다.

먼저 은퇴와 자녀출가 이야기를 해 보자. 남자들의 사회적 활동 및 우정은 직장을 중심으로 이루어지는 반경이 넓기 때문에, 은퇴는 우정에도 변화를 가져온다. 직장에서의 우정은 점점 엷어져서 사라지게 되고, 동창회, 친목회, 종교단체, 스포츠클럽 등의 활동을 통해 새로운 친구를 사귀거나 예전의 동료들이나 친구들과의 관계를 더 돈독히 하려는 경향을 보인다. 물론, 건강과 경제적인 측면은 새로운 친구관계의 형성이나 활동의 참여범위에 영향을 미친다.

반면, 여성들은 남편의 은퇴에 따른 수입 감소로 여가 활동이나 친구교제에 제한을 받는 면이 있다. 그러나 자녀들이 출가하고 나면 오히려 시간적으로나 심리적으로 여유가 생기기 때문에 우정을 더욱 풍요롭게 가꾸어 나가기도 한다. 또한, 여성들은 자녀들의 학창시절에 학부모로서 만난 관계를 친구관계로 확대 발전시키기도 하고, 이웃과의 관계를 친구관계로 확장하는 등 친구교제가 광범위해지기도 하다. 그러나 배우자 돌보기, 손자녀 돌보기, 부모 받들기 등은 친구관계를 오히려 위축시키는 결과를 낳기도 한다.

둘째, 홀로 됨이다. 노년기에 이혼, 사별 등으로 홀로 되는 사건은 친구관계에도 영향을 미칠 수 있다. 배우자를 중심으로 맺어진 친구관계는 자연히 멀어지게 되며, 너무 일찍 홀로 되었을 경우에도 배우자가 있는 친구들과는 소원해지게 된다. 반면, 부부생활을 하는 사람 역시 친구들 대부분이 홀로 되었다면, 친구들과의 관계가 소원해지는 경우도 있다. 결국, 홀로 되는 시기와 부부동거관계가 노년기 친구관계에 영향을 미친다. 같이 살아도 고민이고 혼자 살아도 고민이다.

셋째, 주거지 이동의 경우다. 노년기에 주거지를 옮기게 되면 이전의 친구관계를 소원하게 하고, 새로운 친구를 만들어야 하는 상황을 만든다. "몸이 멀면 마음도 멀어진다"는 속담처럼, 노년기는 친한 친구라고 해도 거리상으로 멀어지면 자주 만나기가 힘들게 되고, 가까운 이웃 동년배끼리의 의지가 더 큰 지지가 될 수 있기 때문이다. 이런 장소의 변화로 인해 익숙한 환경이 주는 안정감이 사라지면서 노인들에게 큰 심리적 어려움을 가져다준다.

노년기 친구 사귀기

사실 지난 세월을 보면 친구가 많은 사람들은 어디든 친구가 넘쳐나고, 친구가 없는 사람들은 늘 '혼자 놀기'를 잘 했던 것 같다. 은퇴를 하기 전이야 활동량도 많고 젊고 활력이 있으니 친구를 사귀는 일이 그리 어려운 일은 아닐 것이다. 그러나 일단 은퇴를 하고 나면 상황은 180도 달라진다. 혼자 지내는 것도 '신물'이 날 정도로 길고 외로운 시간들이 찾아온다. 이때를 위한 대안이 필요하다. 바로 '친구 사귀기'다.

일반적으로 친구를 사귀는 방법에는 두 가지가 있다.

우선, 오랜 옛 친구관계를 더욱 돈독히 하는 것이다. 옛말에 구관이 명관이라고, 오래 알던 친구들이 편하고 좋다. 그러나 세월이 지나면서 친구들에게 소홀해지게 될 수도 있다. 다시금 친구들과 '뭉치는' 방법이 필요하다. 계모임 같은 것을 만들어 정례적인 모임을 갖고, 행방을 알 수 없던 옛 친구들을 동창회 등을 통해 만남을 시도할 수도 있다. 만약 컴퓨터 이용에 익숙한 노인이라면 친구 찾기 사이트 등을 이용해 친구를 찾을 수도 있을 것이다.

두 번째 방법은 새로운 친구를 만드는 것이다. 새로운 친구를 사귀기 위해서 공통의 취미, 성격의 공통점, 경제적인 측면에서의 공통점을 찾으면 좀 더 쉽게 접근할 수 있다. 노년기에 새로운 친구를 만드는 방법에는 첫째, 배움터에서 친구를 사귀는 방법이 있다. 자신의 소질이나 취미를 살리기 위한 목적, 혹은 새로운 영역을 학습하기 위한 목적으로 가까운 복지관 같은 기관이나 동호회와 같은 단체에 가입하여 배움을 계속함으로써, 함께 배우는 사람들을 친구로 사귈 수 있다.

둘째, 자원봉사 활동 등 지역사회와 인연을 맺은 친구를 사귀는 방법이다. 각자의 능력과 여건에 따라 자신이 할 수 있는 지역사회 봉사 활동을 함으로써 건강한 정신과 신체단련은 물론이고 덤으로 친구를 사귈 수 있다. 그야말로 일석이조다.

셋째, 공통의 목적을 가진 사람들끼리 네트워크를 구성하여 친구를 사귀는 방법이다. 서로 같은 가치관을 공유하는 사람들이 모이거나 네트워크를 만들어서 서로 돕고 정보를 교환하면서 교제하는 방법이다. 최근에는, 오프라인 공간에서의 네트워크뿐만 아니라 온라인 공간에서의 네트워크 형성 또한 활발하기 때문에, 포털의 카페 운영자나 블로그 운영자로 활동하면서 네트워크를 만들고 많은 친구를 사귈 수 있다. 친구를 사귀기 위해서는 열심히 활동하고 노력하는 과정이 필요하다. 세상에 공짜는 없다.

성공적인 친구관계 전략

1. 친구 간의 우정을 지키기 위해 친구의 비밀은 남에게 알리지 않는다.
2. 친구 간의 상호관계 유지를 위하여 친구 사이에 실망이나 분노가 일어나지 않도록 규칙을 지킨다.
3. 친구 간에는 균형 있는 벽 허물기를 통해 상호간 이해를 증진한다.
4. 친구 간의 도구적 지지가 한쪽에만 치우쳐, 물질적 교환의 불공평으로 갈등이 생기지 않도록 균형을 유지한다.

일과 직업

농업사회에서 가장 중요한 자원은 토지였지만, 산업화 이후에는 사람, 자본, 기계 등이 그 자리를 차지하게 되었다. 그러나 오늘날 지식정보 사회에서는 보이지 않는 정보와 지식 그리고 문화 등의 지적인 자원이 막강한 힘을 발휘하고 있다. 그야말로 세상이 달라지고 있다. 이로 인해 직업현장에서도 급격한 변화가 나타나고 있다. 바로 '은퇴자 취업'의 급증이 그것이다. 뒷산을 거닐며 즐기는 편안한 노후에 대한 기대는 최근 '나이가 들어도 활동하자'는 취지에서 '은퇴 이후 일하는 즐거움'으로 바뀌고 있다. '쉬는 은퇴'가 '일하는 은퇴'에게 자리를 내주고 있는 것이다.

은퇴기 재취업은 일의 즐거움뿐 아니라 경제적 소득도 제공하며 에이징 푸어(aging poor), 리타이어 푸어(retire poor), 실버 푸어(silver poor)를 고민하는 사람들에게 가장 중요한 관심사가 되었다.

그러나 일을 하자면 나름의 노력이 필요하다. 개인적 측면에서 노후에 적당한 직업 활동을 유지하려면 끊임없이 배우고 학습하는 주체적 활동을 지속해야 한다. 이런 주체적 활동을 위하여 국가적 측면에서는 지식정보 사회, 그리고 초고령 사회로의 변화에 대응하기 위해, 노인이 직업 활동을 계속할 수 있는 실질적 기회를 보장하는 다양한 제도를 만들어 지원하고 있는 중이다. 예를 들면 「고령자고용촉진법」은 1991년 12월 31일에 제정되었지만, 2010년 「고용상 연령차별금지 및 고령자고용촉진에 관한 법률」로 개정되었다. 「고용상 연령차별금지 및 고령자고용촉진에 관한 법률」은 합리적인 이유없이 연령을 이유로 하는 고용차별을 금지하고, 고령자가 그 능력에 맞는 직업을 가질 수 있도록 지원하고 촉진함으로써, 고령자의 고용안정과 국민경제의 발전에 이바지하는 것을 목적으로 한다.

이 법에서는 고령자가 채용되거나 퇴직을 할 때, 나이가 많다는 이유로 해고되거나 불이익을 당하지 않도록 보호하고 있다. 고용노동부장관은 고령자 고용 촉진을 위해 고령자에 관련된 구인 · 구직에 관한 정보를 수집하고 구인 · 구직의 개척에 노력하며, 관련 정보를 구직자 · 사업주 및 관련 단체 등에 제공하고 있다. 노년기 재취업을 위한 평생교육을 통하여 취업에 필요한 역량을 개발해 보자.

교육을 통한 자기개발이 필요하다

노령 인구의 증가에 따라서, 노후에도 건강이 허락할 때까지 일하고 싶어 하는 노인은 꾸준히 증가하고 있다. 고령화 사회에서 50~59세까지의 취업률은 68.8%이며, 60세 이상에서는 31.4%로 나타났다(통계청, 2010c). 여성의 경우 50~54세의 60.3%, 55~59세의 52.55%, 60세 이상의 27.5%가 취업 중이다(통계청, 2008a).

55~59세까지 남성의 71.8%, 여성의 44.5%가 취업을 희망하며(통계청, 2008a), 취업목적은 남녀 모두 경제적 활동을 위한 것으로 나타나, 많은 사람들이 노후에도 일하고 싶어 하는 것으로 나타났다. 이 책을 읽고 있는 당신은 어떠한가?

일반적으로 교육을 통해 노년기에 일할 기회를 향상시킬 수 있으나, 노인을 위한 색다른 일자리도 있다. 즉, 궁궐이나 사당, 미술관이나 박물관에 있는 소장품 중 유형문화재와 관련해서, 손상 없이 원형 보존을 위해 다각도로 관리하는 일을 담당하는 문화재 보존원, 우편물을 배송지에 따라 분류하는 일을 담당하는 우편물 분류원, 자연훼손과 쓰레기투기행위 등을 감시하는 환경 감시원 등이다.

은퇴자 고용기회와 취업기회를 잡아라!

뒷방 노인시대는 끝났다. 트위터, 페이스북과 같은 소셜네트워크(social network)를 통해 60세가 넘는 노인의 의견이 넘치게 올라오며 은퇴자들의 컴퓨터 사용이 청년들을 압도하는 세상이 되었다. 이것은 최근 평균 수명이 길어지고, 은퇴 후에도 계속적으로 활동하고 싶어 하는 노인이 증가하기 때문이다. 평생학습을 통해 자신의 직무능력과 직업역량을 계속 개발시키며 액티브 에이징을 원하는 사람들이 하루가 다르게 늘어나고 있다. 은퇴자들의 새로운 요구를 반영하여 정부에서도 은퇴자들이 계속 일할 수 있도록 새로운 제도를 만들고 있다.

이러한 변화에 대한 움직임은 외부의 시선에도 나타난다. 경제협력개발기구(OECD)가 2004년에 펴낸 『한국의 고령화와 고용정책에 관한 보고서』에서도 우리나라 기업에서 고령 근로자가 지금보다 훨씬 더 많이 고용되어야 한다고 강조하고 있다. 또한 고령자의 고용 촉진을 위해 보고서가 지적한 문제점은 다음과 같다.

첫째, 연령에 따라 정년제도가 융통성 있게 적용되어야 한다고 지적했다. 이것은 고령자가 구조조정에서 불이익을 받지 않도록 제도적 보완이 이루어져야 함을 강조한 것이다. 또한 앞으로는 정년 연령을 근로자가 융통성 있게 조절하여 개인의 권리가 확대될 것으로 전망되는데, 정년이 되어 어느 날 갑자기 일을 그만두게 되기보다는 서서히 근무시간을 줄여 나감으로써, 노후에 적응할 수 있는 기회가 늘어나고, 은퇴 후 성공적 노화와 활기찬 생활이 가능하기 때문이다. 근무시간의 융통성 있는 조절이란 독일의 경우처럼 정년을 앞두고 6개월 정도부터는 근로자가 오전 또는 오후 근무를 파트타임제로 선택하도록 하여 일상의 여가를 즐길 수 있는 준비를 하도록 배려하거나, 건강이 허락하는 근로자는 정년의 시기를 늦추어 6개월~1년 동안 파트타임제로 더 일할 수 있는 기회를 제공하는 것을 말한다.

둘째, 연공서열형 임금 시스템을 개혁해 나갈 것을 지적했다. 지금까지는 시간이 흘러가면 자동적으로 지위가 올라가고, 이에 따라 급여도 자동으로 상승했으나, 임금 시스템을 개혁해 성과급여제로 전환해 나갈 것을 강조했다. 따라서 근로자에게는 자신의 직무 능력을 확대 또는 향상시키기 위한 교육이 요구된다.

셋째, 보조금제도의 합리화를 권고하면서, 고령자의 고용 가능성을 개선하고, 중고령층을 위한 훈련기회를 확대해 나갈 것을 조언했다. 고령자의 고용 가능성을 높이려면 고령자를 고용하는 기업주에 대하여 인센티브를 비롯한 혜택을 지금보다 확대 제공하여 노인 고용을 늘려 나가야 한다. 또한 노인요양보호사 등 노인을 돌보는 일과 관련된 서비스 직종에서 중고령 인력을 선호함으로써 중고령층의 고용 기회가 늘어나게 될 것으로 전망되므로, 중고령층은 자신이 즐겁게 일할 수 있는 분야를 선택하여 집중적으로 능력을 개발해 나가야 한다. 취업 가능성을 확대하려면 직무숙련도를 높이고, 직무기술과 경험을 향상시키기 위한 직업 능력 개발에 힘써야 한다.

경제협력개발기구(OECD), 유럽연합(EU), 국제노동기구(ILO) 등의 국제기구는 고령화문제를 해결하는 방법으로 중고령층의 평생학습을 장려하고 있다. 유럽연합은 2010년까지 55~64세의 고용률을 50% 수준으로 끌어올리기 위해 적극적인 고령화정책을 핵심정책으로 채택하고 고령자의 잠재 능력 향상을 위한 노인교육을 활성화시켰다.

영국에서는 고령자를 위한 '뉴딜 프로그램'을 개발했고, 핀란드에서는 '고령 근로자를 위한 국가 프로젝트(Finnish National Program)'를 마련했다. 국제노동기구는 고령자의 경험과 지식을 존중하는 사회를 만들고 모든 연령층이 사회에 통합될 수 있도록 하기 위한 6가지 과제를 제시하였다.

첫째, 풀타임(full-time)으로 고용된 근로생활에서 점차 유연하게 파트타임으로 일하다가 완전한 은퇴로 연착륙할 수 있도록 제도화할 것, 둘째, 고령의 여성근로자가 차별받지 않는 조치를 마련할 것, 셋째, 고령의 근로자가 새로운 수요와 기회에 적응하도록 교육기회를 제공하고 계속 고용되는 정책을 제도화할 것, 넷째, 고령 근로자의 고용 및 훈련기회 확장을 위해 정보통신 기술에 대한 교육을 강화할 것, 다섯째, 고령 근로자가 더욱 오랫동안 취업하도록 적합한 조건 및 정책수단을 개발할 것, 여섯째, 가족 구조 및 라이프스타일의 변화에 대해 사회안전 시스템을 마련할 것을 강조했다.

이와 같이 외국에서는 중고령자의 일과 직업의 보장을 평생학습을 통해 지원하는 추세다. 이러한 교육을 통한 고용기회의 확대는 중고령층이 노동시장의 변화에 대응할 수 있도록 지지해줄 뿐만 아니라, 학습을 통해 노동시장에 대한 이들의 참여의식을 고취시키고, 나아가 연령에 따른 생산성의 저하를 극복하는 데 도움을 주고 있다 (OECD, 1996).

노인교육기관 및 취업지원 기관을 찾으라!

노인에게 교육기회를 제공하고 취업을 지원하는 기관을 살펴보면 다음과 같다.

한국노인인력개발원

한국노인인력개발원은 보건복지여성부의 주요 노인복지정책인 노인 일자리 사업의 관리 및 지원사업을 위탁받아 노인 일자리의 개발 · 보급과 교육훈련 및 평가 등을 담당하는 중앙 노인 일자리 전담기관이다. 한국노인인력개발원은 2006년 1월에 개원하여 2009년 1월에는 기타공공기관으로, 2010년 1월에는 준정부기관으로 지정되었으며 고령자의 취업촉진을 위해 다음과 같이 고령자 취업을 안내하고 있다.

노인 일자리 사업은 노인 일자리 예산에서 참여노인 인건비와 부대 경비를 전액 지원하는 공공분야와, 기업 등 노인인력 활용업체에서 인건비를 지급하고 노인 일자리 예산에서 부대 경비를 지원하는 민간분야의 두 가지로 크게 나뉜다. 그리고 다시 구체적인 일자리는 공익형, 교육형, 복지형, 시장형, 인력파견형, 창업 모델형으로 나뉘어 운영되고 있다.

노인 일자리 사업

구분		정의	일자리
공공분야	공익형	• 지방자치단체 등이 공공 서비스 향상을 목적으로 환경, 질서 유지, 시설관리 및 지역사회의 문제해결 등을 위해 만듦 • 공공의 이익에 부합하고 사회적으로 유용성이 강한 일자리	아동안전 보호 사업, 초등학교 급식 도우미 환경 개선 및 보호, 문화재관리 사업, 공공질서 계도 사업 및 도서관리 사업 등
	교육형	• 경험과 교육을 통해 소지한 노인이 다양한 계층을 대상으로 자신의 경륜과 지식을 전달 • 세대 간 문화전승의 효과를 살리고 교육대상자의 능력을 향상시키는 일자리	강사파견 사업, 숲생태해설 사업, 문화재해설 사업, 해외 이주자 정서지원 사업 등
	복지형	• 사회경제 문화적 소외계층을 대상으로 노인적합형 일자리를 제공 • 사회 서비스 확대를 도모하고 서비스 이용자의 사회적응 및 안정적 생활을 유지하도록 지원하는 일자리	거동불편 노인 돕기 사업, 장애인 · 아동 · 청소년 등 소외계층 돌봄 사업, 노인주거 개선 사업 및 문화복지 지원 사업 등

민간 분야	시장형	• 노인에게 적합한 업종 등 소규모 창업 사업단을 공동으로 운영하여 창출되는 일자리 • 일정 기간 사업비 또는 참여자 인건비를 일부 보충지원하고 추가 사업소득으로 연중 운영하는 일자리	식품제조 및 판매 사업, 특산물제작 및 판매 사업, 공동작업장 운영 사업, 아파트 택배 사업, 지하철 택배 및 지역 영농 사업 등
	인력파견형	• 수요처의 요구에 의하여 일정 교육을 수료하거나, 관련된 업무 능력이 있는 자를 일정 기간 파견하여 일정 보수를 지급받는 일자리	시험감독 파견 사업, 주례자 파견 사업, 주유원 사업, 경비원 사업, 가사도우미 사업 및 농어촌 일손도우미 파견 사업 등
	창업 모델형	• 노인에게 적합하고 소득창출효과가 큰 사업 모델을 개발하여 민간 노인 일자리 사업의 활성화에 기여 • 노인창업의 사회적 확산 및 파급효과를 도모하는 일자리	식품제조 및 판매 사업 등

공공취업알선기관

노인의 취업을 알선하는 공공기관으로 인력은행, 고용안정센터, 시 · 군 · 구청 취업정보센터, 한국산업인력공단 등이 있다. 이 중 고령자 전문취업알선은 고령자취업알선센터, 고령자인재은행, 노인복지관 등이 주로 담당하고 있으며, 인터넷 사이트에서는 Work-net 사이트(http://www.work.go.kr)에서 일자리를 검색해 볼 수 있다.

고용노동부의 고용안정센터에서는 취업알선, 실업인정, 실업급여 지급, 고용안정사업, 직업 능력개발 등 고용보험 전반에 관한 업무를 담당하며, 주거지 관할 고용안정센터에서 서비스를 제공받을 수 있다. 특히, 실업급여 수급을 받거나 직업훈련 및 취업알선을 받으려면 반드시 구직등록을 해야 한다. 신속한 업무처리를 위해 지역마다 고용안정센터가 설치되어 있고, 서울에는 각 구에 하나씩 설치된 고용안정센터에서 노인의 취업을 알선해 주고 있다.

고령자 뉴스타트 프로그램과 노인 일자리 박람회

고용노동부와 한국산업인력공단은 50세 이상 실직 준고령자 · 고령자를 대상으로 교육을 실시하고 있다. 일정 기간 직업훈련 및 현장연수를 통한 재취업 활성화를 위해 고령자 뉴스타트 프로그램 사업을 실시하고 있다. 뉴스타트 프로그램은 50세 이상 고령구직자를 대상으로 직무훈련(1~3개월)과 취업 능력향상 프로그램, 현장연수(1주~3개월)를 실시한 뒤 취업과 연계하는 취업지원 프로그램이다.

주요 훈련 직종은 건축목공, 조경, 여성상담 및 사후관리, 미장, 배관, 특수용접 등이며, 전국에 위치한 83개의 국립직업안정기관 등에서는 100개 직종을 선정하여 직업교육을 제공하고 있다. 참가자격은 50세 이상인 실업자로 고용노동부에 구직등록을 한 사람이며, 해당 훈련기관을 찾아가서 직접 접수해야 한다. 그러나 참가희망자에 대한 면접 및 최종선발은 훈련기관에서 자율적으로 실시하고 있다. 수강료는 무료이고, 훈련수당으로 월 20만 원을 받으며, 수료 후 훈련실시기관에서 취업을 알선하고 있다.

취업을 희망하는 노인들과 구인 희망업체가 한자리에서 만나는 노인 일자리 박람회는 부정기적으로 열리고 있다. 노인 일자리 박람회는 대부분 지역의 지방노동청, 한국노인인력개발원, 노인연합회,

노인일자리전담기관인 시니어클럽이 함께 개최한다. 노년기에 취업을 하려면 본인의 관심과 적성에 맞는 일자리를 선택해 기술을 습득하고 경험을 쌓아야 하므로 일찍부터 각자 적성에 맞는 일을 찾고 능력을 향상시켜 나가야 할 것이다.

일자리 찾기 전략

1. 정보력이 취업을 좌우하므로, 취업하려는 동료들과 정보를 상호교환하자.
2. 재취업이 용이한 분야를 미리 알아보고, 적성 및 취업 능력을 알고 개발해 보자.
3. 정부의 취업지원 정책을 잘 이해하고, 나에게 가능한 직종을 찾아보자.
4. 단기적응훈련교육 중에서 나에게 적합한 것을 찾아보고 참여하자.
5. 컴퓨터 사용 능력은 취업에 필수적이다. 컴퓨터 사용 능력을 개발하자.

세상을 밝히는 빛, 자원봉사

프랑스의 여성학자인 시몬 드 보부아르(Simone de Beauvoir)는 자신의 나이가 62세가 되던 1970년에 『노년』이란 명저를 발간하였다. 보부아르는 노인의 문제를 자신의 문제로 인식하고, 노인 문제에 대해 사회가 새로운 관심을 가질 것을 촉구했다. 노인의 지위가 낮은 것은 그동안 사회가 노인을 무능한 사람으로 낙인 찍어 온 데 원인이 있다고 보고, 나이가 들어 가는 것을 불행으로 인식하고 아름답지 못한 것으로 비하하는 것을 가장 비인간적인 행위로 지적했다.

보부아르는, 노인이 하나의 귀중한 존재로서 가치를 인정받아야 하고, 그것을 토대로 개인적 · 사회적 문제해결을 모색할 것을 주장했다. 또한 사회구성원이 인식을 바꾸어 노년을 긍정적으로 볼 때 노인의 지위도 향상될 것이며, 노인들 스스로 완성된 인격을 만들어 가야 한다고 주장했다.

노인이 사회에 참여하여 스스로 지위를 높이려면 먼저 자원봉사가 활성화되어야 한다. 자원봉사를 통해 노인의 낙인을 스스로 지우고 사회가 노인을 존중하도록 만들려면 노인은 지금보다 더욱 적극적으로 노인문제를 해결해 나가는 주체가 되어야 한다. 고령화 사회에서 노인문제를 스스로 해결해 나갈 때 사회가 보는 노인의 인식 또한 긍정적으로 변화되기 때문이다.

노인 자원봉사 활동은 사회적으로나 개인적으로 중요한 의미를 지닌다. 자원봉사는 사회적으로는 고령화 문제의 해법인 활동적 고령화를 실천하는 가장 손쉬운 방법이며, 개인적으로는 노년을 가장 보람 있고 행복하게 만들어 가는 성공적 노화를 위한 열쇠가 된다. 성공적 노화란 나이가 들어 가면서 자신의 나이에 걸맞은 적절한 '나잇값'을 하는 것이다. 나잇값을 제대로 하는 방법의 하나가 바로 그동안 자신을 보살펴 준 사회와 이웃, 그리고 자신의 대를 이어 이 사회를 짊어지고 나갈 후세대에게 적절하게 공헌하는 것이다. 즉, 자원봉사 활동이야말로 노년에 걸맞은 진정한 나잇값의 실천이라 하겠다.

노인 자원봉사, 그 깊고 건강한 세계!

노인 자원봉사 활동은 크게 두 가지 의미를 갖는다. 노인 개인에게는 성공적 노화의 실천이라는 의미를 가지며, 사회적으로는 활동적 고령화의 실현이라는 의미를 갖는다. 사회적 · 가정적으로 역할 상실을 겪는 노인들에게 사회적 지위와 새로운 역할을 부여해 주며, 타인과 사회적 필요에 도움을 줌으로써 노인 자원봉사자들에게 자긍심을 갖게 한다. 자원봉사 활동은 노인의 고독감 및 소외감을 완화시켜 정신건강을 유지하는 데 도움을 주며, 노년기 생활을 가치 있게 보낼 수 있다는 점에서 개인적으로도 큰 의의가 있다. 또한 지역사회 속에서 새로운 인간관계와 사회관계를 형성함으로써 사회적 연대감을 구축하고, 사회적 위상을 높여 후손들에게 존경받을 수 있는 계기를 만듦과 동시에 평생 축적한 경험과 지혜를 활용하여 청·장년층을 선도하고 공공의 이익을 위한 사업에 인적 자원을 활용할 수 있다는 점에서도 그 의의가 크다.

개인적 의미

지난날 노인은 자원봉사의 대상이자 수혜자였다. 그러나 사회가 고령화되고 노인들의 교육수준과 건강 상태가 향상됨에 따라 점차 노인이 자원봉사의 대상이 아닌 제공자이자 주체로 바뀌고 있다. 이렇듯 노인 자원봉사 활동이 확산되고 있는 데에는, 자원봉사가 대상자에게만 유익을 주는 일방적인 활동이 아니라는 인식이 지대한 역할을 했다. 특히 노인들의 자원봉사 활동은 그 대상이 되는 사람들의 욕구를 충족시키는 유익을 줄 뿐 아니라 자원봉사를 실천하는 노인들 자신에게 더 큰 의미를 준다. 노인 자원봉사 활동은 성공적 노화를 실현하는 가장 쉽고 빠른 길이다.

사회적 의미: 활동적 고령화

노인 자원봉사는 가장 활동적이고 자립적이며 사회에 공헌하는 멋진 노년을 가능하게 한다. 의존적이고 무기력하여 누군가에게 의지하는 노인이 아닌, 오히려 독립적으로 사회와 이웃을 돕고 봉사하는 노인의 모습이야말로 노년 문제를 해소할 수 있는 활동적 고령화의 핵심이라 할 수 있다.

노인 자원봉사는 사회적으로 가장 활동적이고 건강한 노년의 모습을 만들어 주는 기회이며, 이를 통해 고령화로 파생되는 문제를 최소화하고 노인들 스스로의 힘으로 대처할 수 있는 방법이다. 또 노인 자원봉사는 노인들로 하여금 사회에서 돌보고 부양해야 할 짐이 아닌, 사회를 돕고 사회에 유익을 주는 중요한 존재가 될 수 있게 한다.

자원봉사는 성공적 노화의 지름길!

성공적 노화는 늙는 것을 거부하고 최대한 젊음을 고집하기 위해 발버둥치는 것이 아니다. 오히려 성공적 노화란 자신의 노화과정을 기꺼이 수용하고 그에 적응해 나가는 것이다. 나이가 든다는 것은 자연의 순리고, 거부할 수도 없으며 또 거부해서도 안 되는 변화다. 따라서 나이 듦에 맞서 싸우는 것이 아니라, 나이 듦을 받아들이고 더 나아가 그것을 즐기는 자세가 중요하다. 그렇다고 늙었기 때문에 모든 걸 포기하고 그냥 조용히 있어야 한다는 뜻이 아니다. 오히려 노년의 지혜를 계발하고 사회와 가정에서 노년기에 적합한 역할을 열심히 해야 한다는 것이다. 즉 노년에 맞는, 나잇값을 하는 삶이야 말로 성공적인 노화라 할 수 있다.

우리가 성공적 노화를 '나잇값'을 하는 삶으로 정의할 때, 일생에 걸쳐 각 단계마다의 중요한 나잇값이 있다. 예를 들면, 아기 때는 말이나 걸음마, 배변습관 등 기초적인 생활습관과 기능을 배워야 하고, 좀 더 자라서는 글을 익히고 친구들과 어울리는 법, 그리고 사회 질서를 배워야 한다. 또 성인이 되면 부모로부터 독립해 직업을 갖고 책임 있는 시민으로 살아가야 한다. 그리고 배우자를 만나 가정을 꾸리고 책임을 가지고 자녀를 양육해야 한다. 이와 마찬가지로 노년기에도 그에 맞는 나잇값이 있는데, 그것은 바로 노화에 잘 적응하고 사회와 가정의 어른으로서 책임을 다하는 것이다.

노년기에 중요한 나잇값, 즉 사회의 어른으로서 책임을 다하는 것은 오랜 인생을 통해 얻은 지혜와 경험을 바탕으로 사회와 이웃을 위해 봉사하고, 후세대에게 그들의 지혜를 나눠 줌으로써 사회의 발전을 지원하는 것이다. 그리고 결국 그러한 어른으로서의 역할인 자원봉사 활동을 통해 노화를 기꺼이 받아들이고, 젊은 시절과는 또 다른 기준에서 노년의 가치와 성공을 추구하는 삶이야말로 성공적인 노화라 할 것이다.

활동적 고령화의 고갱이, 자원봉사!

활동적 고령화란 건강하고 활기차게 노년기를 보내는 것을 말한다. 즉, 신체적 노화에도 불구하고 자신의 건강 상태나 여건에 적합한 활동을 유지하면서 열정적인 노년기 삶을 영위하는 것이 활동적 고령화의 의미다. 활동적 고령화를 실현하는 방법은 다양하다. 직업을 갖고 일을 하면서 경제적 소득을 얻을 수도 있고 자원봉사 활동을 통해 사회에 공헌할 수도 있으며, 무언가를 열심히 배움(노년기 학습)으로써 자신의 잠재력을 계발하는 멈추지 않는 노력을 통해 아름다운 노년을 이룰 수도 있다. 이 세 가지 중 노년기 학습은 그 자체가 활동적 고령화의 한 방법이면서 나머지 두 가지, 즉 일과 자원봉사를 하는 데 기초적인 수단이 되기도 한다. 따라서 활동적 고령화는 일이나 자원봉사를 통해 사회에 참여하고 활동성을 유지하는 것이다.

그중에서도 노년기에 보수가 따르는 일을 갖는다는 것은 누구에게나 가능한 것도 아닐뿐더러 누구나 그것을 원하는 것도 아니다. 그에 비해 자원봉사는 의지만 있다면 누구나 가능한 것이므로 선택은 당신의 몫이 된다.

자원봉사, 알고 보면 대박!

자원봉사는 타인을 돕는 행동을 통해 자신의 보람과 즐거움을 찾으며 심리적으로 긍정적인 보상을 받게 되므로 자신의 문제를 해결하는 열쇠가 되기도 한다. 자원봉사의 4가지 특징은 다음과 같다.

첫째, 자원봉사는 자신을 성장시킨다. 봉사를 하는 노인과 도움을 받는 사람과의 상하관계로 구분되는 것이 아니라 타인을 돕는 행위를 통해 자신이 성장하는 것이며, 도움을 실천함으로써 자신의 삶의 보람이나 즐거움을 찾는 상호작용적인 과정이다.

둘째, 자원봉사는 스스로를 돕는 것이다. 일생을 살아오면서 사람들은 봉사 활동으로 타인에게 도움을 주지만, 언젠가는 자신이 도움을 받게 되기도 한다. 건강한 노인이 도움이 필요한 노인을 도울 수 있고, 이후에 타인의 도움이 필요할 때 도움을 받을 수 있으므로 자원봉사는 양면성을 지니고 있다.

셋째, 자원봉사는 문제해결 능력을 향상시킨다. 노년기에 타인을 돕거나 사회발전에 기여하는 활동에 참여하면, 노인 봉사자는 심리적으로 긍정적 보상을 얻게 됨으로써 스스로 자신의 문제를 해결할 수 있는 능력을 얻게 된다. 자원봉사는 치유성을 갖고 있다.

넷째, 자원봉사는 임파워먼트를 촉진시킨다. 같은 문제로 고민하는 노인이 집단을 구성해 서로 문제해결을 돕는 경우가 많아 자원봉사는 자조성을 갖고 있다.

고령화 사회에서 노인이 자원봉사를 통해 사회에 기여함으로써 새로운 긍정적 노인상을 정립시켜 갈 수 있다. 노인이 사회에 기여함으로써 존경받을 수 있으며 자율적인 실천을 통해 공동체 사회를 만들어 가는 지혜로운 노인이 될 수 있다.

노인 자원봉사, 또 다른 인생의 대안!

자원봉사 활동은 자발적인 의도에서, 개인이나 단체로 다른 사람을 돕거나 사회에 기여하는 무보수의 계획적이고 지속적인 활동이다(교육부, 1996). 고령 사회에서 자원봉사는 경제 활동을 위한 노동이 아니라, 노인이 자신의 잠재력을 개발하여 사회에 참여하고 자신의 능력과 경험을 사회에 돌려주는 생산적 활동을 통해 창조적이며 활력 있는 노후생활을 누릴 기회가 된다.

미국 노인의 40%, 호주 노인의 17%가 자원봉사에 참여하고 있으나, 우리나라의 경우에는 5.1%로 저조한 참여율을 보이고 있으며

(보건복지가족부, 2006), 자원봉사에 대한 홍보나 인식 부족, 노인의 다양한 활동 부재, 노인 자원봉사 프로그램의 조직 · 지원 체계의 미비 등이 문제점으로 지적되고 있다.

노인은 자원봉사를 통해 자신의 경력을 성찰하고, 자신이 가진 능력과 경험을 활용함으로써 모두가 더불어 살아갈 수 있는 공동체 사회를 만들어 가는 데 기여할 수 있다.

자원봉사에 참여하는 노인이 사회의 주변인의 위치에서 벗어나 중심 역할을 담당하는 주역이 되려면 늘 자기성찰을 통해 자율적으로 변화해야 한다. 자원봉사로 사회 활동에 참여하는 것은 성공적인 노화의 주인공이 되는 첩경일 수 있으니 집에서 무료하게 일상을 소모할 것이 아니라 자원봉사에 적극 참여해 보자.

한 70세 여성 노인은 남편과 사별한 이후에 자신만의 시간을 갖게 되었다. 이 여성은 사회에서 받은 혜택을 사회로 다시 되돌려 주기 위하여 자원봉사를 시작하였다고 한다. 행복한 노후를 보내는 한 여성 노인의 삶의 이야기 속에서 자원봉사의 의미를 찾아보자.

> 저는 남편이 사망한 후 시간적인 여유가 생기기 시작하자 뭔가 좀 여태까지 해 보지 않았던 것을 하고 싶었어요. 그러던 중, 노인복지센터에서 근무할 자원봉사자 모집 광고를 보고 이내 봉사를 시작했지요. 벌써 봉사를 시작한 지 10년이 훌쩍 지나갔네요. 남이 보기에는 내가 나이를 먹었다 할지 모르지만 저는 제가 '나이를 먹었구나, 노인이구나' 이런 생각을 하지 않아요. 시간을 보다 효율적으로 사용하기 위해 시작한 자원봉사지만 이제는 삶의 만족도와 성취감까지 높아졌는걸요! 저는 불

교신자여서 2006년도부터 시작한 불교병원의 자원봉사도 만 3년이 넘었는데, 일주일에 한 번씩 3시간씩 하는 봉사가 있어서 제가 할 수 있는 일이 있기에 더욱 기뻐요. 이젠 봉사자로서 경험이 쌓이고 일을 잘 하게 되면서, 봉사자 전체를 관리하는 사회적 지위도 갖게 되었어요. 여기 봉사자가 대략 200명이 넘어, 현재는 봉사팀장들을 관리하는 일을 하고요, 이번에 전체 자원봉사자 회장으로 선출되어 모든 봉사자를 관리해야 하는 일이니까 늘 바빠요. 하루가 훌쩍 지나가는데 언제 무료할 새가 있나요. 매일의 삶이 정말 즐겁고 행복해요.

이처럼 자원봉사는 흔히 남을 위해 하는 것이라고 인식하기 쉽지만 실제로는 자신에게 유용한 점이 더 많다. 자원봉사를 통해 퇴직 후에도 우리는 적극적으로 사회에 참여할 수 있게 되고 자신의 지위를 얻기도 하며, 새로운 능력을 개발하고 적용함으로써 살아 있다는 것을 실감하고 자아존중감을 키워 나갈 수 있다.

노인 자원봉사에 대한 정보, 알고 계세요?

노인 자원봉사 교육을 실시하고, 정보를 제공하여 자원봉사 활성화를 지원하기 위한 노인 자원봉사 관련 사이트들이 있다. 이들 사이트에서 자신에게 필요한 정보를 얻고 자원봉사에 참여해 보자.

노인 자원봉사 관련 사이트

기관명	인터넷 주소	관련 정보 내용
복지넷	http://www.bokji.net	사회복지 법령정보 및 시설단체, 자원봉사 프로그램 등 수록
볼런티어21	http://www.volunteer21.org/	자원봉사단체, 리더십센터, 캠페인 및 기업자원봉사, 간행물 수록
한국자원봉사센터중앙회	http://www.kavc.or.kr/	전국 자원봉사센터 소개, 법률 자료실, 관련 홍보자료 등 안내
사회복지봉사 활동 인증관리	http://www.vms.or.kr/	전국 자원봉사센터 소개, 법률 자료실, 관련 홍보자료 등 안내
사랑의도시락 보내기 운동본부	http://www.uridl.or.kr	운동본부 소개, 결연후원, 집수리, 방문지도, 자원봉사 활동 등 사업 안내
서울시 자원봉사센터 포탈 시스템	http://volunteer.seoul.go.kr/	자원봉사센터 소개, 자원봉사자 등록 및 배치, 캠프 안내
자원봉사 활동 맞춤정보 시스템	http://nanum.sd.go.kr/	관심대상, 활동분야 별 봉사 활동일감 찾기 서비스 제공 및 자원봉사 등록 안내
코피온	http://www.kopion.or.kr/	해외 NGO 봉사단 파견, 현지 지역사회 개발, 장애인훈련, 조사연구 프로젝트 참여
한국BBB운동	http://www.bbbkorea.org/	자원봉사, 인증관리 안내, 봉사 보도자료, 통계 정보 수록
한국 국제협력단	http://www.koica.go.kr/	대외 무상 협력사업 전담기관, 사업 분야, 해외봉사단 활동, 국제협력 연수센터, 세계원조기관 등 소개
한국자원봉사협의회	http://www.kcv.or.kr/	자원봉사 NGO, IAVE 국제자원봉사협회, 세계대회, IYV 소개 및 자원봉사법안 수록

한국 해비타트	http://www.habitat.or.kr/	한국 사랑의 집짓기 운동 연합회, 무주택서민 주택 건설, 공급, 해비타트 취지, 활동, 참여방법 안내

자원봉사 실천 법칙

1. 내가 가장 즐겁게 잘 할 수 있는 자원봉사를 찾아보자.
2. 내가 살고 있는 거주지 가까운 곳에서 자원봉사를 시작하자.
3. 자원봉사는 남을 위한 일이 아니고, 나를 위한 것이니 적극적으로 참여하자.
4. 나의 신체적 · 정신적 건강을 지켜 주는 것이니 꾸준히 하자.
5. 자원봉사 리더의 역할을 수행해 나가며, 자신감을 높이자.
6. 노년의 지위는 사회참여를 통해 노인 스스로 성취해 가는 것이니, 시민사회의 건설에 참여해 보려는 의식을 갖도록 하자.

은퇴수업 3강

행복하게 은퇴하기

인생의 가지치기

'나이'란 무엇일까?

50이 넘기 시작하면 알게 된다. 이제 몸이 달라지고 있다는 것을. 알다시피 노년에는 신체적으로 쇠퇴하고 사회적으로 위축되는 등 노년기 특유의 변화에 따른 특성을 지니게 된다. 이 중 심리적 노화란 노년기의 신체적 · 사회적 변화에 어떻게 대처하고 어떻게 노년을 잘 받아들여 나름 행복하게 살아 내는가와 관련된 부분이다. 심리적 노화와 가장 관련이 깊은 것은 아마도 '나이'라는 개념일 것이다. 인간이라면 누구나 늙기를 원하지 않고 나이 들기를 바라지 않는다. 당신은 어떠한가? 노년학 문제 중 가장 어려운 것 또한 '누가 노인인가'라는 가장 기본적인 물음에 대한 해답을 찾는 일이기도 하다.

그렇다면 나이를 먹는다는 것은 무엇일까? 나이를 '먹는다'고 하는 것은 아마도 설날에 먹는 떡국과 매일 먹는 밥그릇 숫자와 관계가 깊으리라 짐작된다. 젊음에 대한 욕구는 누구에게나 있는 보편적인 것이다. 인간은 시간을 따라 살아가지만, 사실 대부분의 삶에서는 그 시간을 자각하지 못한다. 새해 첫날 한 살 더 먹었다는 것을 깨닫지만, 바로 다음 날이면 이내 그 사실을 잊고 생활한다. 그러고 보면 인간은 평생 철이 들지 않는 것 같다.

역설적이게도 자신의 변화보다는 오히려 남을 통해서 자신의 늙음을 알아차리게 된다. 어느새 백발이 성성해진 친구의 모습을 통해서, 연로해 쇠약해진 부모님의 모습을 보면서, 날아드는 부고장을 받아들면서, 그리고 장성한 자식의 모습을 지켜보면서 문득 자신의 '늙어 감'을 깨닫는다. 어쩌면 그래서 우리는 생각 속에 늘 20대로 남아 있는 자신의 모습을 지키기 위해서 애써 자신의 실상을 외면하고 사진 찍기를 꺼리는지도 모른다. 그러나 인정하고 싶진 않아도 인간은 누구나 늙어 가게 마련이니 그 누구도 예외일 수 없다.

어렸을 때에는 나이를 하루라도 빨리 먹고 싶어 설날에 떡국을 두 그릇, 세 그릇씩 먹던 기억이 새롭다. 어른인 척하고 싶어서 나이를 부풀려 말하기도 하고 누가 한 살 더 먹었나, 누가 몇 달 더 빠른가, 도토리 키 재기를 한다. 그러다 언제부터인가 떡국이 먹기 싫어지며 나이 가늠을 꺼려하고, 나이를 묻는 질문을 슬그머니 회피하기 시작한다면 이것이 바로 나이가 들어간다는 증거다.

나이를 헤아리는 방법

달력나이

역연령(曆年齡, chronological age), 즉 달력나이는 달력이 정해 준 대로 태어난 날부터 어김없이 따라가야 하는 나이이다. 달력나이에 대체로 비례하는 생리적·신체적 나이는 개인이 어느 정도의 신체적 성숙도와 건강 수준을 갖고 있는가를 나타내는 나이다. 그러나 이러한 생리적 노화 역시 달력나이와 반드시 일치하는 것은 아니며, 모든 개인에게 동일하게 진행되는 것은 더더욱 아니다. 생리적 노화도 개인에 따라 큰 차이를 나타낸다.

개인의 신체적 노화 속도는 저마다 갖고 있는 생물학적 시계에만 의존하는 것이 아니다. 더불어 개인의 유전적 요소와 운동량, 식사, 경험한 사고(事故)의 종류와 횟수, 흡연과 음주 등 생활습관, 생활환경 등의 영향을 받는다. 예컨대, 겉으로는 40대처럼 보이지만 속은 이미 60대나 다름없이 늙고 있는 사람이 있는가 하면, 실제로는 70대라도 젊은 사람 못지않게 건강하며 뼈 나이나 건강 나이가 젊은 사람 뺨치는 노인도 있다. 달력나이와 신체적 나이의 차이가 이것이다.

몸이 얼마나 건강한가와 정신이 얼마나 건강한가는 다르다. 예전에 시아버님이 고관절 수술을 하셨을 때, 이미 70이셨던 아버님의 뼈 나이가 50대라고 해서 모두들 놀랐는데 예상 외로 회복 또한 빨랐다. 세상 사람 중에 늙고 싶은 사람은 없다. 그러나 세월 앞에 장사 없다고 흐르는 세월을 어찌 거스르랴. '오는 백발 막대로 치렸더니' 하는 시조가 그 심정을 잘 나타내 준다.

사회적 나이

사회적으로 어떤 역할을 맡아 왔느냐에 따라 나이를 헤아리는 것이다. 안동 아무개 씨 가문의 10대 종부로 평생을 살아오신 할머니의 70대는 핵가족 안에서 직장생활을 하며 자신의 커리어를 키워 온 서양 할머니의 70대와는 180도 다를 것이다. 엄밀히 말하면 노화는 사회적 개념이다. 도시의 학교에서 가장 웃어른이신 60대 교장선생님은 장수마을인 고향에 내려가면 위가 까마득한 청년이다.

결혼을 해야 철든다 하고, 자식을 낳아 봐야 진정 어른이 된다고들 한다. 철드는 것이 곧 심리적 나이다. 애어른 같이 철든 아이가 있는가 하면 나이를 어디로 먹었는지 의심스러운, 철딱서니 없는 어른도 많다. 백구두 신고 다방에서 콜을 기다리는 김 회장, 이 회장이 다 이런 부류다. 자신의 정체감을 깨닫지 못하고 타인을 배려하지 못하는 미성숙한 자아의 소유자들이다.

요즘엔 아이큐(IQ: 지적 능력)보다도 이큐(EQ: 정서적 지능) 또는 에스큐(SQ: 사회적 지능)라는 개념이 부각되고 있다. 얼마나 타인을 이해하고 배려하며 사회적 관계를 잘 맺고 유지해 가느냐, 즉 정신적 · 사회적으로 얼마나 성숙하느냐가 관건이다. 학교에서의 우등생이 반드시 사회의 우등생이 아니라는 가정에 우리는 모두 동의해 왔다.

기능적 나이

55세에 명퇴한 사람은 겉은 50대이지만 삶에 대한 의욕은 이미 60을 훌쩍 넘어서 버릴 수도 있고 70대라도 현직에 있는 사람은 감각이나 의욕 면에서 아직 40대일 수도 있다. 고단한 삶을 살아온 지난날의 어르신들은 나이 들어 편안하게 쉬고만 싶고, 자손들이 차려주는 따뜻한 식사대접을 받으며 안락한 노후를 보내는 게 소망이었다. 그러나 지금의 노인세대는 가능하면 움직일 수 있는 그 시간까지 활동하고 싶어 한다. 반면에 본인이 충분히 바탕과 기능을 갖추었음에도 의존적이고, 자신을 스스로 무기력하게 만드는 노인들을 우리는 주변에서 적잖이 볼 수 있다.

자각적 나이

자, 그럼 이쯤에서 나이가 무엇이냐는 질문에 대한 정답을 이야기해 보도록 하자.

자각적 나이는 스스로 느끼는 나이이다. '나이는 숫자에 불과하다.'는 공식이 바로 자각적 나이 셈하기에 해당될 것이다. 인간은 몇 세부터 스스로 늙음을 자각하고 자신이 노인임을 인정하느냐 하는 심리적 자각을 통해 노년기를 구분지을 수 있다. 어떻게 느끼느냐에 따라 50세 장년이 스스로를 노인이라 여길 수도 있고 70대 노인이 50대 장년 수준으로 활동을 지속할 수도 있는 것이다.

그러나 이러한 노화에 대한 자각은 신체적 징후와 정신적 · 사회적 경험에서 많은 영향을 받게 되며, 노화 자각의 과정에서 대부분의 노인이 심리적 저항의식을 갖고 있는 것도 사실이다. 일반적으로 늙었다는 자각을 하는 시기를 갱년기, 초로기(初老期), 향로기(向老期) 등으로 부르는데, 대부분의 노인은 노화를 현실로 받아들이는 데 심리적 저항감을 가지고 있다.

신체적 노화를 자각하는 데는 개인차가 심하지만 대개는 50세를 전후하여 자신이 쇠퇴기에 있다는 자각을 시작하고 60세가 넘으면 자신의 노화를 실감하게 된다. 직업에서 은퇴했을 때, 가장의 지위에서 물러났을 때, 배우자나 동료 또는 자식이나 친지 등과 사별했을 때, 자녀의 성장과 손자녀의 출생, 일반 사람들의 반응(예컨대, 지하철에서 자리를 양보 받거나 모르는 사람에게 '할아버지' 혹은 '할머니'라 불릴 때) 등의 정신적 · 사회적 경험에서 노화를 자각하게 된다.

건망증은 이력이다

나이가 들고 건망증이 점점 깊어지면서, 이러다 바보가 되는 게 아닌가 싶을 정도로 답답할 때도 많지만, 인생을 바라보고 음미하며 포용할 줄 아는 지혜는 흰 머리카락 숫자와 비례하여 느는 것 같다. 나이와 함께 경험이 많아짐에 따라 다른 사람의 처지를 이해하거나 말귀를 알아듣는 이해의 폭도 넓어지는 것 같다. 남의 입장이 되어 보는 것도 훨씬 수월하고 예전 같으면 성질대로 그냥 한 방 날려 버렸을 것도 참고 지그시 눈감아 줄 수 있기도 하다. 두 번 다시 돌아보지 않을 것 같던 사람에 대해서도 그 처지가 이해되고 한층 너그러워진다. 그럴 수 있겠다 싶은 일도 점점 많아진다.

나이가 들면서 우리 자신에게 나타나는 이런 변화를 가리켜 '지혜'라고 부른다. '연륜' 혹은 '경륜'이라고도 한다. 그렇다고 나이가 든다고 해서 누구나 지혜로워지는 것은 아니다. 노년에 지혜를 터득하는 것은 일생 동안 자신이 얼마나 삶과 죽음을 마주하여 경건하게 생각하고 수양해 왔는가에 따라 결정된다. 그래서 늙는다는 것이 그렇게 행복한 것만도 그렇게 불행한 것만도 아니며, 잃는 게 있으면 얻는 게 있어 그리 밑지는 장사는 아니라고, 공평하게 살아 볼 만한 가치가 있는 것이라고 다시금 생각하게 되는 것이다.

기억력, 학습, 그리고 지능의 삼각관계

우리는 흔히 아이들을 놓고 머리가 좋으니 나쁘니, 머리가 좋은데 공부를 잘한다느니 못한다느니 이런 이야기를 자주 하게 된다. 여기서 말하는 '머리가 나쁘다' 혹은 '좋다'는 사실 지능의 아주 작은 단면에 불과하다. 그러나 우리는 소위 아이큐라고 하는 지능지수를 가지고 인간의 모든 지적 능력을 판단하는 오류를 범해 오고 있다. 1980년대에 들어서면서부터 많은 지능학자들이, 지능이란 새로운 것을 학습하고 합리적으로 사고하며 환경을 효율적으로 다루는 개인의 종합적인 인지 능력임을 밝혀냈으며, 인지 능력뿐만 아닌 예술적인 능력, 운동 능력 등까지 포괄하는 전체적이고 총체적인 생활 능력, 문제해결 능력으로 새롭게 정의한 바 있다.

학습과 관련된 지적인 능력은 아동기까지 급속히 발달해 청년기에 최고점에 도달하고 중년기에 접어들면서 서서히 감퇴하지만, 어떤 분야의 능력은 일정하게 유지되거나 오히려 증가하기도 한다. 선천적으로 결정된 유동적 지능은 뇌신경의 성숙에 의해 발달하며, 노화와 함께 뇌세포의 감소와 손상에 따라 퇴화한다. 후천적 경험과 훈련, 교육에 의해 습득되는 결정적 지능은 지속적으로 증가하는 경향까지 보이므로, 종합적으로 측정되는 지능은 대체로 연령증가에 따라 차이가 없다고 한다. 그렇다면 나이가 들면서 기억력이 줄어드는 현상은 지능이 쇠퇴하는 것, 다시 말해 머리가 나빠지는 것을 나타낼까? 그래서 결국엔 치매라는, 기억의 곳간이 텅 빈 상태로 점점 소멸되는 걸까? 나이가 듦에 따라 기억력이 감소하는 것은 사실이지만 지나친 기억력의 감퇴가 반드시 치매로 연결되는 것은 아니므로 안심해도 무난할 것이다.

과거가 현재가 되는 노년기!

노년기의 기억은 다음과 같은 몇 가지 특징을 가지고 있다.

첫째, 최근의 사실보다는 과거의 사실을 더 잘 기억한다. 이는 오랜 인생의 경험으로 축적된 기억들이 새로운 정보를 기억하는 것을 방해하기 때문이다. 노년엔 추억으로 살아간다고 한다. 노년의 결실은 이미 이루어 놓은 좋은 것들에 대한 풍부한 기억이다. 어르신들이 습관처럼 과거를 회상하고 추억을 되새김질하는 까닭이 여기에 있다.

둘째, 노년기의 기억은 본 것보다 들은 것을 더 오래 기억한다. 그 이유는 청각감퇴가 노안보다 더디게 진행될 뿐만 아니라 청각이 기억과 더 밀접한 관련이 있기 때문이다.

셋째, 노년기에는 미래계획기억(혹은 조망기억)이 매우 약해져서, 미래를 계획하거나 앞을 내다보는 일이 점점 어려워진다. 이는 미래를 조망하는 역할을 담당하고 있는 뇌의 전두엽 기능이 감퇴하여, 기억된 정보를 활용하는 능력이 퇴화하기 때문이다. 그러나 이러한 기억력의 감퇴는 노화의 자연스런 결과이긴 하지만, 전혀 회복 불가능한 것은 아니다. 정신적 · 신체적 건강을 유지하고, 독서와 같은 지적 활동을 꾸준히 유지함으로써 인지적 능력의 퇴화를 방지하거나 상당히 회복시킬 수 있다.

노년기의 과거는 현재를 만들고, 지탱하는 근간이자 힘이다.

세 살 버릇 여든까지?

성격이란 제각기 지니고 있는 안정적이고 일관된 고유한 특성이나 심리적 경향이다. 성격은 나이가 들어 감에 따라 안정적으로 유지되기도 하고 혹은 변화하기도 한다. 개인에 따라 차이가 있을 수 있지만 성격의 3/5 정도는 전생애 동안 비교적 변함없이 유지된다고 한다. 나이가 들어감에 따라 좋은 성향은 점점 많아지고 나쁜 특성은 없어진다면 얼마나 좋을까? 주변에서 너그럽고 포용력 있으며 항상 모든 사람을 기꺼이 포용하는 온유한 어르신들을 찾아보기란 쉽지 않다. 드물게 그런 분을 만나게 되면 '나도 저렇게 늙어야 할텐데, 어쩜 저리도 보기 좋을까?' 하는 부러운 탄성이 저절로 나온다. 하지만 안타깝게도 나이가 듦에 따라 좋은 성품이 늘어 가기보다는, 정말 없어졌으면 하고 늘 바라 온, 본인에게조차 짐이 되던 좋지 않은 습관이나 성격적 특성들만 더 극성스러운 장기로 남게 된다.

젊은이들은 노인들을 보며, 고집스럽고 자기주장이 강해서 좀처럼 본인의 태도를 바꾸려 하지 않아 타협이 안 된다고, 남의 말은 더더욱 듣지 않고 본인의 것은 더 지독히 앞세워 주장하기 때문에 맞서 대화하고 싶지 않다고들 말한다. 그래서 노년에 많은 이들이 부러워하여 귀감이 되는, 온화하고 포용력 있는 노인이 되기 위해서 우리는 노년기를 그 어느 시기보다도 더 열심히 인내하고 수양하면서, 마치 쓸개를 씹는 것과도 같은 고통을 감내하는 수련기로 살아 내야만 한다.

그렇다면 노년기에 성격은 과연 어떻게 달라지며, 귀감이 되는 좋은 성격으로 변화하려면 어떻게 해야 할까 생각해 보기로 하자.

성격, 과연 변할까?

고집 센 늙은이

노인이 되어 감에 따라 나타나는 대표적인 성향은 첫째, 흔히 고집이 세어진다고 표현되는 자기중심성과 경직성의 증가다. 노년기에는 새로운 것에 대한 도전을 꺼려하고, 이제껏 해 왔던 것을 고수하려는 성향이 증가한다. 신체적 쇠약으로 말미암아 새로운 세계를 두려워하게 되고 실수를 최소화하려는 조바심이 커진다. 절친한 친구의 사망, 은퇴 등의 연유로 사회적 접촉이 줄어들면서 자연히 새로운 정보에서 분리된다. 본인이 지니고 있는 과거의 정보에만 의존해서 판단하고 행동하게 됨으로써 본의 아니게 보수적이고 경직된 가치관을 굳히게 된다. 경험의 누적은 도리어 자기중심적 사고를 만들며, 살아오면서 겪었던 부정적인 경험이나 실패의 누적, 신체적 기능의 감퇴와 더불어 자신감의 저하를 불러오기도 한다.

이기적인 어른

인간의 전생애에 걸쳐서 자기중심성이 세 번 나타난다. 첫 번째는 유아기로 자기 자신이 이 세상의 중심이며 모든 존재는 자신을 위해 있는 것이라고 생각한다. 이 시기에는 객관과 주관이 분리되지 못한다. 두 번째는 청소년기로 자기 자신만이 독특하다고 느끼는 감정이다. 이 세상의 모든 불행도 고민도 자신만 겪고 있다고 생각하며 자신의 경험만이 특별하다고 여긴다. '상상의 청중'을 늘 의식하고 자신이 마치 무대에 서 있는 배우인 것처럼 생각하고 행동하려 한다.

자기중심성이 나타나는 세 번째 시기는 노년기다. 성인이 되어 결혼하여 가정을 이루고, 부모가 되어 부양의 책임과 더불어 사회적 책임을 다하는 사회인으로 살아오다가 가족부양과 양육의 책임을 다하고 마침내 본인에게 집중하는 시기에 이르게 된다. 그동안 포기해 왔던, 진정으로 자신이 원하는 삶을 자신에게만 집중해서 살 수 있는 시기가 노년기다. 그러나 진정한 자아를 찾는 삶이 아니라 자칫 유아기적 이기심으로 바뀔 수도 있으므로 늘 자신을 돌아보아야 한다.

소심한 어르신

내향성과 조심성도 점점 커진다. 돌다리도 두들겨 보고 건넌다는 식의, 완벽을 추구한다기보다는 자칫 위축되기 쉬운 경향이다. 노년에는 관심 영역이 바깥 세계보다는 자신의 내부로 향하게 마련이므로 아름다운 노년은 곧 자신의 내면과 화해하는 시기다. 청년기까지를 확장의 시기라고 한다면 성인기 이후는 축소의 시기다. 청년기까지를 상승의 시기라고 한다면 성인기 이후는 하강의 시기라고 하겠다. 청년기를 신체적으로 성장하고 인지 능력, 인간관계, 자신의 영역이나 입지를 확장하는 시기라고 한다면 성인기 이후는 이 모든 것을 좁혀 가는 시기다. 그러므로 노년기에는 위험하고 복잡한 세상을 바꾸기 위해 에너지를 소비하기보다는 환경에 '순응'하며 주의력과 신중함이 증대되는 반면 융통성과 충동성은 감소하게 된다.

옛것이 좋은 것이여

친숙한 사물에 대한 애착심으로 인해 노년기에는 새로운 것에 익숙해지기가 어려워진다. 일생 동안 함께해 왔던 물건들은 마치 유한한 인생에 연속성을 부여해 주는 듯하고, 지난날 자신의 삶에 대한 기억을 유지하도록 도와주며, 안정감을 유지해 주고, 이미 자신의 삶의 역사로서 자신의 한 부분이 되어 왔다. 건조는 물론 삶는 기능까지 모두 갖춘 최신형 세탁기가 아무리 좋다고 해도 아랑곳하지 않고 평생 써 왔던 빨래판을 애지중지하며 손빨래를 고수하는 것은 당연하다. 낡고 헐었다고 해서 노인이 아끼는 물건을 버릴 경우 자신이 무시당하고 버려지는 것처럼 받아들여질 수도 있다. 그래서 구관이 명관이 되는 것이다.

내가 살면 얼마나 산다고!!!!

시간전망에도 변화가 나타난다. 인간은 연령이 증가함에 따라 인생의 마지막 시점에 초점을 맞추게 되고, 그 마지막 시간까지 앞으로 몇 년 남았는가를 헤아리는 식으로 시간전망이 변화하게 된다.

그래서 젊은이들이 정말 듣기 싫어하는, '내가 살면 얼마나 살겠느냐…'는 넋두리를 늘 입버릇처럼 달고 사는 것이다. 그러나 세상에는 세 가지 거짓말이 있다고 하지 않는가? 그 세 가지는 노처녀가 '시집 안 간다', 장사꾼이 '남는 것 없다', 그리고 노인이 '이젠 죽어야지'라고 말하는 것이다.

100세 시대다. 생명연장장치도 최첨단이라 죽고 싶어도 죽을 수 없는 세상이다. 나이 들어 하는 이런 말들은 현재의 스트레스, 그리고 삶의 어려웠던 순간들을 기억할 때 문뜩 나오는 말이 아닐까?

'아범아, 나 인제 죽을라나 보다!'

신체에 대한 과잉 반응이다. 신체적 노화에 따라 자신의 신체 상태에 대해 자신감이 줄어들고 지나치게 민감해지게 된다. 점점 더 많은 약에 의존하고 병원 드나들기를 마치 취미생활처럼 하게 된다. 고령자가 많아질수록 의료비 부담이 커지는 것은 고령화 사회의 피할 수 없는 현상이다. 젊은이들은 감기쯤이야 대수롭지 않게 여기고 무시할 수 있지만 어르신들은 감기만 좀 심해져도 '내가 죽으려나 보다' 하고 침울해지기 일쑤다. 예민해진 신체 반응을 이용하여 노인들을 모시고 사탕발림 같은 관광과 식사를 대접하고는 부당한 가격으로 부적합한 약품이나 건강 관련 상품을 팔아넘기는 사기꾼들의 사례를 매스컴을 통해 심심치 않게 읽을 수 있다.

여장 남자, 남장 여자!

양성성의 출현이다. 중년기에 접어들면서 여성은 폐경을 맞게 되고 그를 기점으로 여성호르몬이 감소하기 시작한다. 노년이 되면 여성스러움을 유지해 주는 호르몬이 1/6만 남게 되고 여성적인 특성들이 점점 사라진다. 나이가 들수록 여자는 목소리가 커지고 대범해지는 데 비해 남성들은 차츰 여성스러워지고 소심해지기까지 한다. 이는 호르몬의 변화 때문이기도 하지만 사회적 역할이 바뀌는 데에 기인하기도 한다. 일 중심이자 결과 중심이었던 남성들은 친밀성, 의존성, 관계 지향성 등이 더 증가하고 자녀양육과 보호에 지나칠 정도로 관심을 보이게 되며, 여성 노인에게는 공격성, 자기주장, 자기중심성 등의 성향이 나타난다. 종종 이런 이유로 '할머니는 여자가 아니다'라든지 '조신한 할아버지'라는 소릴 듣게 된다. 나이가 들수록 할아버지들은 위축되고 할머니 치마폭에 의존하게 되는 것도 한 가지 이유로만 단정할 수는 없으나, 성호르몬의 감소에 따른 신체적 · 심리적 변화와 사회적 역할 변화의 결과라고 할 수 있다.

호랑이는 가죽을 남기고, 사람은 나이 들어 아름다운 '노후'를 남긴다

마지막으로 인간은 누구나 자신의 존재를 연장하고자 하는 욕구를 가지고 있다. 자신이 유한한 존재라는 것을 깨닫는 시점부터 인간은 자신의 존재를 연장하고 싶은 욕망의 대체물로서 유산을 남기려는 욕구가 더 커진다. '호랑이는 죽어서 가죽을 남기고 사람은 죽어서 이름을 남긴다'는 속담이 있듯이 인간은 누구나 자신의 흔적을 남기고 싶어 한다. 인간의 삶이 한정적이라는 것을 깨닫기 시작하면서 자신의 존재를 이어 줄 의미를 찾게 된다. '대를 잇는다'는 우리의 전통적인 가족관이 이를 극명하게 표현하고 있다. 우리나라뿐만 아니라 서양 사람들도, 굳이 종교적 관점을 빌지 않더라도, 자녀를 낳고 양육하는 과정을 통해서 자신의 존재를 확장하고 이어가는 것에 의미를 부여한다.

유산이라는 것이 반드시 물질적인 것만을 의미하지는 않는다. 몇십 년 전만 하더라도 우리의 부모들은 가난을 대물림하지 않겠다는 일념으로 밤을 새워 가며 일하고 허리띠를 졸라맨 채 자식을 먹이고 입히고 가르치고자 했다. 그래도 부쳐 먹고 살 수 있는 한 뼘 땅이라도 남겨 주어야 한다는 생각으로 굶기를 밥 먹듯 하며 자녀양육에 혼신의 힘을 쏟아 부었다.

그러나 사회가 발전하고 의식이 확장되면서, 먹고 입고 살아가기 위한 도구적인 유산보다는 자신의 삶을 책임지고 나아가 사회에 기여할 수 있는 민주시민으로서의 역량을 갖추도록 하는 정신적인 유산의 가치가 더 크다는 자성이 나타나고 있다. 뿐만 아니라 자신의 노후를 잘 준비하는 것이 자식에게 유산을 물려주는 것보다 더욱 중요한 것이라는 사회적 인식도 늘어나고 있다.

존재의 가지치기

노년은 존재의 가지치기를 통해서 또 다른 자신의 삶을 준비하는 시기다. 불필요한 군더더기에 불과했던 인간관계를 정리하고 노년을 살아 내기 위한 본질적인 관계만 남겨 두는 시기다. 일과 취미생활도, 관계도 모두 자신의 생존에 없어서는 안 될 중요하고도 필수적인 것들만, 죽을 때까지 함께할 것들만 남겨 두어야 하는 시기다. 나무가 겨울을 나기 위해 무성하고 화려하던 잎을 다 떨어내고 굵은 가지만 남겨 두는 것과 마찬가지의 이치다. 우리는 사회가 규정짓는 늙음에 대비하여 세월의 흐름과 조화를 이루며 일정한 수준의 정신적 성숙도를 유지하기 위해 노력해야 한다. 끊임없는 자기성찰을 통해 환경의 변화에 적응하는, 진취적이고 적극적인 사고를 가져야 하며 이는 지속적인 배움을 통해 가능하다. 지식에는 이성의 문을, 이해에는 마음의 문을 열고 힘찬 노년의 행진을 지속해야 하겠다.

> 큰 일은 육체의 힘이나 재빠름이나 기민함이 아니라 사려 깊음과 영향력과 판단력에 의해 행해진다. (키케로)

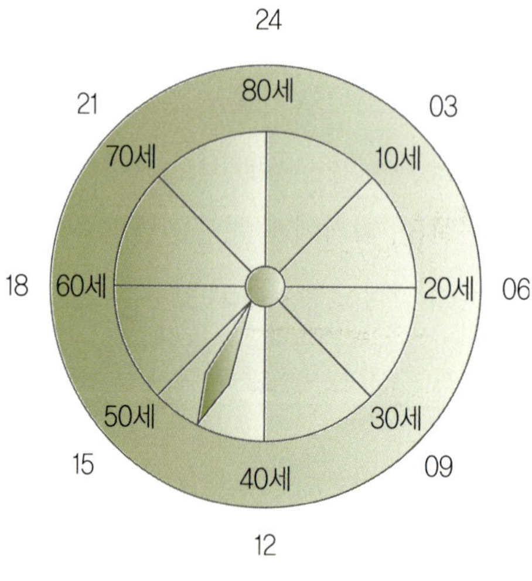

내 인생의 시계는 지금 몇 시?

노화적응 유형: 아름다운 노년, 추한 노년

인간이라면 나이 드는 것은 지극히 자연스럽고 피할 수 없는 일임에 틀림이 없다. 그러나 개인의 섭생과 생활습관, 사회적 환경에의 적응 여하에 따라 그 완급을 조절할 수는 있다. 그렇다면 어떻게 나이 들어야 바람직할까? 우리는 흔히 어떤 일을 잘한다고 하면 완벽하게 빨리 해내는 것으로 해석한다. 그렇다면 늙는 것도 빨리, 아주 완벽하게 늙어야 하는 걸까? 그건 아닐 것이다. 아마도 자신의 노화 과정을 순조롭게 받아들이고 그것에 적응해 나가는 것을 뜻할 것이다. 적응 정도는 한 개인의 성격 발달에 영향을 주는 경험과 환경의 유형에 따라 다양할 뿐 아니라 그 영향력과 강도도 서로 다르다. 노년기는 신체적 · 정신적 · 심리적 기능의 쇠퇴에 대비해 새롭게 생활을 재정비하고 주변관계를 정리해야 하는 시기다. 화려한 주인공의 자리에서 한 걸음 물러나, 참신하고 풋풋한 주연을 돋보이게 하고 극을 맛깔스럽고 품위 있게 만드는 빛나는 조연으로 옮겨 앉는 때다.

라이카드와 그의 동료학자들은(Reichard, Livson, & Peterson, 1962) 은퇴한 87명의 남성들을 대상으로 노년의 적응 유형을 연구한 결과 다음과 같이 다섯 가지로 그 유형을 구분하였다.

성숙형

한마디로 가장 바람직한 노화 적응 유형이다. 이 유형은 노화를 변화된 자신의 일부로 받아들이며 모든 면에서 신중하게 생각하고 언행을 조심한다. 남은 생과 죽음에 대해서도 의연하며 현실을 외면하지도 않는다. 과거에 대해서도 비교적 만족스럽게, 긍정적으로 생각하고 감사하는 생활을 하며 사회적인 활동도 계속하면서 보람 있는 노후를 지내는 이들이다.

은둔형

흔들의자(rocking-chair)형이라고도 한다. 흔들의자에 앉아서 가벼운 미동과 함께 평화로이 노후의 휴식과 사색을 즐기는 이들이다. 이들은 조용하고도 평온한 자신의 노후에 비교적 만족한다. 사회적 책임에서 벗어난 것을 홀가분하게 생각하고 감사하게 여기며, 치열하게 살아온 자신의 과거에 대해서도 회한이 그다지 없다. 활동성이 부족한 것이 다소 흠이기는 하나 그것 또한 본인들이 선택한 상황이므로 불만은 없다.

방어형

무장형이라고도 하는 이들은 노화로 인한 변화를 용납하지 않는다. 오히려 노화에 저항하기라도 하듯 자신에게 일어나는 노화 현상을 부정하고 이를 감추기 위해 더욱 부단히 노력한다. 사회적으로도 변함없이 혈기왕성하게 활동하고 매사에 적극적으로 참여한다. 능동적이고 활기찬 노년을 보내는 것은 바람직하지만 여전히 젊은이들과의 경쟁도 서슴지 않는다. 그러나 무대에서 얼마간 비켜서 줄 수 있는 양보심이 필요한 유형이다.

분노형

지나가 버린 청춘을 아쉬워하며 못다 이룬 인생 목표에 대하여 비통해한다. 지나온 날에 대한 회한과 절망에 사로잡혀 젊은 시절 실패의 원인을 불행한 시대나 부모 혹은 형제의 탓으로 돌리고 입버릇처럼 남을 비난하고 질책하기를 일삼는다. 그러니 본인은 물론 주변 사람들까지 불안하고 불행하게 만드는 것은 자명하다.

자학형

'늙으면 죽어야지…'를 늘 되풀이하는 유형이다. 이들은 분노형과 마찬가지로 지나온 삶에 대해 많은 후회와 절망을 가지고 있지만, 그런 불행과 실패의 원인이 바로 자신에게 있다고 여기는 유형이다. 스스로를 심하게 책망하고, 자신을 무가치한 존재로, 심지어는 살아 있을 가치조차 없는 존재로 비하한다. 가여울 정도로 회한에 가득 찬, 가장 불안한 노후를 보내고 있는 이들이다.

이제까지 살펴본 노년의 적응 유형은 서양의 노인들을 대상으로 한 내용들이다. 우리나라의 노년기 삶과 그다지 다르지는 않지만 여기서는 한국 사람들은 노년기를 어떻게 맞이하고 자신의 노화에 적응해 나가는가에 대해 알아보도록 하자.

다음은 필자가 새로 분류한 한국적 노화대처 유형이다.

괘종시계형

이 유형은 엄격한 자기 관리와 통제로 노화에 적응해 나가며 자기 방어적 생활 패턴을 시계추처럼 정확하게 반복·유지하고, 노년을 비교적 안정적이고 긍정적으로 보낸다. 규칙적인 생활로 건강을 철저히 관리하고 어느 누구에게도 폐를 끼치지 않도록 금욕주의 정신으로 무장하여, 과도한 욕망을 억제하고 자신이 정한 최소한의 범위 내에서 소비하고 지출한다. 늘 같은 시간에 일어나고 정해진 시간에 식사를 하며 같은 시간에 잠자리에 든다.

얼핏 보면 젊은 시절보다도 더 건강해지고 젊은이들보다 더 성실한 것처럼 보인다. 그러나 자녀들이 보기에 안타까울 정도로 틀에 박힌 갑갑한 생활 패턴을 유지하는 이들이다. "아버지 제발 좀 그만 아끼시고 좀 쓰세요. 저희한테 물려주실 생각하시지 말고 즐기세요." 이런 자식들의 충고에도 아랑곳 않고 무임승차할 수 있는 전철만을 고집하는 이들이 여기에 속한다.

멀티플레이어형

이 유형에 속한 이들은 노화에 따른 쇠퇴를 부정하며 자신이 늙고 있다는 사실 자체를 인정하지 않으려 한다. '내 사전에 노화란 있을 수 없다.' 몸은 늙었어도 마음은 이팔청춘임을 늘 노래한다. 이제까지 해오던 생활 패턴을 그대로 유지하고 오히려 더 열심히, 적극적으로 매사를 처리하며 다방면으로 관심과 활동 영역을 넓히는 한편 모든 일에 지나친 열정을 가지고 참여한다. 주인공의 자리를 절대 내놓지 않으며 '너희가 게 맛을 알아?'를 구호로 외치면서 젊은이들과 경쟁의식을 가지고 아직도 자신이 젊은이 못지않은 능력을 지니고 있다고 생각한다.

건강하고 활기찬 노년을 산다는 것은 바람직하지만 물러날 때를 알고 물러날 수 있는 절제와 용기야말로 경쟁에서 어른답게 이기는 비결인 것을 이들은 아직 터득하지 못하고 있는 것 같다. 화려한 주인공이 아름다운 것은 말할 나위 없지만 연기에 품위를 더하고 더욱 볼 만한 연극으로 만드는 것은 중후한 관록을 지닌 조연의 연기 덕분인 것을 우리는 이미 알고 있다. 키케로는 노년엔 거창한 잔치를 벌일 수 없으나 조촐한 주연을 즐길 수는 있다며 노년기를 예찬했다.

공수래공수거형

이 유형은 노화로 인한 쇠퇴를 받아들이기는 하지만 자신이 늙어 가고 있다는 사실을 부끄럽게 여겨 외부와의 접촉을 의도적으로 피하고 자신의 행동반경을 지극히 제한하는 유형이다. '늙은이가 뭘…' 하는 태도로 숨바꼭질하는 아이처럼 꼭꼭 숨어 자신을 좀처럼 드러내려 하지 않는다. 그리고 자신의 늙어 가는 모습을 다른 사람에게 보이고 싶어 하지 않는다.

이들은 노화에 따른 신체적·정신적 쇠약을 받아들이기 때문에 소극적이기는 하지만 비교적 만족스러운 노년을 보내고 있다. 외식을 하려고 해도 당신은 집에서 물에 말아 한 술 뜨면 된다는 어머니, 여행을 가시자 해도 이 핑계 저 핑계를 대며 집이나 지키겠다고 스스로 움츠리는 아버지, 좋은 옷도 맛있는 음식도 다 과분하니 이대로도 좋다고 하시며 자신에게 가혹하리만치 야박한, 희생적인 우리 부모님들이 여기 속한다. 살아온 날들이 너무나도 힘들고 고통스러웠으므로 지금까지 살아남은 것만으로도 축복이며 세끼 밥 굶지 않고 먹을 수 있는 것만으로도 감사할 뿐이다.

이들은 신체적 건강을 유지하기 위한 기본적인 활동 외에는 거의 아무 일도 하지 않고 지내려 한다. 무념무상의 현실적인 안정에 안주하고 싶을 뿐이다. 어차피 빈손으로 왔다가 빈손으로 가는 인생 뭐 그리 다르겠으며 아등바등하며 움켜쥘 건 또 무엇이겠는가, 막연히 누구나 다 이렇게 살다가 늙고 죽어 가려니 생각한다. 언뜻 보면 인생을 달관한 것 같이 시간의 흐름에 순응하는 것처럼 보이나 제대로 살아 보지도 않고 미리 움츠러들고 포기하는 것도 그리 건강한 노년의 모습은 아니다.

독불장군형

늙으면 아이가 된다고들 한다. 본인이 충분히 해낼 능력이 있음에도 불구하고 가족이나 타인에게 지나치게 의존하며 스스로는 무엇 한 가지 해결 못하는 이들이 많다. 이들은 신체적으로뿐만 아니라 늘 충족되지 않는 자신의 욕구 때문에 정서적으로 불안정하다. 끊임없이 보호받기를 원하지만 부어도 부어도 차지 않는 밑 빠진 독에 물붓기다. 자신에 대한 관심을 불러일으키기 위해 병원도 필요 이상으로 자주 가며, '내가 살면 얼마나 산다고… 내가 니들을 어떻게 키웠는데…' 하며 공치사를 입에 달고 산다.

이 유형에 속하는 이들은 주변을 매우 힘들게 하는 독불장군들이다. 깃발을 휘날리며 '나를 따르라'를 외치며 당신 뜻대로 휘두르려 한다. 아들을 머슴 부리듯 며느리를 하녀 부리듯 한다. 이들과는 대화가 통하지 않는다. 당신 기분 내키는 대로 행동하고, 당신의 말이 곧 진리요 법이며 이 진리와 법은 일관성이 전혀 없이 수시로 바뀐

다. 당신 뜻대로 되지 않으면 화내고 호통을 치며 삐치기 일쑤다. 당신은 다 이해하며 이끌어 주고 있는데 왜 자식들이 자신을 이해하지 못하며 당신 뜻을 받들지 않는가 노여워하면서 여간 섭섭해 하는 게 아니다.

돈이면 다 된다는 생각을 가지고 젊은이들을 돈으로 좌지우지하려 한다. '요즘 것들은 말이야… 내가 젊었을 때는…' 등은 이들의 단골 푸념이다. 늘 성에 차지 않고 너희가 얼마나 잘하나 보자는 식으로 늘 자식들의 효심을 저울질하고 계산한다. 자식들을 다람쥐 쳇바퀴 속에 넣고 계속 굴리기를 시키는 셈이다. 다람쥐 쳇바퀴 속에서 자식은 골병들고 당신은 노욕으로 마침내 피폐해지고 만다. 이런 돈 많은 부모를 가진 젊은이들은 기를 펴지 못하고 부모 눈치 보기에 급급하다. 이런 부모를 둔 자녀들이 형제간에 반목하는 경우가 가장 많다. 해도 해도 끝이 없는 부모의 욕심과 집착에 휘둘려 자식들은 늘 불안해하며 서로 으르렁댄다.

한오백년형

'한 많은 이 세상 야속한 니이임아아아~~~' 한오백년을 인생 말년의 주제가로 삼고 있는 이들이다. 일제 강점기부터 6 · 25 전쟁까지 비운의 역사적 희생물로서 질곡의 삶을 살아온 이 시대의 노인들은 젊은 시절에 대한 회한과 절망으로 점철된 인생을 원망하고 자신의 늙음을 비참해하며 덧없는 신세한탄과 타인에 대한 불평을 일삼는 경우가 많다. '늙으면 죽어야지…'를 늘상 되풀이하며 자신의 잃어버린 청춘을 돌려받기를 갈망한다. 늙은 것이 원통하고 인생이 이대로 사그라드는 것 같아 분하다. 풍요롭게 누리며 사는 젊은 것들이 못마땅하고, 보고 있노라면 분통이 터진다. '내 청춘 돌리도…'를 아무리 외쳐 봐도 지나가 버린 세월을 보상받을 곳은 없다. 물론 오늘날 번영을 누리는 대한민국의 영광스런 현재는 모두 이들의 피와 땀 덕분이긴 하다.

노인세대는 노후준비란 말조차 생소했던 시절 굶기를 밥 먹듯이 하며 자식들에게 가난을 대물림하지 않겠다는 일념으로 허리띠를 졸라매고 오로지 자식 교육에만 전념해 왔다. 자식농사가 노후 대책이었고 자식들이 내 미래요 희망이었다. 그러나 세월이 변하고 세대가 바뀌어 불과 이삼십 년 전만 해도 상상조차 할 수 없던 새로운 세대가 시작되었다. 노인세대가 자신의 영양분을 다 내주고 껍데기만 남아 버리도록 헌신하며 키워 낸 자식들은 너무도 다른 가치관과 생활환경을 갖고 있다. 그들은 부모의 공로는 아랑곳하지 않고 본인들 삶을 살아 내기에만 급급하다. 크나큰 기대를 걸었던 자식들은 하나같이 '불효자'가 되어 도시로, 외국으로 나가 본인들의 화려한 인생 3막을 연출하고 있다. 누구도 나를 대신해서 인생을 살아 줄 수는 없다. 타인으로부터 대리만족을 얻으려는 것은 오산이다. 이런 사람에게는 우울과 원망의 원인이 자신에게서 비롯된 것임을 깨닫는 것이 가장 시급한 과제다.

그러나 지금까지 이야기한 것처럼 모든 노인들이 노년을 부정적으로 보내는 것만은 아니다. 실제로는 신체적 · 정신적으로 건강하게 노후를 보내는 노인들이 더 많다. 다음은 긍정적이고 바람직한 노년을 살고 있는 적응 유형이다. 이 유형에 속하는 노인들은 대체로 건강한 심리 상태이고 정서적으로 안정감과 현실감을 유지하고 있으며, 자신과 자신의 상황을 객관화할 수 있는 능력을 가지고 있다.

저녁노을형

한 여름의 작열하는 태양처럼 모든 것을 녹여 버릴 듯 지나치게 이글거리지는 않지만 은근하면서도 넓고 엷게 퍼지면서 세상을 감싸 안는 저녁노을을 상상해 보자. 한순간에 힘차게 솟아오르는 아침 태양처럼 강렬한 역동성을 주지는 않지만, 결코 화려하거나 튀지 않으면서 마지막까지 하늘을 붉게 물들이는 저녁노을과 같이 푸근한 노년을 보내고 있는 이들이 있다. 이들은 자신의 노화를 겸허히 받아들이고 그에 걸맞은 자신의 삶을 재구성하며, 자기 내면을 성숙하게 만드는 데 집중한다.

그리고 인생의 마지막 단계를 보다 의미 있고 깊이 있는 성찰로 채워 가며 자신의 자리를 주저함 없이 적절하게 양보하고, 스스로에게 주어진 삶에 감사하고 타인을 배려하는 지혜롭고 평화스런 노년기를 보낸다. 아름다운 노년의 향기가 은은히 배어나오는 이들이다. 절절 끓는 아랫목에서 화롯불에 구운밤을 호호 불어 가며 옛날이야기 들려주고, '자장자장 우리아기 잘도 잔다…' 하며 아픈 손자를 등에 업고 밤을 지새우며 조건 없는 사랑을 베풀어 주던, 우리 할머니들의 모습이다.

이러한 유형에 속하는 노인은 노년에 덕을 쌓는 것은 남을 돕는 일이라는 생각을 투철하게 가지고 있으면서 죽을 때 가지고 갈 것 아니라며 가진 것 아낌없이 나누어 준다. 이들은 삶 자체가 선물이요 은총이라 생각하며 자신이 지닌 자선냄비에 그득 담긴 많은 행복과 사랑을 꺼내어 주변을 훈훈하게 채워 준다. 이 유형에 속하는 이들은 노후를 조용히 긍정적으로 받아들이며, 다양한 활동을 추구하기보다는 진정으로 자신이 원하고 죽을 때까지 지속할 수 있는 소수의 관계와 일에 초점을 맞추고 몰두한다.

은퇴와 함께 고단하고 복잡한 일상에서 벗어나 저 푸른 초원 위에 그림 같은 전원주택을 짓고 자연을 벗 삼아 자그마한 텃밭을 가꾸며 한가한 노후를 지내는 타입도 이에 속한다. 이들은 지나치게 활동이 줄어드는 경향을 띠는 듯 보이지만 질적으로는 더욱 충실을 기한다. 스스로 물러날 때를 알고 기꺼이 물러난 이들이다.

나는 과연 어떤 유형에 속할까? 내가 노인이 된다면 나는 어떤 유형일까? 한 번쯤은 생각해 봄 직하다. 하지만 한 사람이 어느 한 가지 유형에만 속하는 것은 아니다. 누구나 몇몇 가지의 특징을 함께 가지고 있으면서 상황에 따라 다르게 표현할 뿐이다. 누구든지 저녁 노을처럼 은근하고, 할 수만 있다면 화수분처럼 나누어 주며 너그럽게 세상을 감싸 안고 아우르는 그런 어른으로 남고 싶을 것이다.

노년을 잘 보내는 것은 온전한 성인이 되기 위해 유년기나 청년기를 잘 보내야 하는 것 못지않게 중요하다. 반백 년을 노년기로 산다고 가정한다면 학교교육보다 더 중요한 것이 노년교육이다. 훌륭한 성인이 되어 사회인으로서 직업을 갖도록 훈련하고 연마하는 학교교육도 의당 중요하지만 인생의 반을 차지하는 노년을 어떻게 아름답게 살아 내야 하는가는 더욱 중요한 인생의 화두임에 틀림없다. 아무도, 어느 곳에서도 가르쳐 주지 않기에 스스로를 깨어 있게 하고 살아 있게 하는 끊임없는 자기수양과 내적 성찰만이 아름다운 노을빛과 같은 노년을 우리에게 안겨 줄 것이다.

지혜로운 노년: 자아통합으로!

에릭슨(E. Erikson)에 따르면 자아통합이란 자신의 과거와 현재 그리고 미래를 대면하고 수용하며, 살아오는 동안 최선을 다해 온 의미 있는 일생이었다는 느낌을 갖고 일관된 자아감을 갖는 것을 뜻한다. 자아통합을 이룬 사람들은 지나온 삶을 되돌아보고 개인적으로 의미 있는 과거의 경험들을 회고하여 그것들을 평가하고 정리하는 경향을 가지며, 타인에 대한 지긋한 배려를 통해 세상을 사는 지혜를 얻게 된다. 그러나 나이가 든다고 해서 누구나 원숙해지고 자아통합에 이르는 것은 아니다. 오히려 자아통합을 이루는 노년은 그렇지 않은 노년보다 드문 게 사실이다.

자신의 상처와 맞닥뜨리기를 통해 자신의 과거와 화해해야 한다. 두 눈에 흙이 들어가기 전엔 안 된다는 각오를 되새기며 분노를 내려놓지 못하거나 죽어도 눈을 못 감을 한을 가슴에 안은 채 죽음을 맞을 수는 없지 않겠는가. 죽는 순간에 인간은 모든 것을 내려놓게 된다. 움켜쥐고 있던 손을 편 채 아무것도 가져가지 못하고, 아무런 능력도 남아 있지 않게 된다.

한평생 이만하면 잘 살았노라고, 그것이 최선이었노라고, 그리 슬프지만도, 그렇다고 그렇게 불행하지만도 않았던 감사한 인생이었노라고, 마지막 말을 남기고 홀연히 평화스럽게 떠나는 사람은 자아통합을 이룬 사람들이다. 취업시험을 준비하는 것, 배우자를 고르는 일, 자식을 훌륭히 키우는 것 등 그 어떤 일보다도 자신의 죽음을 위해 준비하고 채비하는 것이 중요하다. 그러기 위해 부단히 과거와 화해하고 용서하며 자신의 상처를 치유해야 한다. 늘 자신을 성찰하고 되돌아보며 비움으로써 다시 채워 나가는 비움과 채움의 담금질을 의도적으로 해 나가야 한다.

배워야 산다

지식의 유통기한

어느 때부턴가 스마트폰이나 트위터 등을 기반으로 한 소셜 네트워크가 화제의 중심에 서게 되었다. 이를 통해 듣는 정보의 양은 신문이나 방송으로 전해 듣는 뉴스보다 방대하고, 그 속도 또한 혀를 내두를 정도다. 지연과 학연으로 엮여 있던 인맥의 범위는 이제 너무 좁기만 하다. 새롭게 등장한 이 신기루 같은 네트워킹에 동참하기 위해 스마트폰을 사려는 대기자는 수십만 명을 훌쩍 넘고, 사용법을 배우기 위한 신규 강좌까지 등장했다. 새로운 물건이 출현하면 앞 사람 어깨 너머로 배우던 과거의 수준이 아니다. 신기술의 등장과 이를 구성하는 다양한 개념들은 애써 배우지 않으면 따라가기가 어렵다. 그러나 이는 현상의 한 단면에 불과하다. 더욱 새롭고 빠르게 변화하는 사회에 적응하기 위해서 지속적인 배움은 이제 선택이 아닌 필수로 자리 잡았다. 사회에 통용되는 지식은 끊임없이 생산되고, 그 유통기한 또한 점차 짧아지고 있다.

이른바 평생학습사회를 지향하는 현대사회는 고령화와 겹쳐지며 거스를 수 없는 큰 흐름을 이룬다. 평균 수명 80세를 넘긴 한국사회에서 우리는 10~20년의 정규교육과정에서 이수한 지식을 토대로 나머지 50~60여 년의 시간을 보내게 된다. 평균 수명이 늘어날수록, 학교에서 배웠던 지식을 활용해야 하는 시간도 계속 길어진다. 정보의 유통기한을 생각한다면, 새로운 배움이 없는 50~60년 혹은 그 이상의 시간들은 시대의 흐름을 타지 못하는, 정체된 시간으로 간주될 수 있다. 나중에 다시 먹어야지 하며 냉장고에 보관해 놓은 음식을 떠올려 꺼낼 때쯤엔 이미 유통기한이 지나 먹을 수 없는 형국이다.

지식과 정보의 양적 확대뿐 아니라 이를 활용하는 다양한 방식 또한 지속적인 학습의 대상이 된다. 지식을 활용하는 새로운 방식의 습득은 과거에 이미 학습한 지식을 구시대적인 것으로 사장시키지 않고 새롭게 재해석하여 활용할 수 있는 가능성을 열어 준다. 이러한 지속적인 학습은, 그동안 미처 깨닫지 못했던 새로운 학습 가능성을 일깨워 주며, 과거에 집중되어 있던 영역에서 타 영역으로의 연착륙과 함께 서로 다른 영역 간의 학습 연계를 가능하게 한다.

고령화 사회에서의 평생학습은 나와 상관없는 일부 사람의 이야기가 아니라, 누구나 몸으로 느끼는 필수과정이 되었다. 확장된 지식과 기술의 소용돌이에서 비켜설 안전지대는 점점 좁아지고 있다. 새롭게 배운 만큼 더 성장할 수 있다는 말은 시대와 나이를 넘어서는 만고의 진리인 셈이다. 고령화 사회에서 노년을 준비하는 우리는, 새로운 지식과 학습에 스스로 얼마나 관대한지 진지하게 살펴보아야 할 것이다.

배우기엔 이미 너무 늦었다?

그러나 무엇을 새롭게 시작하고 배운다는 것이 마음처럼 쉬운 것은 아니다. 도전에는 항상 막연한 두려움과 망설임이 앞서기 마련이다. 만족스러운 학습의 결과에 이르기에 앞서, 학교 다닐 때처럼 노트에 줄을 치며 달달 외던 생각을 하면 그걸 어찌 다시 하나 싶기도 하고, 무엇보다 머리가 더 이상 따라 주지 않는다는 탄식이 시작을 망설이게 한다. 앉았다 돌아서면 금방 잊어버린다거나 이제는 머리가 굳었다는 말이 괜히 나온 것은 아닐 테니 말이다. 혹시, 내 머리는 이제 공부하기엔 너무 굳어버린 것일까?

조지워싱턴 대학의 노령화센터 소장인 짐 코헨 박사는 그의 저서 『MATURE MIND: 중 · 장년기 두뇌를 새롭게 하는 8가지 방법』에서 인간의 두뇌는 나이가 들수록 오히려 좋아지며, 나이가 들면 두뇌의 기능이 저하된다는 통념은 시대에 뒤떨어진 것이라고 말한다. 나이가 들어 가면서 새로운 문제가 나타난다는 사실 자체를 부정하는 것이 아니라, 이러한 통념에 가려 인간 두뇌의 무한한 잠재력이 너무 오랫동안 경시되어 왔다는 사실을 지적하는 것이다. 나이가 들면 인간의 두뇌세포가 점점 줄어들어 기억력이 둔화된다는 사회 통념이 바로 그것이다. 그러나 우리가 으레 믿고 있는 이러한 사회적 통념도 몇 개의 과학적인 연구들을 뒤적여 보면 의외로 반론이 만만치 않음을 알 수 있다.

테리 등의 두뇌학자들(Terry, de Teresa, & Hansen, 1987)은 그들의 연구에서 이러한 통념들이 절대적인 진리가 아님을 주장한다. 그들은 다양한 연령대의 사람들을 대상으로 뉴런의 숫자를 조사하는 연구를 진행했는데, 연구 결과 나이가 든다고 해서 꼭 뉴런 숫자가 줄어드는 것은 아니었다. 대뇌피질에 있는 큰 뉴런들은 나이에 비례하여 숫자가 줄어들지만, 작은 뉴런들은 오히려 숫자가 늘어 기억력과 연관되는 전체 뉴런 숫자에는 변화가 없다는 것이다. 오히려 기억력에 있어 매우 중요한 역할을 담당하는 해마 부위에서는 성인기에도 새로운 뉴런이 계속 만들어진다는 연구결과까지 있다.

이런 연구들은 나이가 들면 당연히 뉴런이 소멸된다는, 즉 뇌세포가 줄어 기억력이 상실될 수밖에 없다는 사실에 의문을 제기하게 만든다. 노인은 기억력이 둔화되어 공부하기 힘들다는 말에 백 퍼센트 승복할 수 없다는 것이다. 이젠 나이가 들어 다 굳은 머리 탓이라며 구박했던 '내 머리'에 사과해야 할지도 모를 일이다.

그렇다면 기억력의 문제가 아니라, 나이가 듦에 따라 지능이 떨어지는 건 아닐까? 지능과 학습 능력 간의 상관관계에 대한 많은 연구 결과들은 크게 세 가지로 나뉜다. 성인기 이후에는 지능이 감소한다는 것과, 성인기 이후에도 감소하지 않는다는 것, 그리고 일부는 증가하는 반면 감소하는 부분도 존재한다는 주장이 바로 그것이다. 이 중 가장 설득력 있게 통용되는 것이 바로 세 번째 주장으로, 동작성과 계산력 등의 지능은 감소하지만, 어휘력과 상식, 판단력 등은 중장년층까지 쇠퇴를 보이지 않으며, 어휘력은 오히려 나이가 들수록 완만한 상승을 보인다는 것이다.

노인교육에 조금만 관심을 가지는 사람이라면 모르는 이 없는 아주 유명한 학자가 몇 있다. 그중 대표적인 이들이 바로 교육학자인 혼(Horn)과 캐텔(Cattell)이다. 이들은 인간의 지능을 유동적(fluid) 지능과 결정적(crystallized) 지능으로 구분한다. 유동적 지능은 인간이 본래 가지고 태어나는 능력으로, 단기 기억력, 개념을 형성하거나 수를 계산하는 능력 등을 말한다.

반면 결정적 지능은 이와는 반대로, 갖고 태어나는 것이 아니라 살아오면서 겪은 경험이나 교육이나 훈련 등으로 얻어진 후천적인 지능을 말한다. 아래의 그림처럼 태어날 때부터 갖게 되는 유동적 지능은 청년기에 가장 높다가 중년기 이후에 점차 감소하는 경향을 보이지만, 살아가면서 배우고 경험하며 얻게 되는 결정적 지능은 새로운 경험이 계속 쌓이는 만큼 노년기 이후에도 계속 증가한다.

나이가 들어 무언가를 배울 때, 기억력이나 지능과 같은 두뇌의 기능이 가장 큰 걸림돌이 된다는 것에 우리는 별다른 의심 없이 쉽게 동의한다. 그러나 '공부에도 때가 있어'라고 푸념하며 기억력의

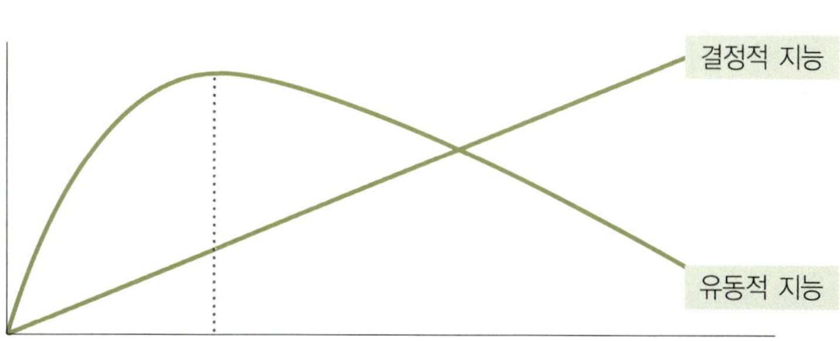

연령에 따른 지능의 변화 추이

탓으로 돌릴 수만은 없다. 오히려, 학창시절처럼 오롯이 배움에만 집중할 수 없는 주변 여건을 먼저 따져 볼 일이다. 그 무엇보다 내 공부시간이 우선 확보되는 학생이 아니라, 부모로, 자식으로, 또한 직장인으로 다양한 역할과 책임을 동시에 안고 있으면서 공부시간을 내야 하는 지금의 사회적 역할에 기인할 수도 있다.

식사를 할 때마다 밥상머리 주변에 밥과 반찬을 흘리는 중년 남성에게, 젊을 때는 안 그러더니 왜 그리 어린아이처럼 밥을 흘리느냐고 물었더니, 나이가 드니 생각할 게 많아 밥 먹는 것에만 집중할 수 없다고 했단다. 그저 우스갯소리로만 들을 수는 없는 이야기다. 우리는 얼마나 배움에 집중하고 있는가?

노년기에는 다분히 내게 강제적으로 주어지는 사회적 역할이 줄어들게 된다. 그만큼 나를 위한 시간과 노력을 확보할 여유도 생겨난다. 기억력이나 지능의 감소가 절대적이지 않다면, 나이를 먹으며 자연스레 쌓이는 다양한 인생 경험을 발판 삼아 새로운 성장의 기회를 잡아 볼 일이다.

무엇을 시작할까?

마음의 준비도 갖췄고 더 이상 지능이나 기억력 탓도 하지 않겠다면, 무엇부터 시작해야 하는 걸까? 어디서 뭘 배워야 하는지, 얼마나 배워야 하는지, 배우면 어디다 써먹을 수 있는지 막막하기만 하다.

노후준비나 노년기 교육의 중요성을 당연시하는 데 비해 그 방법을 안내해 주는 기관이나 프로그램은 안타깝게도 생각보다 많지 않다. 일부 컨설팅업체나 관련 교육기관에서 이에 대한 교육 프로그램을 간헐적으로 개설하고 있지만, 실제적이거나 구체적인 내용을 포함하고 있다고 단정하기에는 아직 이른 감이 있다.

다음 페이지의 표는 노년기에 무엇을 해야 할지 망설이는 사람들이 도움을 받을 수 있는 대표적인 프로그램들을 정리한 것이다.

노년기에 대한 막연한 두려움이나 선택의 망설임은 노인 또는 노화에 대한 정보의 부족에서 나오는 경우가 많다. 표에 소개된 프로그램은 노년기의 삶에 대한 개괄적 정보와 함께 노년기를 설계하기 위한 기본 지식을 안내해 주는 프로그램이다. 이러한 교육 프로그램들은 노년기 삶에 대한 자신의 청사진을 보다 분명히 하는 데 도움을 준다. 이를 통해 본인이 추구하는 노년기 삶의 방향이 정해지면 노년기에 학습하고자 하는 영역과 분야를 좀 더 구체적으로 가늠할 수 있게 된다.

보다 여유롭고 편안한 노년기를 준비하고자 결심한 이들은 여가와 휴식에 맞추어 이후의 학습 프로그램을 선택할 수 있고, 제2의 새로운 인생을 설계하고자 한다면 직업훈련교육이나 새로운 영역의 전문 지식을 배우는 학습 프로그램을 선택할 수 있을 것이다. 어떠한 학습을 할 것인지를 선택하기 전에, 본인이 꿈꾸는 노년기의 삶을 그려 보는 것이 우선이기 때문이다.

노년기 준비 프로그램

기관	프로그램명	내용	해당 사이트
희망제작소 해피시니어	행복설계아카데미	전문직 종사자들의 퇴직 후 NPO단체에서의 사회공헌 활동 유도 및 재교육(40~60대 대상)	http://happy.makehope.org
행복한은퇴연구소	은퇴설계전문가	은퇴에 대한 기본이념 및 은퇴지도 그리기 등 은퇴설계 전문가 양성 프로그램 운영	http://crpkorea.com
노인인력개발원	시니어경력개발 아카데미	잠재노인 대상의 노년기 변화 이해, 경력개발, 사회참여 준비 관련 강연 프로그램 운영, 매년 9월 개설	http://kordi.or.kr
	노후생애설계 교육 서비스(PBL)	고령 재직자 및 퇴직(예정)자 대상, 인생설계 프로그램	
한국방송통신대학교	노년기생애설계과정	노년기 이해 및 은퇴준비를 위한 생애설계 프로그램 교육과정, 온라인 진행	http://cle.knou.ac.kr
서울대 노화고령사회연구소	제3기 인생대학	중년기 이후 여생에 대한 이해 및 준비교육 과정	http://ioau3a.snu.ac.kr
서울시	어르신인문학강좌	역사, 철학, 문화, 소양 교육 등 노년기 행복한 삶을 위한 인문학 강좌	http://9988.seoul.go.kr/free/education

노인교육기관과 교육 프로그램

본인이 학습하고자 하는 영역과 분야를 구체적으로 가름하고 나면, 선택 가능한 교육 프로그램이 어떤 것이 있는지 살펴볼 수 있다. 시간과 장소에 구애받지 않고 배울 수 있는 원격교육기관의 온라인 교육과정이나, 직장이나 집 근처의 가까운 교육기관이나 복지시설의 프로그램 중 시간과 장소, 수강료 등 자신의 조건과 학습스타일에 맞는 과정을 취사선택할 수 있을 것이다.

다음은 노년기에 학습할 수 있는 교육과정이 운영되는 기관들을 개괄적으로 정리한 것이다. 각 기관의 특징에 따라 운영하고 있는 교육 프로그램에도 다소 차이가 나므로, 본인의 특성과 취향에 맞는 기관을 선택하는 것이 좋다.

대학 부설 평생교육원 및 평생학습 중심 대학

이미 대학을 졸업한 이후에도, 우리는 대학교육 수준의 질 높은 강의나 교육 프로그램을 원하는 대학에서 들을 수 있다. 성인학습자에게 수강기회를 열어 놓은 대학 부설의 평생교육원이나 평생학습 중심 대학을 통한 학습기회가 바로 그것이다. 대학의 평생교육 기능이 강화되면서, 그간 성인을 위한 교육과정이 많지 않았던 대학도 최근 들어 다양한 평생교육 프로그램을 운영하고 있다. 인문교양강좌를 포함한 교양교육과정과 자격증 과정 등이 활발하게 운영되고 있으며, 대부분의 평생교육원은 65세 이상 노인이 교육 프로그램을 수강할 경우 수강료를 지원해 주는 등 노인학습자를 위한 혜택을 주고 있다.

특히, 교육과학기술부와 평생교육진흥원이 성인학습자들에게 보다 많은 평생학습 기회를 제공하기 위해 전국 거점 대학을 중심으로 지난 2008년부터 지정한 평생학습 중심 대학은, 성인들을 대상으로 비학위과정과 개방형 정규교육과정 등을 운영하고 있다.

대구대학교 등과 같은 일부 대학교의 경우, 단과대학 수준의 평생학습 중심 대학을 설립하고 타 학과와 연계한 개방형 교육과정을 개설하여, 일반 성인들을 대상으로 한 평생교육 프로그램의 운영 사례를 보여 주고 있다(http://daegu.knlsys.net).

이들 대학 부설의 평생교육원 및 평생학습 중심 대학의 평생교육 프로그램은 이미 안정적으로 갖추어진 기존 대학의 교육시설과 교수자원들을 활용하기 때문에, 일정 수준 이상의 교육 프로그램과 강사의 질을 확보할 수 있다는 장점이 있다. 또한 교육 프로그램의 기획과 운영을 전문성 있는 평생교육사가 담당하고 있어, 보다 전문적인 교육 프로그램의 수강이 가능하다.

그러나 기본적으로 대학 학사과정과 비슷하게 운영되므로 과정당 진행 기간이 한 학기를 기준으로 운영되고, 학사관리 및 과정 수료 기준 등이 엄격하기 때문에 본인의 학습 스타일과 스케줄을 미리 감안하여 선택할 필요가 있다. 또한, 일반 사회복지시설에 비해 수강료가 다소 비싼 편이라는 것도 감안하여 확인해야 한다.

과거보다 노인들의 학력이 높아지면서 고등교육 수준의 교육 프로그램을 수강하려는 학습욕구가 늘어나고 있는 추세이며, 이에 따라 대학 부설 평생교육원의 교육 프로그램도 점차 증가하고 진화될 것으로 기대된다.

노인복지관 등 사회복지시설

대학 이외에 노인 대상의 프로그램을 가장 광범위하게 운영하고 있는 곳은 노인복지관과 사회복지관 등의 사회복지시설이다. 자치구마다 1개의 노인복지관과 종합사회복지관이 있으며, 정부나 지자체에서 예산 지원을 받고 있기에 여타 기관에 비해 보다 저렴한 비용으로 과정을 선택할 수 있다. 65세 이상 노인들에게 무료로 제공되는 과정도 다수 있다.

주로 건강증진 프로그램과 여가선용 프로그램들을 운영하고 있으나, 최근 들어 노인 재취업과 일자리 창출이 사회문제로 제기되면서 직업훈련 교육과정 등도 개설되고 있다. 사회복지시설의 프로그램들은 검증된 사회복지사들이 프로그램을 기획하고 운영하기 때문에 일정한 프로그램의 질 관리가 가능하다. 그리고 수강하는 프로그램 이외에, 기관을 이용하는 노인들을 대상으로 다양한 지원 서비스들을 시행하고 있기에, 보다 종합적인 서비스를 받을 수 있다는 장점이 있다. 또한 가장 많은 노인들이 이용하기 때문에 또래의 노인들을 가장 가까이 만나고 어울릴 수 있는 사랑방 같은 공간이 되기도 한다. 하지만 앞서 언급했듯이, 운영되는 프로그램이 교육보다는 건강과 여가증진 등에 중점을 두기 때문에, 교양교육 프로그램이나 전문 자격 취득을 위한 교육 프로그램 수강에는 한계를 지닌다.

종교단체에서의 노인교육 프로그램

나이가 들면서 종교를 새로 가지게 되었다거나, 예전보다 더 깊은 신앙생활을 하게 되었다는 사람들의 얘기를 많이 듣게 된다. 젊었을 때에 비해 사회적 역할이 줄어든 노인들은 종교생활을 하며 심리적인 위안을 받고, 또 이를 중심으로 한—교회나 절, 성당 등—사회적 관계에 많은 시간과 노력을 할애하게 된다. 이에 따라 종교시설을 중심으로 한 교육 프로그램 또한 많이 개설되어 운영된다.

천주교의 노인대학연합회와 기독교장로회의 노인교육연합회 등에서는 종교시설 내의 풍부한 자원을 활용하여 교양, 교육, 건강, 스포츠 등 다양한 프로그램들이 운영되고 있다. 예산 또한 기관의 지원으로 진행되기에, 종교시설 내에서 노인이 경제적인 부담 없이 원하는 교육을 받을 수 있도록 한다. 또한, 다른 기관에 비해 교육시설이나 교수자가 익숙하고 친근하기 때문에, 그동안 교육 프로그램을 수강하지 않았던 사람들도 비교적 수월하게 학습을 시작할 수 있다는 장점이 있다.

온라인 교육 프로그램

이상의 교육기관들이 오프라인에서 교수자와 학습자가 일정한 시간에 면대면으로 만나 특정한 장소에서 교육 활동을 진행한다면, 학습자가 본인의 학습시간과 장소를 임의로 선택할 수 있는 원격교육기관의 온라인 교육 프로그램을 택할 수도 있다. 성인학습자 대상의 대표적 원격교육기관인 한국방송통신대학교의 온라인 교육 프로그램이나, 최근 들어 많이 설립되고 있는 사이버 대학을 활용한 노인 교육 프로그램을 수강하는 것도 한 방법이 된다.

노인교육기관 선택 시 확인 사항

- 교육 프로그램의 분명한 선택 이유와 향후 활용계획
- 자신의 경제적 상황에 맞는 적절한 수강료
- 선택한 프로그램의 교육기간과 교육방법
- 교육장소와 거주지 및 직장과의 거리

즐겁고 재미있게

'여가(餘暇)'는 영어의 '레저(leisure)'나 우리말의 '짬'에 해당하는 용어로, 인간의 생물학적 생존이나 사회적 생존을 위해 필요한 시간, 즉 직업상의 일과 노동, 식사, 수면, 생리작용 등에 쓰는 시간 이외의 한가한 시간 혹은 자유로운 시간을 말한다. 교육학자 볼즈(Richard Bolles)는 인간의 삶에서 중요한 활동 영역을 교육, 일(노동), 여가 등의 세 가지로 구분하였다.

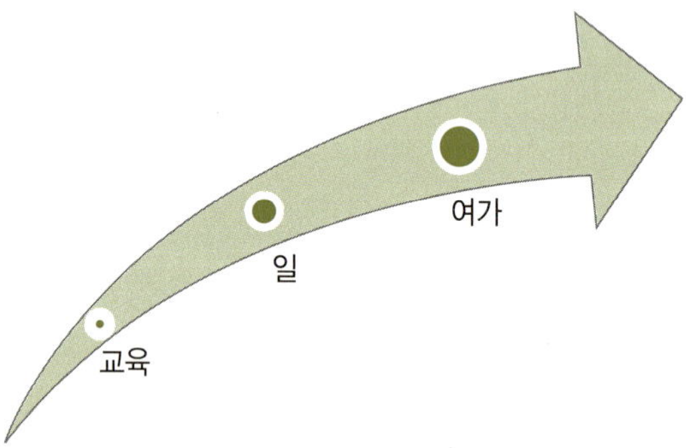

삶의 주요활동영역

현재 나는 이 세 가지 중에 어느 것에 치중해 있는가를 생각해 보자. 아마도 나이가 들수록 교육보다는 점차 일과 여가에 대한 비중이 커지고 더 많은 시간, 에너지, 노력을 기울이게 됨을 알 것이다. 특히 노년기는 '노년이 곧 여가'로 간주될 정도로 여가를 어떻게 보내는가, 즉 무엇을 할 것인가가 그 어느 시기보다 더 중요해진다. 여가는 하지 않으면 안 되는 직업적 '일'과 달리, 스스로 선택하여 자신의 시간을 의미 있게 구성할 수 있기 때문에 유의미한 시간이며, 이를 통해 자신을 이해하고 자신의 능력과 가능성을 확인해 볼 수 있는 기회의 시간, 또한 통합적인 삶으로 나아갈 수 있는 성숙의 시기이기도 하다.

특히 중 · 노년기의 여가 활동은 다음과 같은 장점이 있다.

- 현대사회에서 겪게 되는 역할 상실과 소외감으로 인한 정서적 문제를 극복하는 해결책이다.
- 가정과 지역사회의 중요한 구성원으로 인정받을 수 있는 새로운 역할을 부여한다.
- 노인의 다양한 욕구를 충족시켜 줄 수 있다.
- 자기의 능력을 발휘할 수 있는 기회를 제공한다.
- 적극적이고 생산적인 여가 활동은 개인적으로는 신체 및 정신건강, 삶의 질을 향상시키며, 사회적으로는 노인에 대한 긍정적인 이미지를 확립시켜 사회통합을 기대할 수 있다.

그동안 한국사회에서는 '경제성장'과 '출세'라는 사회적 · 개인적

과제를 성취하기 위해 '일'에 몰두하다 보니 상대적으로 '여가'에 대한 관심이나 활동이 미흡했었지만, 2004년부터 시작된 주 5일 근무제 시행과 관련하여 '여가'에 대한 관심이 높아지게 되었고, 늘어난 여가시간을 '어떻게 보낼 것인가' 하는 문제가 '삶의 질'과 관련하여 개인적 · 사회적인 주요 관심사가 되었다. 이 절에서는 중년기 이후부터의 여가생활을 어떻게 하면 좋을지에 대해 시간관리, 취미생활, 여행 등의 세 부문으로 나누어 살펴보고자 한다.

시간관리

고령화 사회에서의 성공적인 노년을 결정하는 중요한 열쇠가 여가시간을 어떻게 보내는가에 달려 있다고 해도 과언이 아니다. 그만큼 노년기의 여가시간과 여가활용이 중요한 문제로 대두되고 있다. 앞에서 잠깐 언급했듯이, 성인이 되기 전에는 교육 활동을 주로 한다면, 성인의 활동은 일과 여가에 초점이 맞춰져 있고 대부분의 경우 '일'에 무게 중심을 두게 된다.

종교심리학자인 워더 헤드는 인간의 수명을 70세로 잡고 하루 24시간 중 잠자는 시간 8시간을 뺀 나머지 16시간을 사람의 인생에 대입하여 나누었다. 그에 의하면, 아침 7시에 일어나고 저녁 11시에 잠자는 것으로 계산하여, 갓 태어난 아기는 아침 7시, 10세는 9시 17분, 15세는 10시 26분, 20세는 11시 34분, 25세는 12시 42분, 30세는 13시 51분, 35세는 15시 00분, 40세는 16시 08분, 45세는 17시 16분, 50세는 18시 25분, 55세는 19시 34분, 60세는 20시 42분, 65

세는 21시 51분, 70세는 늦은 밤 23시가 되며, 곧 잠자리에 드는 23시는 영원한 안식을 의미한다.

그러나 2010년 현재 한국인의 평균 수명은 약 80세다. 따라서 인생 100년이 현실로 나타났고, 120세까지는 무난하다는 의견도 나오고 있다. 그런데 80년은 시간으로 환산하면 700, 800시간이다. 이 중 누구에게나 공통적으로 주어지는 먹고 마시고 잠자는 등의 필수 생리시간 32만 시간(45.7%), 하루에 8시간씩 주 5일을 30년 동안 일한다고 할 때의 일하는 시간은 62,400시간이지만(9%), 주어진 환경에 따라 얼마간 차이가 있겠지만, 살아가기 위해 일하는 순수노동시간을 계산하면 4만 시간(5.8%)이다. 그 나머지 여가시간은 34만 시간(48.5%)으로 거의 인생의 절반 수준이다. 우리가 인생에서 가장 중요하게 생각하고 열정을 쏟아 마땅한 것이다.

그러므로 우리 삶에서 여가를 '어떻게' '잘' 보낼 것인가와 더불어 각자에 맞게끔 시간구성을 안배하는 것이 매우 중요하다. 많은

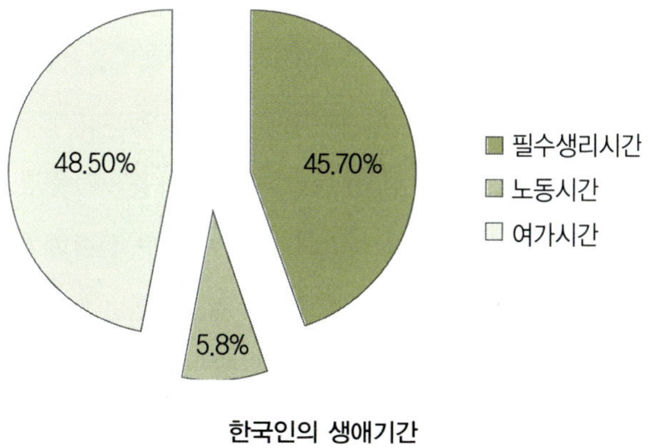

한국인의 생애기간

여가학자들이 여가교육의 정도가 선진국과 후진국을 가늠하는 잣대가 된다고 주장하고 있으며, '핵' '인구' '식량'과 함께 '여가'를 인류의 4대 위기에 포함시켜 그 중요성을 강조하는 것도 이 때문일 것이다.

따라서 육체적 · 정신적인 힘의 활용 여부, 실내 · 외 혹은 국내 · 외 등의 활동 장소 등을 고려하여 자신의 라이프스타일(life style)에 따라 하루, 일주일, 월, 연 단위와 같이 시간을 배분하는 것이 좋을 것이다. 그렇다면 자신에 맞게 자신만의 개성이 넘치는 멋진 여가시간표를 만들어 보자. 먼저, 다음에 나오는 항목에 체크해서 적어 보기로 한다.

① 나는 지금 취미 활동을 하고 있는가? 하고 있다면, 어떤 것인지 적어 본다.
② 이제까지 시간적 · 경제적 · 상황적 여유가 없어서 취미 활동을 하지 못했지만, 평소에 하고 싶었던 것이 있었다면 그 목록을 적어 본다.
③ 목록에 적힌 취미 활동이 (시간, 에너지, 경제적 능력을 고려하여) 가능한 순서를 단계적으로 배열한다.
④ 시간을 하루, 일주일, 한 달, 봄 · 여름 · 가을 · 겨울의 사계절, 일 년 등으로 나누어, 각 시간과 시기에 맞는 적절한 취미 활동을 분류해서 넣는다.
⑤ 취미 활동을 시간과 영역으로 분류한 다음, 체크리스트를 만든다.

⑥ 체크리스트는 보이는 곳(수첩, 책상 위 등)에 두어 제대로 실천에 옮겼는지 수시로 확인하도록 한다.

⑦ 가족, 친구, 이웃들과 함께 취미 활동을 하면 그 효과는 더 커진다는 것을 기억하라!

취미생활

로마의 시인 오비디우스는 "취미가 그 사람을 말한다."고 했다. 그 사람이 누리는 취미 활동을 보면 그의 성격과 삶의 스타일까지도 알 수 있다는 말일 것이다. 자신의 취향에 따라서 운동이나 여행처럼 육체적인 에너지가 필요한 활동에 관심을 가진 사람이 있을 것이고, 조용하고 정적인 활동이 더 적합하다고 여기는 사람도 있을 것이다. 어쨌든 노년에 접어들어 갑자기 취미생활을 하기란 쉽지 않기 때문에, 노후에 무엇을 할 것인지에 대해 미리 생각해 두고 지금부터 서서히 취미 활동을 시작한다면 훨씬 더 풍요로운 노년을 즐길 수 있을 것이다.

2002년 국토연구원에서 발표한 보고서에 의하면, OECD 국가 중 한국인의 근로시간이 가장 많은 것으로 나타났다. 또 통계청의 2004년 사회통계조사에 따르면 여가 활동에 대한 만족도가 2002년의 31.6%에서 2004년 27.3%로 오히려 낮아졌다. 이는 한국인들의 삶이 여전히 '일' 중심적이고, 따라서 여가를 어떻게 보내야 할지에 대해 잘 모르거나 여가 활동의 영역이나 범위에 대한 정보가 충분하지 않음을 말한다. 과거에는 신분, 나이, 계절에 따라 취미생활이 달랐지만, 오늘날에는 마음만 먹으면 언제, 어디서, 무엇이나 하고 싶은 것을 할 수 있는 시대가 되었다. 따라서 가장 쉽고 즐겁게 접할 수 있는 것부터 시작하는 것이 바람직하다. 취미 활동은 다음과 같이 신체 영역, 지적 영역, 예술 영역, 오락 영역, 사회 영역 등으로 구분할 수 있다.

영역별 취미 활동의 종류

영역 구분	활동 종류
신체 활동	스포츠(골프, 등산, 수영, 사이클, 스키, 탁구, 테니스 등), 낚시, 사냥, 하이킹, 소풍 등
지적 활동	독서, 글쓰기, 컴퓨터 활용, 외국어 공부, 조사, 수집 등
예술 활동	미술, 문학, 수공예, 연극, 음악 등
오락 활동	놀이, 게임 등
사회 활동	자원봉사, 사회사업 등

다음은 한국 문화체육관광부에서 소개하고 있는 공공여가시설과 그곳에서 제공하는 각종 프로그램들이다.[1] 공공여가시설은 우리 주변에서 무료 혹은 저렴한 비용으로 이용하기에 알맞은 접근성과 편리성을 갖고 있다는 장점이 있다.

1) http://www.mcst.go.kr/web/dataCourt/research/researchView.jsp?pSeq=256

공공시설의 여가 프로그램

영역	시설 구분	시설 성격 및 프로그램 종류
건강	농어민문화 체육센터	• 농어민을 위한 체육문화시설 –다목적 체육관, 회의실, 체력단련실, 스포츠 취미교실, 전시실, 청소년실, 간이체육시설 등
	국민체육센터	• 국민 누구나 값싸고 손쉽게 이용할 수 있는 도시형 종합 체육공간 –다목적 체육관, 체력단련장, 수영장 등
	청소년 수련관	• 청소년을 위한 실내운동 공간 –학교와 연계한 클럽 활동이나 특기, 적성 프로그램 –음악회, 전통문화학교 등과 다양한 캠프 프로그램 –청소년 동아리 유치 및 지원
	생활체육공원	• 거주지 주변의 체육 활동과 휴식을 겸할 수 있는 다목적 복합공간
문화	문화의 집	• 생활 속에서 문화예술을 이해하고 체험, 참여 –문학강좌: 독서지도, 문학감상회, 동화구연, 글쓰기 등 –문화예술: 문예창작, 미술, 서예, 한국화, 국악 등 –어학 및 컴퓨터: 생활영어, 중국어, 한문, 컴퓨터 등 –생활문화: 영화 · 공연 · 전시 감상, 종이공예 등 –생활체육 및 건강: 요가, 에어로빅, 스포츠교실 등
	문예회관	• 공연 · 전시 · 행사를 주목적으로 운영하는 종합문화공간 –연극, 무용, 오페라 등 공연행사 및 전시회
	박물관	• 역사 · 고고 · 인류 · 민속 · 예술 · 동물 · 식물 · 광물 · 과학 · 기술 · 산업 등에 관한 자료를 수집 · 관리 · 보존 · 조사 · 연구 · 전시하는 시설 –상설 전시 및 특별기획전시, 문화강좌, 박물관 교실
	미술관	• 박물관 중에서 특히 서화 · 조각 · 공예 · 건축 · 사진 등 미술에 관한 자료를 수집 · 관리 · 보존 · 조사 · 연구 · 전시하는 시설 –전시, 미술 강좌, 미술교실 등

<table>
<tr><td rowspan="3">복지</td><td>주민자치센터</td><td>• 읍 · 면 · 동 사무소를 활동한 주민 문화복지시설
–문화예술: 서예, 회화 등
–생활체육: 스포츠댄스, 에어로빅, 헬스, 스포츠교실 등
–건강: 단전호흡, 수지침, 발건강, 요가 등
–생활문화: 가요교실, 종이공예, 꽃꽂이, 바둑 등
–어학 및 컴퓨터
–공부방, 동아리방 운영</td></tr>
<tr><td>노인복지회관</td><td>• 노인들의 복지증진과 여가활용을 위한 다양한 프로그램
–노인대학, 노인교실, 노인학교
–한글, 영어, 한문 등의 어학 프로그램
–생활체육 및 건강, 수지침, 건강 체조, 에어로빅 등
–생활문화: 노래교실, 바둑 등
–전통문화: 장구 및 고전무용</td></tr>
<tr><td>사회복지관</td><td>• 지역사회복지를 중심으로 문화복지 프로그램 운영
–주민사회교육 및 취미교실
–부녀자 교양 교육 및 취미교실
–노인사회교육 및 여가지도(노래, 체조, 운동, 교육 등)</td></tr>
</table>

여행

흔히 인생을 삶의 여정(旅程)으로 비유한다. 중국의 소설가 루쉰(魯迅)의 소설 『고향』에는 다음과 같은 글귀가 있다.

> 원래 땅 위에는 길이 없었다.
>
> 걸어가는 사람들이 많아지면 그게 곧 길이 되는 것이다.

사람마다 인생여정이 다르다. 제각기 떠나는 길, 길에서 만나는 사람, 그리고 목적지까지 다다르는 시간 등 우리의 삶은 저마다 다른 모습을 하고 있다. 마찬가지로 우리가 살면서 가끔 여행을 떠나는 것은 좀 더 나은 삶을 누릴 활력을 얻기 위함일 것이다. 여행을 떠나는 목적은 제각각 다르겠지만, 떠나기 전 준비를 하면서 느끼는 설렘은 여행의 큰 즐거움이며, 어쩌면 여행의 궁극적인 목적은 무사히 제자리로 돌아와, 멈추었던 자신의 인생여정을 새로운 기분으로 다시 시작하는 것일는지도 모른다.

88서울올림픽이 개최된 이후 여행자유화가 시행되면서, 일부에게 한정되었던 해외자유여행이 본격화되었다. 여행 전문 신문이 발간되고, 여행안내 및 정보를 담은 도서들이 불티나게 출판되었으며, 해외여행 전문 여행사들이 우후죽순 늘어나면서 일반인들은 물론 학생들의 해외여행도 대중화되었다. 해외여행 도중 보고, 듣고, 느낀 점을 담은 기행도서들이 베스트셀러가 되고, 우리나라에 새로운 길이 만들어지기도 했다. 산티아고 순례를 다녀온 여행자가 만든 제주올레길이 그 예다. 이것은 우리 스스로도 여행을 통해서 '아무도 가지 않은 길'을 만들 수 있나는 사실, 즉 내가 먼저 걸어가면 길이 된다는 것을 말해 준다.

아마 아이들이 훌쩍 커버려 더 이상 잔손이 덜 가는 중년기 이후부터는 얼마간 시간적 · 심리적 여유가 생기고, 어디론가 여행을 떠나 새로운 풍경과 사람을 보고 싶다는 생각이 들 것이다. 그러면서도 주저하게 되는 것은, 여전히 일상에서 벗어나는 일에 대한 약간의 두려움과 함께 여행 경비라는 경제적 부담 때문일 것이다.

그런데 틀에 박힌 일상에서 벗어나 신선한 삶의 활력소를 얻고자 하더라도 아무 계획 없이 무턱대고 떠날 수는 없다. 따라서 우선 자신이 여행하고 싶은 곳들의 목록을 적고, 우선순위를 매겨 정렬시키는 것이 좋다. 우선순위는 지역, 계절, 비용, 접근 용이성 등을 고려해 정하는 것이 좋다.

필자의 지인 한 분은 틈날 때마다 짧은 등반여행을 떠나곤 했다. 등산안내책자를 한 권 사서 나름대로 순서를 정하여 차례로 산을 오르고, 등반한 날짜를 적어 두어 똑같은 산을 다시 올라갈 때는 이전의 기억을 새롭게 떠올리기도 했다. 또한 계절의 묘미라든가 등반과 그 지역에 대한 감상 등을 메모하여 등산일기를 썼다. 나중에 그 책자에 소개된 산을 다 오른 후, 등산일기를 에세이로 묶어 가까운 지인들에게 선물했다. 스스로의 취미생활과 짧은 등반여행의 경험이 지인들에게는 좋은 여행 정보가 됨은 물론이다.

다른 모든 활동도 그렇겠지만, 여행 역시 자신의 건강 상태, 재정 상태, 상황 등을 고려하여 계획을 잘 세우는 것이 중요하다. 절대 무리를 해서는 안 된다. 무리를 하면 자칫 여행에서 느껴야 할 것들을 제대로 보고, 듣고, 접하지 못할 수 있고, 돌아와서 그 후유증으로 생활의 리듬과 균형이 깨져 버리는 탓에, 삶의 활력소가 되기는커녕 다시 적응하는 데 어려움이 따를 수 있다. 따라서 여행의 목적에 맞게 여행지를 선택하고 계획을 세워 여행의 즐거움을 통해 삶의 의미와 살아갈 힘을 충전하도록 한다.

우아하고 멋지게

어떤 사람은 치매가 '옷깃'에서부터 시작된다고 말한다. 나이가 들어도 그만큼 자신의 몸가짐에 신경을 쓰라는 말일 것이다. 젊은 사람과 나이든 사람들의 가장 큰 차이는 바로 '타인의 눈을 얼마나 의식하는가?' 하는 정도의 차이로 보인다. 나이 든 중년의 모습이 산뜻하게만 보이지 않는 것도, 중년의 사람들이 젊은 사람들에 비해 상대적으로 자기관리에 소홀하기 때문일 것이다. 다림질이 덜 간 셔츠, 주름이 무디어진 헐렁한 바지, 스타킹 속에 훤히 비치는 속내의, 유행이나 옷차림과 겉도는 빨간 립스틱과 숯검정 눈썹문신 등… 이런 모습의 중년도 한때는 더 멋있게, 더 예쁘게 보이려고 노력했던 청춘의 남녀들이었음을 그 누가 알 수 있으랴만… 그 사람의 이미지는 대체로 첫인상에서 결정되고, 첫인상은 불과 7초 만에 인식된다고 한다.

요즘 드라마를 통해 등장하고 있는 루비(RUBY)족은 우리 머릿속에 고정된 중년의 이미지를 바꾸어 놓은 새로운 용어다. 이 용어는 상쾌한(Refresh), 평범하지 않은(Uncommon), 아름다운(Beautiful),

젊은(Young)이란 수식어가 40~50대의 중년 여성들에게도 충분히 어울린다는 것을 나타내고 있다. 드라마 속 중년 여성들이 젊은 시절 못지않게 외적 아름다움은 물론 내면의 성숙을 추구하며 진취적인 삶의 자세를 보여 줌으로써, 드라마를 시청하는 사람들에게는 신선한 충격을, 중년 여성들에게는 용기를 불어넣었다. 그러므로 매력적인 중년과 아름다운 노년을 맞고 싶다면, 지금부터 일상생활 속에서 연습과 훈련을 충분히 하지 않으면 안 된다. 이 절에서는 좋은 인상과 아름다운 이미지를 위한 팁을 소개하고자 한다.

깨끗하게 맑게 자신 있게!

어린 손자를 안아 주려 했지만 냄새가 나서 싫다는 소리에 충격을 받았다는 어느 노인의 이야기를 들은 적이 있다. 냄새의 종류는 약 50만 종에 이르는데, 그중에서 인간이 맡을 수 있는 것은 2,000~4,000종 정도라고 한다. 후각상피에 나 있는 섬모는 냄새를 감지해 전기신호로 바꿔 뇌로 보낸다. 공기 중을 떠돌던 냄새 분자는 콧속 가장 깊숙한 후각상피에 도달한다. 후각 정보를 두뇌로 보내는 직통 회선이 있어 뇌는 냄새에 매우 빠르고 강하게 반응한다. 예를 들어, 아직 청각과 시각이 덜 발달한 갓난아기가 냄새로 엄마를 알아본다든지, 음식 맛의 78%는 음식 냄새가 좌우한다든가, 공기의 냄새만으로도 날씨 변화를 예측할 수 있다고 한다. 실제로, 코를 막고 입으로만 씹을 경우 사과 맛과 오이 맛을 구분할 수 없다고 한다.

노인 냄새는 구리다!

노인들에게서만 나는 특유의 냄새를 '노인 냄새'라고 한다. 노인 냄새의 원인은 여러 가지로 추정된다. 나이가 들면 땀샘의 작용이 감소하여 땀 때문에 생기는 냄새는 줄어드는 반면, 40세가 넘은 중년의 피부에선 이전에는 전혀 검출되지 않았던 '노네날(nonenal)알데하이드'란 물질이 분비되어 몸에서 퀴퀴하고 비릿한 이상한 냄새가 난다. 전문가들에 따르면, 나이가 들면 신진대사 능력이 감소해서 피부에서 분비되는 과산화지질과 불포화지방산이 증가하는데, 이때 지방산이 완전히 연소되지 못하여 쌓인 물질인 노네날알데하이드가 바로 노인 냄새의 주범이다. 노화가 진행될수록, 스트레스를 많이 받을수록 노인 냄새는 심해진다고 한다.

나이가 들면 후각 기능이 떨어져 자신의 몸에서 나는 냄새를 잘 맡을 수 없는 데다 노인은 활동량이 적어 땀이 잘 나지 않으므로 필요성을 느끼지 못하기 때문에 자주 씻지 않는 경우가 많다. 따라서 습관적으로라도 자주 샤워를 하거나 옷을 갈아입고, 거처하는 공간을 자주 환기시켜 쾌적함을 유지해야 한다. 만약 거동이 불편해 신체 활동이 자유롭지 않다면, 레몬즙에 적신 수건으로 신체 구석구석을 닦으면 피부에도 좋고 냄새를 줄일 수 있어 효과적이다.

요실금, 변실금: 그 치명적 서러움!

나이가 들면 방광 근육과 벽이 두꺼워지고, 이로 인해 방광의 확장 능력이 감소하기 때문에 방광 안에 저장할 수 있는 소변의 양이 350~400ml에서 250~300ml로 감소한다. 특히 중년 여성의 경우

나이가 들면 크게 웃거나, 재채기를 하거나, 놀라거나, 격한 운동을 할 때 방광이 압박을 받으면 소변이 새어 나오는 '요실금' 현상이 흔하게 나타나며, 또한 더 나이가 들면 항문 근육과 신경, 골반 신경이 약화되면서 변이 조금씩 새서 속옷에 묻는 '변실금' 현상도 나타난다. 요실금이나 변실금은 그 원인에 따라 약물치료, 수술치료, 전기치료, 행동치료 등을 행하는데, 수술 효과가 좋은 요실금과 달리 변실금은 수술 후 재발 가능성이 높아 약물치료를 주로 한다고 한다. 중년기 이후의 남성들 역시 전립선비대증으로 인해 소변을 볼 때 속옷에 소변이 묻는 경우가 많은데 이것도 노인 냄새의 주요한 원인이 된다.

피하고 싶은 구취

구취도 노인 냄새의 한 원인이 된다. 구취는 대체로 혀의 아래쪽이나 목과 편도선 부위에 서식하는, 산소를 싫어하는 혐기성 박테리아에 의해 발생하는 황화물에 의해 나타난다. 이 박테리아는 죽은 구강세포를 분해하는 화학적 역할을 하는데 이러한 화학작용의 부산물로 발생되는 휘발성 황화합물질인 황화수소(썩은 달걀 냄새), 메틸메르캅탄(양파나 땀에 젖은 양말 냄새), 혹은 카다베린이나 푸트레신 등과 같은 화합물이 입 냄새를 일으킨다.

입안의 침 성분은 이런 세균의 증식을 억제하는데, 나이가 들면 침샘의 기능이 떨어져 구강건조증이 오기 쉽고, 이 때문에 세균의 증식이 억제되지 않아 구취가 더 심해지는 것이다. 따라서 식사 후에는 반드시 양치질을 하고, 음식을 먹고 나서는 치아와 틀니 등에 이물질이 남아 있지 않도록 한다. 최근에는 틀니 전용 세척용품이 있어서 관리도 훨씬 용이하다. 무엇보다 정기적으로 치과진료와 구강건강 관리에 신경을 써야 한다.

음주, 흡연, 안녕~!

음주와 흡연은 구취뿐만 아니라 몸 냄새에도 영향을 미친다. 술과 담배를 자주 하다 보면 몸에 배게 되어 불쾌한 냄새가 쉽게 사라지지 않는다. 특히 담배에 포함되어 있는 여러 가지 유해 성분은 구강 내 혀, 잇몸, 입천장 등 여러 부위의 상피세포들을 각화 혹은 괴사시켜 악취를 유발한다. 또한 음주 후 술은 아세트알데히드로 분해된 후 다시 아세트산으로 바뀌는데, 이렇게 분해된 산물들이 혈액을 따라 돌다가 호흡을 하는 과정에서 입 밖으로 나오는데 이때 역겨운 냄새가 나게 된다.

기타

전문가들에 의하면 몸에 특정한 병이 있을 때도 냄새가 난다고 한다. 예를 들어, 몸에 케톤산이 증가하면 시큼한 냄새가 날 수 있는데 이때는 당뇨병을, 말을 하거나 숨을 쉴 때 암모니아 냄새가 나면 만성 신장기능의 장애를 의심해 봐야 한다. 또한 폐렴이나 다른 여러 감염성 질환이 생긴 경우에도 몸에서 냄새가 날 수 있다고 한다. 따라서 정기적인 진료를 받는 것이 병의 예방은 물론, 일상생활에서 여러 사람들과 함께 살아가는 데 불편이나 소외감을 느끼지 않는 방법이다.

의복의 선택

'옷이 날개'란 속담이 있다. '옷이 그 사람을 말한다'고 할 만큼 취향, 신체조건, 사회적 지위, 직업, 만나는 사람 등에 따라 선택하는 옷의 스타일도 다르다. 그런데 백화점이나 시장에 가면 특별히 노인들을 위한 코너가 따로 마련되어 있는 경우가 거의 없다. 대체로 여성의 경우는 '부인복' 코너가 있기는 하지만, 연령 폭이 넓은 여성 노인층의 욕구를 수용하기에는 부족하며, 남성 노인들은 그나마 그러한 코너도 따로 없다. 아마도 이는 이제까지 노인들을 주 소비층으로 보지 않은 때문일 것이다. 그러나 최근 신노인층의 경제력과 높은 구매력은 이미 학계에서도 이전 노인과의 차별성으로 간주되고 있는 실정이어서, 앞으로 노인들의 패션 감각과 요구에 부응하고 좀 더 밝고 화사한 모습의 이미지를 창출할 수 있는 다양한 디자인의 옷들이 만들어지기를 기대해 본다.

겉옷

연령에 따라 옷을 선택하는 기준이 달라진다. 젊었을 때는 몸매에 신경을 쓰기 때문에 불편해도 꽉 죄는 옷을 입지만, 나이가 들면 좀 더 편안하고 혈액순환이 잘 되도록 자신의 신체 사이즈보다 약간 큰 옷을 선호하게 된다. 따라서 본인의 취향에 따라, 그리고 몸에 무리를 주지 않으면서 동시에 자신의 개성을 살리는 것이 중요한데, 무엇보다 노화에 따른 신체 변화를 고려하여 선택하도록 한다.

나이가 들면 체지방이 증가하여 배가 나오고 동시에 허리선이 없어지게 되므로 일부러 몸매를 살리기 위해 불편한 옷을 입기보다는 고무줄이 들어가거나 편안한 스타일의 옷을 선택한다. 노인들이 벨트 대신 멜빵을 선호하거나 투피스 대신 원피스를 입는 이유도 편안함을 위해서다.

중년을 넘기며 유연성이 떨어지므로 될 수 있는 대로 입고 벗기 쉬운 옷, 가벼운 옷을 선택하는 것이 좋다. 특히 날씨가 추울 때는 두껍고 무거운 옷보다는 얇은 옷을 겹쳐 입는 것이 보온 효과도 더 높다.

노인들에게 나타나는 황반변성의 경우에는 푸른 색 계열의 색깔을 구별하지 못하게 되는데, 이는 안전상의 위험을 초래할 수도 있다. 따라서 색상 선택에 있어서도 푸른 색 계통보다는 붉은 색 계통의 옷을 선택하는 것이 좋다. 따라서 무채색이나 푸른 색 계열의 옷보다는 밝고 붉은 색 계통의 옷을 선택해 젊고 활력 있는 이미지로 자신을 표현하도록 한다.

속옷

속옷의 기능은 우리 몸의 안전과 건강을 지키는 데 있다. 그러나 최근에는 이러한 기능만으로 속옷을 구매하지는 않는 추세다. 중고령 여성들조차 일명 '할머니 팬티'를 외면하고 있다. 시대가 바뀐 만큼 중고령층의 소비욕구나 취향도 과거와 비교할 수 없을 정도로 변화하고 있는 것이다.

중년으로 접어들어도 여전히 신경 쓰이는 것이 몸매다. 특히 불어난 배와 허리를 보완해 줄 수 있는 '보정 속옷'은 단연 인기다. 요즘에는 보정 속옷도 여러 종류와 형태로 나와 있고, 디자인도 단순한 것에서부터 화려한 디자인까지 고객들의 다양한 취향에 맞추고 있다. 또한 예쁜 디자인에 큰 사이즈의 제품, 활동성이 좋은 면(綿)에 신축성이 뛰어난 스판덱스 소재를 함께 사용한 제품 등이 시판되고 있어 노화에 따른 신체적 특징 변화에 발맞추고 있다. 따라서 속옷을 고를 때 다음의 사항을 참고하는 게 좋다.

- 사이즈: 노화에 따라 혈액순환이 원활하지 못하면 몸에 가해지는 작은 압박에도 민감해지기 쉽기 때문에 평소 몸매 보정을 위해 선택하던 것보다는 조금 큰 사이즈를 골라 몸을 자유롭고 편안하게 해 주는 것이 좋다.
- 보온: 사이즈와 더불어 신경 써야 할 부분은 바로 '보온'이다. 나이가 들면 호르몬 분비 양상이 달라지면서 온도 변화에 따른 몸의 반응이 늦어져 추운 날씨에는 몸이 갑자기 차가워지고, 반대로 더운 날씨에 지나치게 땀을 흘리기도 한다. 시니어 세대의 란제리로는 길이가 길면서도 넓은 면적을 커버해 보온에 신경을 쓴 제품을 선택하는 것이 좋다.
- 소재: 흡습성이 높은 면 소재가 가장 좋다. 땀이나 분비물 등이 빨리 흡수되지 않으면 피부가 짓무르는 등의 문제가 생길 수 있기 때문이다. 그러나 면 소재는 신축성이 적기 때문에 스판덱스 소재를 함께 사용한 제품을 선택하면 활동량이 큰 운동을 할 때도 편하게 착용할 수 있다.

신발

외출할 때 신는 신발 역시 신체적 변화를 고려해 선택할 필요가 있다. 특히 바깥 활동에 필요한 것인 만큼 다음의 유의사항을 참조하기 바란다.

- 일단 신발은 가벼워야 한다.
- 나이가 들면 몸을 앞으로 숙이거나 주저앉을 때 심장을 압박할 수 있으므로 신고 벗기 편해야 한다. 따라서 끈보다는 조작이 간단한 후크, 매직테이프 등으로 되어 있는 것이 좋다.
- 나이가 들면 발에 지방이 적고 땀 분비가 감소해 차가워지므로 보온성을 중시해야 한다. 특히 발가락 부분의 보온에 신경을 써서 신발을 골라야 한다.
- 발등 부분도 여유가 있는 것이 좋으며 단단히 조이지 않는 제품이 좋다.
- 굽(힐)의 높이는 2~3cm가 적당하며, 바닥이 평평한 것이 좋다.
- 발 끝 부분은 넓고 둥글어서 살 섞혀시고 발가락 부분의 여유가 있는 것이 좋다.
- 신발 바닥은 부드러운 소재로 굴곡성이 좋고, 접지 면적이 넓으며, 잘 미끄러지지 않는 창으로 되어 있는 것이 안전에 좋다.
- 겨울용으로는 복사뼈 위쪽의 뼈를 보호하고 안정시키기 위해 낮은 부츠가 좋다.

피부 관리 및 화장

영국 속담에 "남자는 마음으로 늙고, 여자는 얼굴로 늙는다."는 말이 있다. 그러나 최근에는 남성들도 피부 관리에 꽤 신경을 쓰는 편이고, 남성 전용 화장품이 인기를 모으며 어느새 여성의 전유물이었던 화장에 열중하는 남자들도 심심치 않게 보인다. 중년 여성들 사이에서 루비족이 나온 것처럼, 중년 남성들 사이에서는 '꽃중년'이 등장했다. 이제 중년의 아저씨들도 기초화장이나 향수, 노화방지 제품을 사용하고 있는 것은 현대사회가 젊음과 외모에 더 치중하고 있음을 반영한다.

'한 손에 막대 잡고 또 한손에 가시 쥐고, 늙는 길 가시로 막고 오는 백발 막대로 치렸더니, 백발이 제 먼저 알고 지름길로 오더라.'는 옛 시조처럼, 노화를 막을 수는 없지만, 조금만 신경을 쓰고 노력한다면 노화를 얼마간 늦출 수도 있다. 그렇다고 젊은 사람들과 똑같이 팽팽한 얼굴로, 날씬한 몸매를 유지한다는 것은 과욕이지만… 자칫 젊은 사람들과 경쟁하듯이 외모에 신경을 쓰다 보면 인위적인 성형수술이나 피부미용치료에만 의지하게 되고, 결과에 만족하지 못할 경우에는 심리적인 우울증으로 연결될 수도 있다. 따라서 일상에서 할 수 있는 간단한 방법을 통해 자연스러운 아름다움을 유지하도록 하는 것이 좋다.

피부 관리

중년기에 접어들면서부터 피부는 차츰 건성화되어 보습력이 떨어지는 것을 실감하게 된다. 더욱이 면역력 저하에 따라 피부질환으로 이어질 뿐만 아니라 스트레스에 의한 피부의 피로 현상까지 겹쳐진다면 더욱 심각한 문제다. 그래서 흔히 중년기의 피부 관리시간이 더 길어지게 되지만, 중년기 초기에 세심하게 신경을 쓴다면, 노력한 보람은 노년기에도 지속되어 좀 더 젊은 피부를 간직할 수 있게 된다.

중년기에 나타나는 피부 변화의 일반적 증상은 얼굴의 잔주름, 탄력 저하, 피부질환으로 인한 회복력 저하, 두드러지게 나타나는 눈 밑 기미, 조금만 피곤해도 얼굴이 붓는 현상, 광대뼈 주위의 기미와 홍조 현상 등이다. 그런데 이러한 증상들에 대해 피부만의 치료로 좋은 결과를 기대하기는 어렵다.

중년기에는 스트레스와 함께 소화기관과 내장기관의 기능 저하가 피부에 변화를 일으켜 피부 관리에 어려움이 따르기 때문이다. 따라서 신체 내부기관의 치료와 병행하여 촉촉한 피부를 위해 보습력이 있는 수분크림과 피부에 탄력을 주는 영양크림을 꾸준히 사용한다면 도움이 될 것이다. 한 가지 유의할 것은 중년기에 미백제품을 과용하면 피부가 오히려 건조해질 수 있다는 것이다.

노화 관리

중년에 피부 관리에 더 신경을 써야 하는 이유는 노화를 지연시키기 위함이다. 거울을 볼 때마다 눈에 띄는 점, 잡티, 검버섯을 보고 유쾌한 기분이 들 사람은 없을 것이며, 특히 중년의 여성이라면 심리적인 우울까지도 겪을 수 있다. 그러나 평균 수명이 늘어나는 만큼 의학기술의 발전도 놀라우리만큼 빨라져, 중년을 슬프게 하는 잡티와 검버섯과 같은 침착된 색소는 아무리 깊고 크다 할지라도 레이저로 간단히 없앨 수 있게 되었다.

피부 노화는 크게 세 가지로 나타나는데 첫째, 표면(표피층)의 각질화다. 둘째, 진피층의 탄력 세포와 콜라겐이 줄면서 탄력이 감소한다. 셋째, 피하 지방층 함몰 등으로 피부가 꺼져 보인다. 나이가 들면서 피부가 거칠어지고 팔자 주름, 잔주름, 눈 밑 주름 등이 눈에 띄는 것은 바로 이 때문이다. 특히 여성은 여성호르몬이 급감하는 폐경을 계기로 이 같은 현상이 급격히 진행된다. 그러나 앞서 말했듯이, 피부 노화가 심각하거나 그로 인해 심리적 우울증까지 온다면 인위적인 의술의 도움을 받도록 하는 것도 하나의 방법이다.

피부의 주름은 가만히 있을 때도 보이는지, 웃을 때 주름이 확연히 보이는지에 따라서 그 치료법이 다르다. 웃을 때 생기는 주름살엔 정기적인 보톡스 주사가 최선의 방법이지만, 가만히 있어도 보이는 주름살은 진피층을 재생시키는 레이저 치료를 하는 것이 도움이 된다고 한다. 최근에는 서마지, 쿨터치, IPL 등과 같은 피부 재생술도 개발되었는데, 이러한 치료법들은 표피 손상 없이 탄력섬유, 콜라겐 등을 재생시켜 일상생활에 지장 없이 주름을 개선할 수 있는 장점이 있다고 한다. 지방층이 꺼져 생긴 주름살엔 뱃살 등의 남는 지방을 이식해 주는 자가 지방이식술이나 인공 콜라겐과 같은 합성 물질을 주입하는 방법이 사용된다. 표피의 각질은 스케일링 등을 통해 매끈하게 해줄 수 있다.

그런데 과유불급(過猶不及)이라고, 지나침은 모자람만 못하다. 요즘 한국사회는 지나치게 동안(童顔) 열풍에 휩싸여 있다. 많은 나이에 걸맞지 않은 매끈한 피부에 사람들이 찬사를 보내는 모습을 자주 본다. 그러나 실제 그 나이에 어떤 모습을 하는 것이 자연스러운 것인가는 개개인의 선호에 달려 있을 것이다. 여러분이 만약 노년에 갖고 싶은 이미지가 있다면, 지금부터 자연스럽게 준비하시라!

화장

여성들치고 화장을 하지 않는 사람은 거의 없다고 해도 과언이 아니다. 흔히 10대 여성은 좀 더 성숙해 보이려고, 20대 여성은 어여쁘게 보이려고, 30대 여성은 섹시해 보이려고, 40대 여성은 여유 있어 보이려고, 50대 여성은 남편에게 외면당하지 않으려고, 60대 여성은 화려했던 지난날이 그리워서 화장을 한다고 한다. 즉 모든 여성이 화장을 한다는 말이다. 더구나 여성들의 전유물이었던 것이 최근에는 남성들도 화장을 하는 시대가 되었다.

'꽃미남' '훈남' 등 남성의 외모에 세간의 관심이 집중되다 보니, 젊은 남성들뿐만 아니라 중년의 아저씨들도 피부 관리를 위한 화장품을 찾는다는 뉴스가 보도되기도 한다. 앞서 중년 이후에는 남녀 구분 없이 피부 관리를 위해 스킨, 로션과 같은 기초화장품을 빠뜨리지 않고 매일 사용해서 피부에 보습과 영양을 주어야 한다. 자외선 차단성분이 든 제품도 함께 사용하면 도움이 된다. 요즘 기초화장품에는 거의 대부분 자외선 차단 기능이 첨가되어 있다.

한때 아줌마와 조폭의 공통점으로 '무리지어 다닌다, 무리 중에 형님이 있다, 한 치수 적은 사이즈 옷을 입는다, 검은 옷을 선호한다, 문신을 한다'라는 우스갯말이 있었다. 재미있자고 누군가가 지어낸 이야기이겠지만, 눈썹 그리는 것이 까다롭고 귀찮아서 비슷한 모양으로 숯검댕이처럼 문신한 아줌마의 모습이 그려져 공감하면서도, 그만큼 중년 이후의 여성들이 개성 없다는 말로 느껴진다.

물론 유행을 따라 젊은 여성들처럼 화장을 할 수 없을 만큼 피부나 외모의 변화가 있다 하더라도, 자신의 개성과 외모의 장점을 잘 살릴 수 있는 품위 있는 중년의 화장을 한다면, 그리고 그와 더불어 내면의 화장, 곧 성숙도 동반한다면 분명 거울 속에 비치는 모습은 온화하고 지혜로운 중년의 여성상일 것이다. 외모와 내면은 죽을 때까지 가꾸지 않으면 안 되는 평생의 숙제다.

중년 이후 화장 TIP

- 세안은 미지근한 물로 한다.
- 세안 시 부드러운 천을 사용한다.
- 비누 세안 시 충분하게 헹궈 낸다.
- 세안 후 자신의 피부 상태에 맞는 스킨, 로션, 크림을 바른다.
- 지나친 오일 사용, 미백제품 사용은 피부를 건조시키므로 적당히 사용한다.
- 물을 자주 마셔, 몸에서 빠져나간 수분을 보충하도록 한다.
- 자외선 차단 크림을 매일 사용한다.
- 지나치게 강한 색조화장은 피하고 자연스러운 화장을 하도록 한다. 미백제품을 사용해 하얘진 얼굴에 짙은 붉은 계통 립스틱은 얼굴의 주름을 더욱 두드러져 보이게 한다.
- 향수를 사용하도록 한다. 이때 너무 짙거나 너무 가벼운 향은 피한다.

은퇴수업 4강

풍요롭게 은퇴하기

수입이 줄어든다?

우리 모두는 사회·경제적 구조 전반에서 예측 불가능한 변화가 예상되는 고령 사회에서 노년기를 맞게 되었다. 노년에 접어드는 은퇴의 시점은 새로운 삶의 무대에 데뷔하는 일에 비유될 수 있다. 노년은 누구나 맞이하는 인생의 목적지이지만, 각자의 준비정도에 따라 어떤 사람은 '축복'의 주인공으로 살아갈 수도 있고, 또 어떤 사람은 가혹한 삶의 '굴레' 속에 머물러야 하는 인생의 엑스트라가 될 수도 있다.

돈은 우리 삶에서 없어서는 안 될 중요한 자원이다. 또 어떤 면에서 본다면 돈은 행복한 삶을 결정하는 가장 중요한 조건이라고도 할 수 있을 것이다. 물론 돈의 액수와 행복의 크기가 반드시 비례하는 것은 아니다. 실제 연구들에서도 일정 수준 이상의 자산을 보유한 사람들 사이에서는 주관적으로 느끼는 행복의 정도와 자산 액수 사이의 상관관계는 매우 희박한 것으로 밝혀졌다. 우리 삶에서 돈이나 경제력은 불편하지 않을 만큼만 있으면 되는 것이므로, 필요조건은 될 수 있을지언정 충분조건은 될 수 없다. 그럼에도 불구하고 행복한 노년을 위해 경제적인 준비를 어떻게 갖추어야 하는가는 중요한 과제임에 틀림없다.

얼마나 준비되어 있는가?

세일즈맨 윌리 로먼(Willy Lowman)은 자살을 했다. 두 아들의 아버지이자 한 여자의 남편이었고, 36년 동안 자동차회사에서 외판원으로 일했던 로먼은 회사에서 해고당하고 노년기 인생의 벼랑 끝에서 2만 달러의 보험금을 위해 끝내 목숨을 던지고 만 것이다. 이 이야기는 잘 알다시피 1930년대 대공황을 배경으로 한 아서 밀러(Arthur Miller)의 대표 희곡 〈세일즈맨의 죽음(Death of a Salesman)〉의 내용이다. 주인공 로먼의 모습은 어쩌면 오늘날 우리 아버지들의 자화상처럼 보인다.

경제적인 형편에 따라 개인차는 있겠지만 누구에게나 은퇴 이후에는 삶의 변화가 나타나기 마련이다. 과거에 비해 우리는 훨씬 더 긴 삶을 누리게 되었지만, 은퇴 후 직업도 없고 통장의 잔고마저 넉넉지 못한 상태에서라면 오래 산다는 것이 결코 축복일 수만은 없을 것이다. 경제적 소득의 감소는 생활방식을 여러모로 변화시키게 된다. 지금부터 노후를 준비하지 않는다면 빈손으로 미래를 맞을 것이 불 보듯 자명하다. 조금이라도 일찍 준비를 시작한다면 더욱 풍요로운 노년기를 보낼 수 있을 것이다.

그러나 실제로 은퇴 후를 대비하여 충분한 경제적 준비를 하고 있는 사람들은 그리 많지 않다. 은퇴 후 소득을 은퇴 전 소득으로 나눈

값을 '소득대체율'이라고 하는데, 우리나라 은퇴자들의 평균 소득대체율은 OECD 국가들에 비해 상당히 낮은 편이다. 우리나라 연금 대상자들의 연금소득대체율은 아래 그림에 나타난 것과 같이 42.1%에 지나지 않는 실정이다. 따라서 노년기 삶을 유지할 다양한 안전장치들이 필요하다.

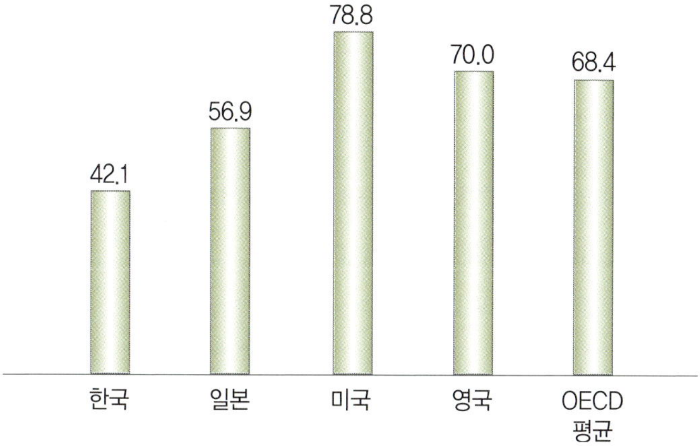

연금소득대체율(%) 국가별 비교

출처: 매일경제(2009. 10. 24).

특히 우리나라의 고질적인 정서적 장애 요소들은 순탄한 노후준비를 방해하고 있다. 우선 소득 수준보다 훨씬 높은 부동산 가격으로 가계자금의 대부분이 집을 장만하는 데 묶여 있는 것이 큰 문제다. 한국투자금융협회에 따르면 우리나라 가구의 가계자산은 약 80%가 부동산이며, 나머지 20% 정도가 금융자산으로 나타나고 있다. 또한 지나친 교육열에 따른 과다한 자녀 교육비 지출은 노후를 위한 여유자금 마련을 불가능하게 만들어 은퇴 후 자금사정을 압박하는 요소로 작용하고 있다.

이러한 상황은 젊은 층이라 해도 크게 다르지 않다. 매일경제신문사가 1955년부터 1963년 사이에 태어난 베이비붐 세대를 대상으로 노후자금의 비축 정도를 조사한 결과를 보면, 10명 중 3명은 노후준비 자금이 전혀 없거나 부채만 있고, 나머지 7명 중에서도 절반 이상은 3억 원 미만을 보유하고 있는 것으로 나타났다. 이러한 추세라면 베이비붐 세대의 10명 중 7명은 안정적인 노후생활을 보장받기 어려울 것으로 전망된다. 더욱 길어질 노년기를 보내야 하고, 스스로 은퇴 이후의 삶을 준비해 나가야 하는 베이비부머 이후의 세대들은 지금부터 노년기를 계획해야 한다.

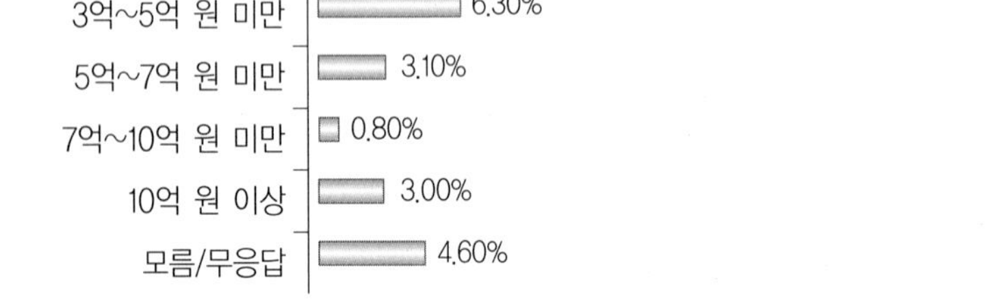

베이비붐 세대의 노후자금 비축 규모

출처: 매일경제(2008. 2. 14).

노년에 대한 관심으로부터 출발하라

노년에 겪게 되는 고통을 일컬어 흔히 사고(四苦: 빈곤, 질병, 고독, 소외)라고 한다. 많은 사람들이 그중에서도 '경제적인 어려움'을 가장 큰 문제로 꼽는다. 실제로 통계청(2010)의 조사에 따르면 65세 이상 노인 인구 10명 중 6명 이상은 노후준비가 되어 있지 않은 상태로, 자녀 혹은 정부 등의 도움을 받아 근근이 생활비를 마련해 쓰고 있는 실정이라고 한다.

그렇다면 노후에 이러한 경제적 고통에서 벗어나기 위해서 어떤 준비가 필요할까?

우선, 노년에 대하여 관심을 기울이는 것이 첫 번째 과제다. 우리에게 노년은 무엇이고, 노년기는 과연 어떤 환경을 제공할 것인가? 은퇴 후의 일상을 스스로 상상해 보고 동료들과 노년기의 현실을 구체적으로 예측해 보는 시간을 자주 갖는 것은 노후를 준비하는 지혜가 될 것이다. 노후에 대한 관심을 일깨우는 데 있어 다음과 같은 질문들이 매우 유용할 것이다.

- 저출산, 고령화 등의 영향으로 미래의 사회 환경은 어떻게 변화할까?
- 은퇴 후 내게 가장 중요한 것은 무엇인가?
- 은퇴를 준비하기 위한 자산 활용과 투자 계획을 세웠는가?
- 은퇴생활을 위한 비용은 얼마나 필요할까?
- 나는 언제 일을 그만둘 것인가?

- 은퇴 후 여가시간에 무엇을 하며 지낼 것인가?
- 나와 배우자의 노후 건강 상태는 어떠할까?
- 나는 몇 살까지 살 수 있을까?
- 은퇴 후 어디에서 살 것인가?
- 나이가 들어가면서 어떤 심리적 · 신체적 변화가 나타날 것인가?

경제적인 노후의 시작은 주된 직업으로부터 은퇴하면서 시작된다고 볼 수 있다. 따라서 은퇴를 기점으로 노후를 어떻게 설계해야 하는지를 살펴볼 필요가 있다.

은퇴에 대한 만족이 삶의 질을 좌우한다

은퇴 만족도는 은퇴 이후 삶의 만족에도 영향을 미친다. 일반적으로 은퇴를 위한 경제적 준비를 하고 있을수록, 은퇴에 대비해 충분한 자산이 있다고 생각할수록, 소득이나 순자산이 많을수록, 정기적으로 건강검진을 받을수록, 배우자가 있을수록, 은퇴에 대해 가족들과 이야기를 나눌수록, 은퇴에 대해 생각해 보거나 은퇴준비교육을 받은 적이 있을수록 은퇴에 대한 만족도가 높다. 물론 경제적 여유만으로 삶의 질을 평가할 수는 없겠지만 경제적 요인은 은퇴 만족도와 삶의 질을 높이는 필요조건이자 중요한 변수로 작용한다.

은퇴에 대한 만족도는 은퇴를 누가 결정했는가와도 깊은 관련이 있다. 즉, 스스로 은퇴를 계획하고 결정했을수록 은퇴에 대한 만족도가 높고 따라서 은퇴 후 삶에 대한 만족도도 높다. 이는 자기통제에 대한 인간의 본능적인 욕구 때문이기도 하지만, 다른 한편으로는 예상된 은퇴에 대해 철저히 준비할 수 있기 때문이기도 하다. 그런 점에서 본다면, 아직까지 대부분의 은퇴가 기업주나 제도에 의해 결정되는 우리나라의 근로여건은 은퇴에 대한 만족도를 떨어뜨릴 수밖에 없는 구조적인 문제를 안고 있다.

여유로운 10만 시간을 위한 준비

어림잡아 정년 후 25년 정도를 더 산다고 하면, 하루 중 생리시간(먹고 자는 시간 등)이 절반 그리고 여유시간은 10만 9,500시간(하루 12시간×365일×25년) 정도가 된다. 우리나라 근로자들의 1년 평균 노동시간은 2011년 기준 2,111시간이다. 30년 정도 일을 한다고 가정하면 6만 3,330시간 정도를 일하는 셈이다. 앞으로는 평생 동안 일한 시간보다도 노년에 보낼 여유시간이 훨씬 많아지게 된다. 따라서 노후를 대비하지 않고 정년을 맞는다면 미래의 삶은 팍팍해질 수밖에 없다.

노년의 여유시간을 누리기 위해서는 우선 경제적인 부분을 준비해야 한다. 여행을 하려고 해도, 친구들과 즐거운 만남을 가지려고 해도, 노년의 삶에 도움이 될 만한 것들을 배우려고 해도 금전적인 문제가 해결되지 않으면 어렵다. 따라서 노년의 여유로운 10만 시간을 누리려면 경제적인 준비가 필요하다.

스스로 해결해야 하는 노후

더욱이 요즘에는 스스로 노년을 책임져야 한다. 노년에 전적으로 국가에 기댈 수도 없고, 자녀들에게 의지하는 일은 더 어려워지고 있다. 전통적으로 우리나라에서는 효(孝)를 내세워 노부모를 모시는 것은 당연한 자녀의 도리이며, 노후의 문제는 가족 내에서 해결해야 한다고 생각해 왔다. 그러나 오늘날은 가족주의 가치관의 변화, 자녀 세대의 부양 회피, 효 의식의 약화, 전통적 윤리의식의 실종 등으로 당사자 스스로가 노년기에 닥칠 일들을 해결해야 한다.

통계청의 2010년 사회조사 결과에 따르면 부모의 노후를 가족, 정부, 사회가 공동으로 책임져야 한다고 응답한 사람이 47.4%로 자녀가 책임져야 한다고 응답한 36%보다 더 많았다. 2002년 조사 이후 가족책임론보다 공적책임론이 앞서기 시작한 것은 2008년부터로, 노부모를 자녀가 부양해야 한다는 응답은 2002년 70.7%에서 2008년 40.7%로 급감했고, 2010년에는 36%로 감소한 반면, 사회와 가족의 공동책임이라는 응답은 18.2%에서 43.6%, 그리고 47.4%로 크게 증가했다. 부모 스스로가 해결해야 한다는 답변도 2008년 11.9%에서 2010년에는 12.7%로 증가하여 이제 더 이상 노후를 자녀들에게 떠맡길 수 없는 시대가 되었음을 보여 준다.

한 우물만 파지 말라

고령화에 따라 사회적 지출도 증가하고 있는 추세다. 65세 이상 인구 중 국민연금 등 공적연금 수혜자는 2009년 현재 27.6%로 꾸준히 상승하는 추세다. 건강보험에서 지급하는 의료비도 12조 391억 원으로 전체 의료비의 30.5%를 차지하는 등 매우 빠르게 증가하고 있다. 이는 공적연금 등 국가재정이 튼튼하게 유지되기 힘들다는 징조다. 앞으로 연금 수급자가 증가하는 추세이므로, 노인의료비 등 노인복지비용이 지속적으로 상승될 것이 분명한 만큼, 공적연금을 통한 노후대비에 어느 정도 의지할 수 있을 것인가는 의문이다.

실제로 우리나라 성인 가구주들의 주된 노후준비방법을 조사한 결과에 따르면, 2011년 현재 노후에 대한 경제적 준비를 하고 있다고 응답한 75.8% 중 55.2%가 국민연금에 기대하고 있다고 응답한 것으로 나타났다. 그러나 과연 국민연금 등 공적연금만으로 든든한 노후대비가 가능할지에 대해서는 많은 전문가들이 의문을 제기한다. 따라서 무엇보다도 노후 소득을 위한 다양한 대비책이 필요하다.

노후자금의 계산

청춘은 짧고, 노후는 길다. 은퇴 후 노년기를 위한 경제적 준비를 포기하는 것은 곧 인생의 황금기를 포기하는 일이다. 점차 노부모에 대한 전통적인 부양의식이 약화되고 있는 추세여서 이제 우리는 스스로 노후를 준비하지 않으면 안 되는 시대에 살고 있다. 가족부양에 의존할 수도 없고 그렇다고 충분한 공적부양을 기대할 수 없는 상태에서, 길어진 노후를 위한 준비는 막연한 미래가 아니라 바로 지금 우리 발등에 떨어진 현실의 과제인 것이다.

노후자금을 계산하는 데에는 두 가지 방법이 있다. 하나는 은퇴 후 거주지 유형에 따라 평균 생활비를 계산하는 것이고, 다른 하나는 생활 항목별로 구체적인 비용을 계산하는 방법이다.

우선 은퇴 후 거주지 유형에 따른 계산법을 적용해 보면, 도시형, 전원형, 실버타운형, 해외거주형 등으로 구분해 볼 수 있다.

- **도시형**: 도시생활에 많이 익숙해져 은퇴생활 전의 생활 패턴을 은퇴 이후에도 큰 변화 없이 지속하고자 하는 유형을 말한다. 도시형의 경우 은퇴 후에도 자녀 교육비 외에는 기본 생활비의 변화요소는 거의 없다.
- **전원형**: 노후생활비 부담을 줄이고 전원생활을 통해 건강을 유지하고 일하는 즐거움을 동시에 추구하는 유형으로, 도시형에 비해 기본 비용이 저렴하고 부분적으로는 자급자족할 수 있는 여지도 있어서 생활비는 상당히 줄어든다.
- **실버타운형**: 의료시설, 요양시설 등이 완비된 실버타운에 입주함으로써 노후의 특화된 서비스를 편리하게 제공받을 수 있는 장점이 있다. 또한 선택하는 실버타운에 따라 생활비에는 편차가 있지만, 합리적으로 선택한다면 오히려 도시형에 비해 더 저

거주지 유형별 월평균 은퇴생활 예상비용(2인 기준)

구분	윤택한 생활	여유로운 생활	기본 생활	비고
도시형	315만 원	225만 원	132만 원	은퇴 후 구체적 지출 계획 필요
전원형	231만 원	168만 원	96만 원	전원농장 등을 미리 경험하는 것이 유리
실버 타운형	343만 원	222만 원	105만 원	입주선납금(매년 상각), 생활관리비 포함
해외 거주형	호주/뉴질랜드 331만 원	말레이시아 210만 원	필리핀 161만 원	해당 지역에서 여유로운 생활 수준이 가능한 금액

※ 은퇴설계비 항목: 생활비, 건강검진비, 차량유지비, 골프 및 문화비, 여행경비

출처: 미래에셋생명(2008).

렴한 비용으로 윤택한 생활을 영위할 수도 있다.

- 해외거주형: 최근 들어 확산되고 있는 유형으로, 우리나라보다 물가가 저렴한 국가에서 상대적인 부를 누릴 수 있는 이점이 있다. 다만 자녀 등과 가까이에서 생활할 수 없다는 단점이 있을 수 있다.

노후자금을 계산하는 또 다른 방법은 생활 항목별로 구체적인 비용을 산정하는 것이다.

- 기본 생활비: 주거비, 식비, 피복비, 교통통신비, 미용 및 생활잡화비 등으로 구성되며, 기본적인 의식주에 필요한 자금으로 은퇴 전 가족원 수와 은퇴 후 가족원 수의 변화를 고려하여 계산해야 한다. 한 가정이 유지되기 위하여 소요되는 기본비용이 있기 때문에, 4인 가족에서 두 명의 자녀가 독립하여 부부만 남게 되었다고 해서 기본생활비가 50%로 줄어드는 것은 아니다. 예를 들어 동일한 평수의 아파트에 그대로 거주한다고 할 때, 2인 가족이 거주하게 될 때에도 아파트 관리비가 4인 가족 관리비의 1/2로 줄어드는 것은 아니다.
- 의료비: 은퇴 전과 후에 가장 큰 차이를 보이는 생활자금은 자녀 교육비와 의료비라 할 수 있다. 물론 개인에 따라 차이가 있긴 하지만, 일반적으로 은퇴하고 몇 년이 지나면 자녀들에 대한 교육비에 대한 부담은 없어진다. 반면, 젊어서는 크게 부담이 없었던 의료비 지출이 늘어나게 된다. 특히 의료비 지출은 낙상

이나 질환의 악화 등으로 갑작스럽게 발생하는 경우가 많아서, 예측이 어렵다. 따라서 가능하면 미리 실비의료보험이나 주요 질환을 보장하는 보험 등에 가입하여 갑작스런 의료비 지출에 대비하는 것이 좋다. 그리고 보험을 통한 대비가 되었다고 하더라도 노후자금 중에 의료비 지출항목을 계산에 넣고 넉넉하게 준비해 두어야 한다.

- 경조사비: 은퇴 후에 가장 부담이 되는 비용이 무엇이냐는 물음에 의외로 많은 사람들이 경조사비라고 답한다. 은퇴 후 노년기로 접어드는 시점은 자녀의 결혼이나 지인의 부고 등 경조사가 빈번해지는 시기일 뿐 아니라, 오랜 세월을 통해 쌓아 온 인맥이 가장 넓어지는 시기가 된다. 그렇다고 비용의 부담을 무시한 채 모든 경조사를 예전과 같이 챙길 수만은 없는 노릇이다. 따라서 노후자금의 여유 내에서 지출 가능한 금액의 상한선을 정해 놓고, 참석할 경조사의 범위에 대한 선택의 기준을 결정해야 한다.
- 여가생활비: 자기계발이나 문화생활, 취미 활동 등에 필요한 자금으로, 기본적인 삶을 영위하는 데 있어서 필수적인 지출항목은 아니지만 노후의 삶을 풍요롭게 만들고 삶의 질을 누릴 수 있게 하는 원동력이라는 점에서 반드시 고려해야 한다. 여가생활비는 그 사람이 그동안 노후를 위해 얼마나 열심히 준비하고 설계해 왔는가에 따라 크게 달라질 수 있다.
- 긴급자금: 노후에 예상한 혹은 예상치 못한 일로 인하여 긴급하게 목돈이 필요하게 되는 경우도 있다. 예를 들면, 자녀의 결혼

이나 유학, 대학원 진학, 창업 등으로 인해 급전이 필요하게 되거나 자신은 물론이고 형제나 친한 친구들에게 갑작스런 변고가 생길 경우도 있다. 따라서 가능하다면, 일정 부분 비상시 사용할 수 있는 여유자금을 마련해 두는 것이 바람직하다.

구슬이 서말이라도…

조나단 스위프트(Jonathan Swift)의 『걸리버 여행기』에 등장하는 영생의 인간 '스트럴드 블럭'의 고민은 '무엇을 하며, 어떻게 인생을 사느냐' 였다. 데이빗 핀처(David Fincher) 감독의 〈벤자민 버튼의 시간은 거꾸로 간다〉에서 주인공은 노인으로 태어나 요람에서 영원히 잠이 든다. 벤자민에게는 삶의 유효기간이 이미 정해져 있으므로 인생의 계획도 가능했을 것이다.

그러나 우리 대부분은 자기 인생의 종점을 정확하게 알 수 없다. 노년기는 뚜렷한 직업소득이 없이 스스로를 부양해야 하는 경제적 의존기라 할 수 있다. 그렇다면, 은퇴하여 자산소득으로만 살아가야 하는 인생의 1/3 이상을 어떻게 준비하고 운영해야 할까?

자산 리모델링

노후준비의 필요성을 절감한다고 하더라도 현실적 여건이 어렵다거나 구체적인 준비방법을 몰라 망설이는 경우가 많이 있다. 은퇴설계 단계는 ① 은퇴와 관련된 정보 수집, ② 은퇴 이후의 필요자금 산출, ③ 은퇴자산 마련을 위한 계획 수립, ④ 은퇴 계획의 실행, ⑤ 은퇴계획의 점검 등의 순서로 구분할 수 있다.

재무 상태 파악

노후준비를 위해 가장 먼저 해야 할 일은 개인이나 가계의 재무 상태를 정확히 파악하는 일이다. 이를 위해서는 평상시 자신의 재무 상태를 꼼꼼하게 기록하는 습관을 들이는 것이 중요하며, 시간에 따른 자산, 부채, 소득, 지출 현황 등의 변화를 파악해 나가야 한다. 자산의 변화를 진단하는 일에는 부부나 자녀가 함께 참가하는 것이 바람직하다. 은퇴설계는 가족 전체의 삶의 질에도 관련되기 때문이다. 기본적인 자료를 바탕으로 전문 재무설계사의 도움을 받는다면 훨씬 더 효과적인 자산관리가 가능해지며 가정 경제의 건전성을 높여 나갈 수 있다.

본격적인 은퇴자산 관리를 위해서는 먼저 현재 본인의 자산 상태를 정확하게 체크해 봐야 한다. 은퇴설계를 위한 자산 상태 체크리스트를 다음 표와 같이 작성해 볼 수 있다.

은퇴설계를 위한 자산 상태 체크리스트

<table>
<tr><td rowspan="2">기본정보</td><td colspan="4">자녀 수(계획)</td><td colspan="4">잔여 경제 활동기간
(은퇴나이-현재 나이)</td><td colspan="4">평균 희망 여명
(기대 수명-현재 나이)</td></tr>
<tr><td colspan="4"></td><td colspan="4"></td><td colspan="4"></td></tr>
<tr><td rowspan="12">현금의 흐름</td><td colspan="4">구분</td><td colspan="4">월 수입</td><td colspan="4">월 지출</td></tr>
<tr><td colspan="4">본인</td><td colspan="4"></td><td colspan="4"></td></tr>
<tr><td colspan="4">배우자</td><td colspan="4"></td><td colspan="4"></td></tr>
<tr><td colspan="4">기타</td><td colspan="4"></td><td colspan="4"></td></tr>
<tr><td colspan="4">계</td><td colspan="4"></td><td colspan="4"></td></tr>
<tr><td colspan="6">자산</td><td colspan="6">부채</td></tr>
<tr><td colspan="3">현금/예금</td><td colspan="3"></td><td colspan="3">담보대출</td><td colspan="3"></td></tr>
<tr><td colspan="3">주식</td><td colspan="3"></td><td colspan="3">신용대출</td><td colspan="3"></td></tr>
<tr><td colspan="3">부동산(시가 기준)</td><td colspan="3"></td><td colspan="3">기타대출</td><td colspan="3"></td></tr>
<tr><td colspan="3">기타</td><td colspan="3"></td><td colspan="3"></td><td colspan="3"></td></tr>
<tr><td colspan="3">소계</td><td colspan="3"></td><td colspan="3">소계</td><td colspan="3"></td></tr>
<tr><td colspan="3">순자산(자산-부채)</td><td colspan="9"></td></tr>
<tr><td rowspan="2">예상 연금액</td><td colspan="3">국민연금</td><td colspan="3">개인연금</td><td colspan="3">계</td><td colspan="3">최초 연금수령 연령</td></tr>
<tr><td colspan="3"></td><td colspan="3"></td><td colspan="3"></td><td colspan="3"></td></tr>
</table>

출처: 미래에셋생명(2008).

노후 삶의 수준이라고 할 수 있는 은퇴목표를 설정함으로써 효율적인 목표달성을 위한 자원을 사전에 파악할 수 있게 한다. 미래의 삶을 미리 그려 보는 은퇴목표를 세울 때는 퇴직시점, 은퇴시점, 부부 예상 수명, 은퇴생활비, 자산 및 부채, 상속자산 등을 설정해야 한다. 그리고 은퇴 준비자금을 계산할 때는 '돈의 시간가치'를 염두에 두어야 한다. 물가상승률 혹은 시장이자율에 따라 현재와 미래의 돈의 가치가 다르다는 것을 감안하여 은퇴 준비자금을 계산해야 한다. 이 부분에 대한 자세한 계산은 전문가의 도움이 필요할 수 있다.

자산투자와 리스크(risk) 관리

인생을 살다 보면 예기치 못한 위험에 맞닥뜨리는 경우가 있다. 리스크, 즉 위험은 자산가치가 하락할 가능성을 의미한다. 순수 리스크는 질병에 걸리는 것처럼 손해만 존재하는 리스크지만, 투자 리스크는 주식투자와 같이 손실과 이득의 가능성이 공존하는 위험요소다.

순수 리스크를 관리하기 위해서는 보장보험 가입과 같은 것이 중요하고, 투자 리스크를 관리하기 위해서는 투자의 안전성과 수익성을 고려해야 한다. 은퇴자금을 투자할 때 고려해야 할 요소는 안전성, 수익성, 환금성이다. 주식과 파생상품 등은 고수익이 기대되지만 동시에 원금손실의 위험이 높은 단점이 있다. 반면, 채권과 정기예금 등은 수익성이 떨어지지만 안전성이 높은 자산으로 분류될 수 있다. 그러므로 은퇴시점이 얼마나 남았는가에 따라 자산배분의 우선순위가 달라져야 한다.

또 미래에셋퇴직연금연구소(2009)의 은퇴자금 투자원칙에 따르면, 다음 표와 같이 은퇴까지 남은 기간에 따라 투자의 우선순위도 달리 고려해야 한다. 즉, 은퇴까지 10년 이상 많은 시간이 남아 있다면 수익성을 가장 우선으로 고려해도 좋지만, 은퇴까지 5년 미만의 짧은 시간이 남은 경우에는 수익성과 안전성을 함께 고려해야 한다. 또 이미 은퇴를 한 경우라면 수익성보다도 환금성과 안전성을 우선적으로 고려해 투자해야 한다.

은퇴기간에 따른 투자의 기본요소 우선순위

은퇴까지 남은 기간	우선순위
장기 (10년 초과)	수익성 > 안전성 > 환금성
중기 (5~10년)	수익성 ≥ 안전성 > 환금성
단기 (5년 미만)	수익성 = 안전성 > 환금성
은퇴자	환금성 = 안전성 > 수익성

출처: 박상준(2009).

은퇴자금의 안전성과 수익성을 동시에 보장받을 수 있는 투자 전략은 이른바 장기투자, 적립식 투자, 분산투자, 장기인출, 분할인출 등이다. 따라서 젊은 층은 우선적으로 '장기 적립식 분산투자', 장년층은 '적립식 분산투자 · 장기인출', 그리고 은퇴자의 경우에는 '분산투자 · 장기 분할인출'에 집중할 필요가 있다.

은퇴자산의 운용

인생주기에 있어서 경제적 활동을 하는 은퇴 전 시기에는 연령대별 소득의 편차가 있다. 수입과 지출의 규모가 라이프사이클에 따라 변동하기 때문이다. 기본적인 생계 유지를 위한 일상생활비의 지출 외에도 자녀양육, 주택구입, 자녀결혼 등 가계수지의 균형이 변화하기 마련이다. 그러나 일상생활비, 의료비, 교양오락비 등으로 구성되는 노년기의 가계수지는 그동안 축적한 자산으로 충당하거나 가족 또는 사회에 의존하게 될 가능성이 높다.

통계청에 따르면, 2010년 현재 우리나라의 60세 이상 가구주의 월평균 지출은 250여만 원에 이르는 것으로 나타났다. 즉, 중산층 정도의 노후생활을 영위하기 위해서는 은퇴 이후 매월 250만 원 정도의 돈이 필요하다는 의미다.

자린고비 생활

부자가 되기 위해서는 젊은 시절 자린고비 생활도 의미가 있을 것이다. 소득이 많은 것보다 분수에 맞는 생활을 통해 젊어서부터 차근차근 자산을 저축하는 것이 더 중요하다. 미래에셋생명(2008)에서는 노년기에 대비해 부자가 될 가능성을 체크하는 간단한 방법을 다음과 같이 소개하고 있다.

부자지수 계산법

- 부자지수(%) = (순자산액×10)÷(나이×연간 총소득)×100
- 부자지수 진단결과, 내가 부자가 될 가능성은 몇 %일까?
  - 부자지수 50% 이하: 생활 패턴을 돌아볼 필요가 있음.
  - 50~200%: 희망을 갖고 더욱 분발하라.
  - 200% 이상: 부자가 될 가능성이 높은 생활을 하고 있음.

즉, 예를 들어 현재 연소득이 5천만 원이고 순자산이 3억 원이며 나이가 40세인 사람의 경우 부자지수는 다음과 같은 계산에 의해 150%가 된다. 따라서 좀 더 절약하며 분발할 필요가 있다.

$$(3\text{억 원} \times 10) \div (40 \times 0.5\text{억 원}) \times 100 = 150\%$$

그런데 자산을 모으는 데 있어서 현재의 자산이나 소득 못지않게 중요한 것이 경제 변동요인이다. 가장 대표적인 변동요인은 금리와 같은 수익률이라고 할 수 있는데, 자산을 두 배로 불리는 데 걸리는 기간을 계산하는 '72'의 비밀을 이해한다면 많은 도움이 된다.

72의 비밀

- 72 ÷ 금리 = 그 금리를 이용하여 자산을 두 배로 만드는 데 걸리는 기간
- 72 ÷ 기간 = 그 기간 동안 자산이 두 배로 불어나기 위해 필요한 금리 수준

예를 들면, 5년 안에 자산을 두 배로 늘리고 싶다면, 매년 14.4%(72÷5년=14.4)의 수익률을 달성해야 한다. 또 4% 금리로 자산을 두 배로 만드는 데에는 18년(72÷4%=18년)이 소요된다.

의료비 지출에 대비

활발한 경제적 활동을 수행하는 50대 중반 이전의 현역 시기가 최대 수입을 올릴 수 있는 시기인 반면, 65세 이상의 완전 은퇴 시기에는 무소득 상태에서 일상생활비와 의료비 등을 지출해야 한다. 따라서 편안하고 안전한 노후생활을 보내기 위해서는 생활비와 의료비의 준비가 필수 사항으로 지목된다.

특히 건강 유지와 관련된 의료비는 노후자금 준비의 핵심이다. 병

치레로 큰 목돈이 소요될 수도 있기 때문이다. 평균 수명이 80세를 넘어섰다고 하지만, 실질적인 건강 수명, 즉 전체 기대 수명에서 몸과 정신이 불편해 사회적 역할을 수행하기가 곤란한 기간을 뺀 기간은 그보다도 10년 정도 짧다. 즉, 노후 중 10년 정도를 질병의 위험 가운데서 지내야 한다. 생활비는 어느 정도 예측이 가능할 뿐 아니라 모자랄 경우 절약하는 방법을 찾을 수도 있다. 그러나 개개인의 수명이나 건강은 정확히 예측하기 어려울 뿐 아니라 갑작스런 질환이나 신체적 부상은 미리 알기 어렵고, 비용도 가늠하기 어렵다. 결국 건강하고 젊을 때부터 노후 건강관리에 대비한 투자가 필요하다.

살아가는 동안 언제 어떤 질병이나 상해가 일어날지는 어느 누구도 예측할 수 없다. 갑작스럽게 건강에 이상이 생기게 되면, 기본적인 노후준비조차 불가능하게 될 수도 있다. 따라서 불의의 사태에 대비하기 위해서 건강과 관련된 보험을 꼼꼼히 챙겨 두어야 하며, 특히 의료보장과 관련된 보험들은 그 특성상 젊고 건강할 때 미리미리 가입해야만 좋은 조건의 보험을 싸게 가입할 수 있음을 잊지 말아야 한다.

장기간 차근차근, 빠를수록 유리

노후준비는 빠를수록 유리하다. 특히 직장을 다니는 30년 정도의 시간을 부지런히 활용해야 한다.

일례로 현재의 가치로 노후자금 5억 원을 마련한다면 연령대별 투자금액은 준비기간에 따라 큰 차이가 난다. 최종 노후자금 조성시기를 55세로 하고 물가상승률을 연 3%로 가정할 때, 45세에 준비를 시작할 경우에는 연이율 5% 상황에서 월 424만 원씩을 저축해야 하지만, 10년만 더 일찍 준비를 시작한다면 월 217만 원이면 충분하다. 노후준비 시작연령이 늦어지면 늦어질수록 그만큼 필요투자금액의 부담도 늘어난다.

노후준비 시작연령과 필요투자금액의 상관관계

(단위: 만 원)

구분	25세	30세	35세	40세	45세
필요투자금액	121,363	104,689	90,306	77,898	67,196
연 5%	월 145	월 174	월 217	월 287	월 424
연 10%	월 56	월 81	월 120	월 186	월 320
연 15%	월 21	월 36	월 64	월 119	월 240

※ 55세까지 저축(투자)한다는 가정 하에 현재물가 기준, 노후자금 5억 원을 설정

※ 매년 물가상승률 3%를 감안하여 산출

출처: 미래에셋퇴직연금연구소(2009).

어느 신문의 '새내기 직장인 은퇴계좌부터 만드세요'라는 은퇴특강의 헤드라인은 충격 그 자체다. 노후준비에서 가장 중요한 것은 '시작이 반'이라는 속담처럼 지금 당장 실천에 옮기는 것이다. 나중에 여윳돈이 생기면 시작하겠다고 미루게 되면 시작 자체가 요원하기 때문이다. 직장을 다니는 20~30년의 긴 기간 동안 작은 돈으로 시작하여 조금씩 저축액을 늘려 가면 된다. 빨리 시작할수록 목돈을 쉽게 만들 수 있다.

한꺼번에 받기보다는 나눠 받는 것이 유리

주위에서 일시에 큰 액수의 퇴직금을 받아 성공한 사례는 보기 드

물다. 노후는 직장에서 퇴직하는 그날 하루가 아니라, 그날로부터 시작되는 매일매일의 삶이다. 따라서 목돈이 한꺼번에 들어오는 것도 반갑겠지만, 그 목돈을 잘 관리하여 활용할 자신이 없다면 매월 조금씩 나눠 받는 것이 더 안정적이다. 대부분의 복권 당첨자들이 평생 가져 보지 못할 횡재를 하고도 불행에 빠진 것만 보아도 우리에게 필요한 것은 감당하기 힘든 목돈이 아니라 안정된 생활을 보장해 줄 정기적인 소득임이 분명하다.

따라서 노후에 대비하기 위해서는 소득을 정기적으로 나눠 받을 수 있는 형태의 투자가 필요하다. 그렇게 본다면 직장인들에게 가장 비중 있는 은퇴자산은 퇴직연금이다. 퇴직연금은 장기간 복리로 누적되는 수익률에 따라 적립금 총액의 차이가 크게 나타날 수 있다. 퇴직연금은 은퇴자산이기 때문에 장기적인 안목으로 운용 방식과 상품을 선택해야 한다.

은퇴 후 자산을 늘려 부자로 사는 방법은 두 가지다. 돈을 벌어서 자산을 많이 축적하거나 또는 시간을 투자하는 것이다. 그러나 사업이나 투자를 통해 돈을 많이 벌기는 어렵다. 일반적으로 자산은 시간에 비례하여 증가하기 때문에 무엇보다도 시간을 자기 편으로 만드는 것이 중요하다. 노후자금을 확보하기 위해 남은 시간이 짧으면 짧을수록 큰 돈이 필요하다. 그러나 시간이 많이 남아 있다면 적은 돈으로도 목돈을 만들 수 있다. 결국 은퇴준비는 지금 바로 시작해야 한다.

집 한 채만 믿지 마라

금융감독원과 한국은행의 조사(2010)에 따르면 우리나라 가계자산은 75.8%가 부동산(주택)에 몰려 있다. 또 한국주택금융공사(2010)가 주택을 보유하고 있는 만 60~84세의 노년층 1,500가구를 대상으로 조사한 결과에 따르면, 이들의 평균 수입은 107만 원이고 평균 생활비는 73만 원으로 나타났다. 이들의 보유자산의 구성을 보면, 대부분 주택과 부동산으로 금융자산은 9%에 불과했다. 이러한 현실은 노후를 위한 자산 총액이 부족할 뿐 아니라 자산의 구조가 탄탄하지 않음을 말해 준다. 이른바 '하우스푸어(house poor)[1]'들인 것이다.

이와 같이 뚜렷한 금융자산 없이 거주주택 한 채가 노후자금의 전부라면, 한국주택금융공사가 시행하고 있는 역모기지제도, 즉 주택연금제도를 활용할 수 있다. 이제 주택을 더 이상 자녀에 대한 상속수단으로 생각할 필요는 없다. 주택연금제도는 종신까지 지급하는 주택연금으로 생활안정을 확보하고, 자신의 집에서 계속 거주하는 주거안정을 동시에 보장받을 수 있다는 장점이 있다. 주택연금제도는 만 60세 이상(배우자 포함)이고 시가 9억 원 이하의 1세대 1주택을 소유한 사람이 이용할 수 있다. 한국주택금융공사 홈페이지(www.khfc.co.kr)에서 자신의 상황에 따라 받을 수 있는 주택연금액을 조회할 수 있다. 주택연금은 이용자의 연령, 가입 당시의 금리 수준, 주택가격 등의 기본적인 사항을 고려하여 결정한다. 예를 들어 2010년 2월을 기준으로 연령이 만 60세이고 시가 5억 원의 주택을 보유한

1) 하우스푸어란, 집은 소유하고 있으나 총 자산 중 집이 차지하는 비중이 너무 커서 실제로 현금화할 수 있는 자산은 없는 이들을 일컫는 말이다.

연령별 정액형 주택연금 월지급액

(단위: 만 원)

주택가격 / 연령	1억	2억	3억	4억	5억	6억	7억	8억	9억
60세	24	47	71	95	118	142	166	189	213
70세	35	71	106	142	177	201	249	284	320
80세	56	113	169	225	231	231	385	385	385

출처: 한국주택금융공사 홈페이지(www.khfc.co.kr).

경우에는 사망할 때까지 매달 약 118만 원을 받을 수 있다.

노후를 여유롭게 지내기 위해서는 얼마나 필요할까? 사실 정답은 없다. 사람마다 씀씀이가 다르고, 여유롭다고 느끼는 기준이 다르기 때문이다. 게다가 물가상승률이나 가정마다 다른 목돈의 쓰임새까지 고려한다면 일반적인 기준을 말하기는 더욱 어렵다. 예를 들어 물가상승률을 3% 그리고 이자소득을 0으로 놓고 본다면, 1억 원의 실질가치는 30년 후 4,120만 원으로 하락하게 된다. 따라서 소득의 현재가치와 미래 실질가치의 차이를 감안하여 노후 필요자금을 계획해야 한다.

물가상승률에 따른 실질가치의 변화

물가상승률	현재 가치	10년 후 실질가치	20년 후 실질가치	30년 후 실질가치
3%	1억 원	7,441만 원	5,537만 원	4,120만 원
5%	1억 원	6,139만 원	3,769만 원	2,314만 원
7%	1억 원	5,083만 원	2,584만 원	1,314만 원

주: 실질가치는 이자가 제로(0%)라고 가정하고 물가상승만 있을 때를 가정한 금액임.

출처: PCA생명보험(2005).

노후 소득 대책

그렇다면 노후를 대비하여 안정적인 자산을 확보하기 위하여 어떻게 해야 할까?

노후소득의 3층 구조

노후소득을 보장하는 가장 안정적인 구조를 소위 '3층 구조'라 부른다. 즉, 1층의 국민연금을 통해 기본적인 최소한의 생활비용을 마련하고, 2층의 퇴직연금은 국민연금만으로는 부족한 생활자금을 보충해 주며, 3층의 개인연금은 그 외 여유자금을 위해 필요하다. 비유적으로 국민연금으로 쌀을 사고, 퇴직연금으로 반찬을 사고, 개인연금으로 취미를 즐기라고도 말한다.

노후소득 3층 구조

구분	1층 보장(사회보장)	2층 보장(기업보장)	3층 보장(자기보장)
유형	공적연금	퇴직연금	개인연금
운영 주체	국가에서 운영	회사 또는 근로자가 외부 금융기관을 통해 자산 운용	금융기관에서 운영
비고	• 소득이 있는 경우 의무적으로 가입 • 국민연금(일반인 대상 공적연금) • 특수직역연금(공무원연금, 군인연금, 사립학교 교직원연금, 우체국 직원연금)	• 노사 합의에 의해 자율적으로 가입 • 국민연금으로 부족한 기본적 생활대책을 마련	• 개인의 자율에 의해 가입 • 기본적 생활 외의 여유자금 마련

공적연금

가장 대표적인 공적연금으로는 국민연금을 들 수 있으며, 그 외에도 공무원연금, 군인연금, 사립학교교직원연금 등의 특수직 연금이 있다. 특히 국민연금은 18세 이상 60세 미만의 특수 지역 연금가입자를 제외한 국내 거주자는 반드시 가입하도록 되어 있으며, 의무 가입해야 하는 근로 소득자 외에도 임의가입이 가능하므로 안정적인 노후생활을 위해 반드시 가입해 두는 것이 바람직하다. 국민연금에는 소득계층 간 소득재분배 기능이 있어서, 최저소득자는 자기가 낸 돈보다 4배, 최고소득자는 1.8배를 받을 수가 있다. 국민연금은 노후보장의 기본으로 가장 안정적이고 기본적이며 보편적인 노후소득 보장제도라 할 수 있다.

퇴직연금

퇴직연금은 기업이 근로자의 노후소득보장과 생활안정을 위해 근로자의 재직 기간 중 퇴직금 지급 재원을 외부의 금융기관에 적립하고 이를 운용하여 근로자의 퇴직 시 연금 또는 일시금으로 지급하는 기업복지제도라 할 수 있다. 퇴직금제도의 경우에 기업이 부도가 나게 되면 근로자는 실직하며 퇴직금 수급권마저 보호받을 수 없는 단점이 있어 최근에는 기업마다 퇴직연금제도를 도입하고 있는 추세다. 퇴직연금이 국민연금과 다른 점은 강제가입이 아니라 노사 합의에 의해 자율적으로 가입하는 제도라는 점이다.

퇴직연금제도에는 다음 세 가지가 있다.

- 확정급여형 퇴직연금제도: 근로자가 퇴직시에 수령할 퇴직급여가 근무기간과 평균임금에 의하여 미리 확정되어 있는 제도다. 확정급여형 퇴직연금제도는 사용자, 즉 기업이 적립금을 직접 운용하기 때문에, 운용결과에 따라 사용자가 납입해야 할 부담금 수준이 변동될 수 있으며, 임금인상률, 퇴직률, 운용수익률 등 연금액 산정의 기초가 되는 가정에 변화가 있는 경우에도 사용자가 그 위험을 부담해야 한다는 단점이 있다.
- 확정기여형 퇴직연금제도: 사용자가 매년 근로자 연간 임금의 1/12 이상을 부담금으로 납부하고, 근로자가 적립금의 운용방법을 결정하는 제도다. 이 제도는 근로자의 적립금 운영성과에 따라 퇴직 후의 연금 수령액이 증가 또는 감소하게 되므로, 결과적으로 적립금 운용과 관련한 위험을 근로자가 부담하게 된다.
- 개인퇴직계좌: 근로자가 퇴직하거나 직장을 옮길 때 받은 퇴직금을 자기 명의의 퇴직계좌에 적립하여 연금 등 노후자금으로 활용할 수 있게 하는 제도다. 여기서는 퇴직연금수령 개시연령에 도달하지 않더라도 그 전에 받은 퇴직일시금을 개인퇴직계좌를 통해 계속해서 적립 · 운용하는 것이 가능하다.

개인연금

국민연금과 퇴직연금만으로 풍족한 생활을 보장받기는 어렵다. 그래서 마지막 보루가 필요한데, 그것이 바로 개인연금이다. 개인연금은 공적연금제도를 보완하기 위하여 1994년부터 실시된 제도로서, 만 18세 이상 성인이면 누구나 가입할 수 있고 최소 가입기간은

10년이다. 물론 국민연금 가입자나 퇴직연금 가입자들도 중복 가입이 가능하다. 저축한도는 매월 100만 원 이내에서 일정액을 불입하도록 되어 있으며, 보험형과 신탁형으로 분류된다. 개인연금을 불입할 경우 소득공제에서도 혜택이 있다.

노(老)테크 10계명

- 근검절약 생활을 습관화하라.
- 목표의식을 분명히 하고 세부 실천계획을 세워라.
- 최소 월 단위 가계수지 결산을 생활화하라.
- 변화를 두려워말고 리드하고 즐겨라.
- 돈은 무덤에 갈 때까지 갖고 있으라.
- 재테크 정보 습득과 자기계발에 끊임없이 투자하라.
- 자녀를 직접 가르쳐 사교육비를 절약하라.
- 자식에게 어려서부터 경제교육을 시켜라.
- 첫 월급부터 노후를 대비하라.
- 인생의 복병, 위험은 보험으로 관리하라.

출처: 국민연금관리공단 내연금 홈페이지(http://csa.nps.or.kr).

은퇴는 인생주기에서 나타나는 전환기적인 사건의 하나로서 생의 분기점이다. 현실적인 은퇴의 의미는 길어진 노년기에 대한 준비의 정도를 가늠하고 새로운 인생의 출발을 평가하는 시점이라고 볼 수 있다. 인생 100세를 여는 시대에 누구에게나 닥칠 은퇴와 노후를 준비하는 자산의 축적과 관리는 매우 중요한 과제가 되었다.

늦었다고 생각하는 지금이 가장 빠른 시점이며, 구슬이 서 말이라도 꿰어야 보배가 되듯 당장 계획하고 실천하는 일이 더욱 중요함을 잊지 말자.

합리적 소비

우리 모두는 소비자로 살아가고 있다. 요람에서 무덤까지 우리의 일상생활은 소비생활의 연속이라 할 수 있다. 우리는 생리적 욕구와 같은 기본적인 욕구에서부터 자아실현의 욕구와 같은 고차원적인 욕구까지 다양한 욕구를 가지고 있으며, 이 욕구를 충족하기 위해 무언가를 소비하게 된다. 소비는 소비자의 만족을 위한 개인적인 선택일 뿐만 아니라 사회적 행위다. 소비자의 욕구 및 소비행위는 그 사회의 경제, 사회, 문화, 생활양식 등에 의해 많은 영향을 받고 있다.

의료기술의 발달은 기대 수명을 증가시켰고 생활환경의 변화와 경제적 능력의 향상은 노년기의 소비생활에도 영향을 미치고 있다. 현대사회에서 노인들이 스스로 책임져야 할 소비생활 영역이 늘어나면서 노인 소비자는 과거보다 더 적극적인 소비계층으로 등장하게 되었다.

합리적이고 올바른 소비생활을 하기 위해서는 무엇보다도 소비자 자신의 바람직한 가치, 태도, 신념이 중요하며, 계획적인 소비생활을 지켜 나가야 한다. 예컨대, 구매하기에 앞서 구매계획을 세우고,

비합리적인 소비행동을 통제할 수 있도록 개인의 생애주기에 따른 소비 지출 계획을 세우고 활용할 수 있어야 한다.

소비 측면에서 볼 때 생애주기 중 노년기의 특성은 다음 몇 가지로 요약될 수 있다.

- 소비규모의 축소: 생애주기상 노년기는 자녀들이 성장하면서 새로운 세대를 구성하여 독립하게 되는 '가정 축소의 시기'이자 자녀양육 및 교육이 종결되는 시점으로, 특히 우리나라처럼 자녀교육비의 비중이 큰 사회에서는 가정의 소비규모가 크게 줄어든다. 또한 장성한 자녀들이 각자 가정을 이루어 독립하므로 가정의 기본생활비도 어느 정도 줄어들게 된다.
- 가계 소득의 감소: 지출만이 아니라 가계의 소득 또한 줄어들게 된다. 직장으로부터 은퇴하면서 근로소득이 아닌 연금 등에 의존하게 되는데, 대체로 근로소득에 비해 연금 급여가 더 적을 수밖에 없기 때문에 특수한 경우를 제외하고는 그 이전 시기에 비해 소득이 줄어들게 된다.
- 소비 정보의 부족: 신체적인 노화와 더불어 사회적 활동이 줄어들고 인간관계가 축소되면서 그 이전에 비하여 사회적 변화에 대한 정보는 물론이고 소비자로서의 권리에 대한 자각이나 상품과 서비스 혹은 판매 방법 등에 대한 정보도 얻기가 어려워진다. 또한 이러한 정보 부족은 소비자로서 합리적이고 유연하게 대응하는 것을 방해한다.
- 심리적 취약성: 노년기에는 신체적 노화에 대한 두려움이 증가

하고 건강에 대한 욕구가 커지게 되고, 때로는 건강에 대한 관심이 지나쳐 건강염려증으로 발전되기도 한다. 따라서 건강식품이나 보조제에 대한 과장광고에 현혹되기 쉽다. 또한 사회적 네트워크가 축소되고 고독과 외로움을 겪으면서 심리적으로도 매우 약해지게 되므로, 관심이나 친절로 위장된 상술에 넘어가 판매사기의 피해자가 되기도 한다.

한국소비자원의 통계에 따르면 노인 소비자들의 피해상담은 매년 증가하고 있다.

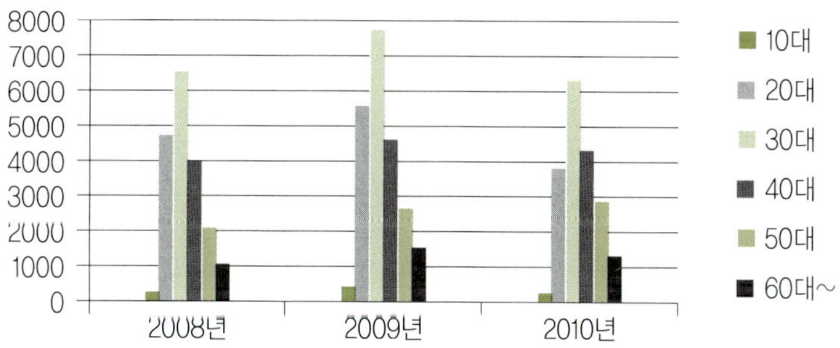

연도별 소비자 피해 상담 현황

출처: 한국소비자원(2011)에서 재구성.

변화하는 노년기 소비 패턴

최근 자녀에게 유산을 물려주지 않고 다 쓰고 가겠다고 선언하는 노년층이 늘어나고 있다. 이는 자기중심적인 소비 트렌드가 반영된 신노년 세대를 단적으로 보여 주는 예다.

오늘날의 노인들은 은퇴 후에도 건강하고 밝으며 미래지향적인 인생관을 가지고 제2의 인생을 준비한다. 그리고 과거에 비해 자립성이 강해졌으며 자녀에게 의존하지 않고 독립성을 유지하면서 즐거운 노후를 보내길 원한다. 또한 복지제도 확대에 따라 과거에 비해 노인의 경제 상태가 개선되었으며, 이에 따라 노인 소비자들의 구매력도 커졌을 뿐 아니라 노인 단독가구, 소위 통크(TONK)족의 증가로 인하여 스스로 소비생활을 관리하는 노인들도 많아졌다. 즉, 이제 노인들은 자식에게 의탁했던 생활에서 직접 소비생활까지 주도하는 새로운 소비계층으로 부각되고 있는 것이다.

노년층의 소비패턴 또한 과거와는 다른 양상을 보이고 있다. 단순히 의식주 등 기본생활에 필요한 소비뿐 아니라, 건강한 삶을 추구하는 웰빙이나 패션, 화장품, 여행 등 다양한 분야에서도 노인 소비층의 영향력이 커지고 있다.

통크족(Tonk)

'Two only no kids'의 약칭으로, 자녀에게 부양받기를 거부하고 부부끼리 독립적으로 생활하는 노인세대를 말한다. 손자녀를 돌보느라 시간을 빼앗기던 전통적인 할아버지상 또는 할머니상을 거부하고 자신들만의 인생을 추구하는 이른바 신세대 노인층이다.
고령화의 진전에 따라 구매력을 갖추고 자기중심의 소비를 지향하는 이러한 통크족을 대상으로 한 실버마케팅의 눈부신 성장이 예상되고 있다. 최근 이들을 대상으로 한 액정과 버튼이 큰 휴대폰, 혈당체크 기능이 있는 휴대폰 등이 출시되고 있으며, 백화점의 실버웨어 전문매장도 늘어나는 추세다. 이 밖에 유언이나 상속 등 자산관리 서비스를 제공하는 실버금융상품이나 노년층을 대상으로 한 여행상품 개발도 활발히 이루어지고 있다.

노년기 의료비 지출은 얼마나 될까?

일생 동안 우리가 의료비로 지출하는 비용은 얼마나 될까? 물론 개인마다 차이는 있지만 평균 약 7~8천만 원 정도를 의료비로 사용하는 것으로 나타났다. 한국보건사회연구원이 2010년 노인가구의 소비실태를 조사한 결과에 따르면, 일생 동안 지출되는 의료비의 절반 이상이 65세 이후 노년기에 편중되는 것으로 나타났다. 이는 노년기에 대비하기 위해서는 늘어나는 의료비에 대한 준비가 매우 중요함을 시사해 준다. 남성 1인당 생애 의료비는 약 7천 415만 원이며, 평균 수명이 더 긴 여성의 경우에는 평균 8천 787만 원이 의료비로 지출된다. 따라서 의료비에 대한 준비와 더불어 미리부터 체계적인 건강관리와 정기적인 건강검진을 통하여 노후 의료 소비를 줄이려는 노력이 필요하다.

한편, 나이가 들수록 건강에 자신이 없어지고 따라서 건강에 대한 관심 또한 점점 높아지게 된다. 이러한 노인들의 심리 때문에 노인들의 의료 관련 소비자 피해가 빈번하게 발생하고 있다. 특히 우리나라 노인 소비자들은 건강에 유달리 관심이 많아서 건강 관련 제품의 소비가 높은 경향이 있다. 실제로 건강 목걸이(20.4%), 건강 팔찌(20.1%), 안마기(21.2%), 찜질팩(18.0%), 혈압계(19.2%), 허리보호복대(15.4%) 등 건강 관련 제품의 소유 비율이 높게 나타난다. 이런 의료용구들은 주로 다단계나 방문판매 등 특수 판매로 유통되는 경우가 많아서, 공개된 정보보다는 제한적인 광고나 영업사원의 설명에만 의존하여 구입하는 것이 보통이다. 현재 시중에 유통되는 유사 의료용구들은 대부분 일반 공산품인데, 판매자들은 이런 용구들이 마치 실제로 질병에 치료 효과가 있는 의료용구인 것처럼 과장 광고하거나 실제 허가 내용과는 달리 효능과 효과를 과장하는 경우가 많다.

많은 노인 소비자들이 이런 과장 혹은 허위 광고에 현혹되어 충동구매를 하는 경우가 비일비재하다. 하지만 피해를 입어도 제품의 효능이나 효과와 관련한 불만으로 보상을 요구하는 경우 사실입증이 어려워 제대로 구제받지 못하는 사례가 많다. 이러한 모든 것이 본인의 잘못이라고 생각해서 적극적인 소비자의 권리를 주장하지 않는 경우도 많은데, 좀 더 적극적으로 관련기관이나 주위의 도움을 받아 해결하려는 소비자의 자세가 필요하다.

● 피해 사례 ●

• 효과 없는 건강식품을 구입한 사례
 – 의료기기 박람회에 가서 천마 즙을 신청해서 먹게 됨
 – 혈액순환 계통에 최고라며 편두통 정도는 바로 치료될 거라고 하였고,
 – 국민건강을 위해 정부에서 50%는 지원해 준다고 하며, 먹어 보고 효과가 없으면 나머지는 반품할 수 있다고 하여 구입함
 – 2주간 먹었으나 낫지 않아 먹은 것만 지불하고 나머지는 반품을 요구했더니, 특이체질이라 명현 반응(몸이 좋아지면서 일어나는 일시적 혼란)일지 모르니 복용 방법을 정확히 하여 더 먹어 보라고 함
 – 몇 주 더 먹었으나 아무 효과가 없어 다시 반품하겠다고 전화하니 반품 기간이 지났다고 하며 반품을 거절함
• 부작용에 대금납부까지 강요당하는 사례
 – 부인이 방문판매원들로부터 몸에 좋다는 말을 듣고 솔잎 엑기스를 구입함
 – 복용하면서 배가 아프고 연일 설사를 하여 복용을 중단했으나 돈을 안 낼 수 없어 전체 구입비 96만 원 중 55만 원을 납입함
 – 그런데 최근 대금을 한 번도 안 냈다면서 이자 포함하여 160만 원을 내라고 압류통보를 보내옴

● 피해 예방법 ●

• 건강식품 · 건강용품의 효능, 효과에 대해 지나치게 과신하지 맙시다.
 – 건강식품 · 용품은 질병 치료제나 치료기기가 아닙니다.
 – 만병통치약처럼 선전하는 효능, 효과를 믿어서는 안 됩니다.

- 공짜 · 사은품에 현혹되지 맙시다.
  - 지나친 호의나 공짜(무료 관광, 사은품 제공)는 일단 의심해야 합니다.
  - 가족들과 주변사람과 의논하고, 구입결정은 천천히 합니다.
- 물품을 구입할 때는 계약서를 꼭 받아 둡시다.
  - 무료제공(공짜), 당첨 등으로 제품을 받게 되는 경우 해당 내용을 계약서에 명시해 줄 것을 사업자에 요청합니다.
  - 판매자의 상호, 주소, 전화번호, 물품내용이 명시된 계약서를 꼭 받아 둡니다.

● 나의 건강기능식품 구입 체크리스트 10가지 ●

1	제품 앞면의 '건강기능식품'이라는 표시를 확인하시나요?	예	아니요
2	영양과 기능정보를 꼼꼼히 확인하고 계신가요?	예	아니요
3	내가 원하던 기능을 가진 것인지 확인하시나요?	예	아니요
4	건강기능식품을 먹을 때 주의사항을 확인하시나요?	예	아니요
5	제품의 원재료명 및 함량이 광고문구와 동일한지 확인하시나요?	예	아니요
6	제품보관 방법의 표시를 확인하시나요?	예	아니요
7	제조한 곳과 판매하는 곳을 확인하시나요?	예	아니요
8	유통기한 표시를 확인하시나요?	예	아니요
9	포장의 파손 및 제품 상태를 확인하시나요?	예	아니요
10	반품과 교환 장소를 확인하시나요?	예	아니요

⇒ '아니요'가 몇 개인가? 다음부터 체크리스트를 생각하며 하나하나 꼼꼼하게 점검한다면 10개의 항목이 모두 '예'가 될 수 있을 것이다. 나와 가족의 건강을 지키는 건강한 소비생활을 위해서는 현명한 선택이 필요하다.

인터넷 시대와 소비자 문제

인터넷 사용이 보편화되면서 노년층이 온라인 쇼핑몰을 통해 상품을 구매하거나 인터넷 뱅킹 또는 인터넷을 이용한 공공 서비스를 이용하는 비율도 증가하고 있다. 홈쇼핑이나 인터넷상의 전자상거래는 24시간 중 소비자가 편리한 시간에 거래가 가능하고, 적은 시간과 노력으로 효과적인 구매 활동을 할 수 있는 편의를 제공하고 있지만, 위장 · 사기 · 기만 등 불법거래에 의한 소비자 피해도 매우 높다. 또한 개인정보의 통제가 어려워 개인정보의 누출로 인한 소비자 피해 역시 끊이지 않고 있다.

FTA 체결에 따른 시장개방, 국제화, 세계화와 인터넷 기반의 전자상거래 등으로 정보화사회에서 소비자들은 언제 어디서나 수많은 정보에 노출되게 되었다. 따라서 국경을 초월한 정보의 노출 속에서 개인정보를 잘 관리하는 것이 '현명한 소비자'가 되는 지름길이다.

주민등록증, 운전면허증, 의료보험증, 회원 ID나 비밀번호, 은행 계좌번호 등은 경제적 가치를 지닌 개인정보들이다. 이러한 개인정보가 타인에게 공개되지 않도록 특별히 잘 관리하고, 비밀번호는 연속되는 숫자나 전화번호 등 추측 가능한 숫자를 피하여 정기적으로 자주 바꿔 주는 것이 좋다. 또 비밀번호나 ID를 따로 관리하여 다른 사람들에게 노출되지 않도록 해야 한다. 그리고 카드 사용 영수증이나 현금현수증 등은 폐기할 때 반드시 잘게 찢어서 버리도록 한다.

노년기 소비자 피해 유형에 따른 대응방법

최근 빈번하게 발생하는 노인 소비자 피해 유형과 그에 대한 현명한 대응방법을 정리하면 다음과 같다.

● 노년기 소비자 피해 유형 및 대응방법 ●

피해 유형	피해내용	노인소비자의 대응방법
사은품 제공 상술	정보가 부족한 노인들을 대상으로 사은품을 주면서 신상정보를 알아내 무조건 집으로 제품을 배달하거나 대금을 청구하는 수법이다.	사은품에 현혹되기보다는 계약조건과 제품의 품질을 살펴보고 구매하는 습관이 중요하며, 사은품으로 보기에 과다하다고 생각되면 판매를 목적으로 하는 제품인지 등을 반드시 확인한다.
무료 관광 상술	전형적인 노인 대상 악덕상술로서, 유명한 관광지를 무료 혹은 저가로 구경시켜 준다고 하고 막상 관광지에 도착해서는 건강식품이나 의료 기구를 강매한다.	너무 저렴하거나 무료로 제공하는 관광에는 참가하지 않는 것이 최선의 예방책이다.
관공서·공공기관 사칭	노인, 주부만 있는 시간대에 방문하여 관공서 혹은 공공기관에서 왔다고 속여 소비자를 안심시키고 제품을 강매한다.	사전에 예고 없이 찾아오면, 소속 방문목적을 해당 관청에 문의한다.
종교 행사 빙자	신앙생활을 하는 노년층을 대상으로 성전 증축 등의 명목으로 서명을 받고 건강식품 등을 무료로 증정한 뒤 일방적으로 대금을 청구한다.	노상에서 이뤄지는, 종교인을 사칭하는 행사는 대부분이 물건을 강매하기 위한 악덕상술이므로 신상정보를 알려 달라는 요청은 단호하게 거절한다.

신용카드 도용 상술	신용카드 사용이 익숙하지 않은 노인에게 접근해 카드를 잠시 보여 달라고 해서 임의로 매출 전표를 끊거나 카드번호를 알려 달라는 수법으로 물품 대금을 청구한다.	신용카드는 결제할 때 직접 내용을 확인하고 서명해야 한다. 또한 잘 알지 못하는 사람에게 신용카드를 보여 주거나 빌려 주는 것은 금물이다.
경로잔치 제품 설명회 상술	상가 사무실 등을 6개월 정도 임대하여 상설제품 전시장을 차려 놓고 현혹한다. 하루 두세 차례 일정 시간에 여흥과 사은품을 미끼로 사람들을 모아 건강 관련 제품을 강매하는 형태다.	이웃사람이나 친지들이 여흥을 제공하고 사은품을 주는 곳이 있다고 하면 의심해 봐야 한다. 일단 구입했다면 영수증과 계약서 등을 받아 잘 보관한다.

위와 같이 대응하였음에도 불구하고, 소비생활에 불만족하거나 사업자와의 분쟁을 해결하지 못하는 경우, 한국소비자원이나 시·도의 소비생활센터, 소비자단체 등을 통해 피해구제를 받을 수 있다.

2010년 1월부터 전국 어디서나 전화와 인터넷을 통하여 소비자 상담이 신속하게 이루어질 수 있도록 단일 소비자상담망인 '소비자 상담센터'가 운영되고 있다.

● 소비자 피해 상담 1372 이용하기 ●

◆ 소비자상담센터 전화번호 1372

◆ 소비자상담센터 홈페이지(http://www.ccn.go.kr)

소비자를 위한 행복한 번호 1372는 전국 어디서나 하나의 번호로 연결된다. 소비자 피해의 예방과 해결을 위해 1372를 꼭 기억해 나의 소비자권리를 잘 챙기는 현명한 소비자가 되자.

물론 피해가 발생했을 때 즉각적으로 대응하는 것이 필요하지만, 그보다 중요한 것은 사전에 현명한 소비 활동을 통하여 문제를 예방하는 일이다. 따라서 계획에 의해서 필요한 품목을 필요한 만큼만 적절하게 구입하려고 노력해야 한다. 이를 위해서 우선 다음 진단표를 통하여 자신이 쇼핑중독인지 아닌지를 점검해 보자.

쇼핑중독 자가 진단표

질문	예	아니요
1. 나는 도무지 내 소비습관을 통제할 수가 없다.		
2. 나는 쇼핑할 때 죄책감이 든다.		
3. 나는 내가 얼마나 쇼핑을 하는지 잘 모른다.		
4. 나는 가족들이 보지 못하도록 쇼핑한 물건을 숨기곤 한다.		
5. 쇼핑은 내게 있어서 긴장이나 불안감을 풀 수 있는 아주 좋은 방법이다.		
6. 나는 사는 물건보다 물건을 사는 행위 그 자체를 더 즐긴다.		
7. 우리 집에는 한 번도 사용하지 않은 물건들이 가득하다.		
8. 나는 경제적으로 감당할 수 없을 만큼 쇼핑을 많이 한다.		
9. 내가 얼마나 쇼핑을 많이 하는지 다른 사람들이 알면 놀랄 것이다.		
10. 나는 기분이 좋아지기 위해 물건을 산다.		

유형	진단 기준	진단 결과
건전형	0개	실용적인 구매태도
기분파	5, 6, 10번 중 1개 이상 해당	충동구매, 과시구매 경향이 있음.
과다쇼핑	2, 3, 4, 7, 9번 중 1개 이상 해당	쇼핑중독에 걸릴 위험이 높음.
쇼핑중독	1, 8번 중 1개 이상 해당	정신 상담이나 치료를 요망

출처: 김난도(2007).

소비자 피해 신고 요령

위와 같이 주의를 했음에도 불구하고 어쩔 수 없는 피해가 발생했다면, 어떻게 대응해야 할까? 이때 가장 유용한 것이 내용증명우편을 활용하는 방법이다. 내용증명우편이란 언제, 누구에게 어떤 내용의 문서를 발송했다는 사실을 우체국이 공적으로 증명하는 제도로서, 서면내용을 정확히 전달할 수 있음은 물론 보낸 사실에 대한 증거자료로서 활용된다. 개인 상호간의 채권, 채무관계나 권리관계를 더욱 명확하게 할 필요가 있을 때 주로 이용되고 있다.

• 내용증명은 언제 작성하나?

– 방문판매, 전화권유판매, 다단계판매, 통신판매, 물품 등의 할부거래 구입 또는 이용계약을 체결한 후 청약철회를 요구할 때

– 물품 등을 할부로 구입 후, 사업자와 신용카드회사에 항변권을 행사할 때

– 그 밖에 계약을 해제하거나 중단하고자 하는 의사표시 및 이에 대한 증빙자료가 필요할 때

• 내용증명을 이용하면 좋은 점은 무엇인가?

– 내용증명은 소비자가 발송일자에 내용증명서에 기재된 내용을 사업자에게 발송하였음을 증명해 준다.

– 내용증명은 그 내용의 사실을 우체국이 증명하는 제도이므로 내용의 발송사실, 발송일자 및 전달 사실까지 증명될 수 있다.

• 내용증명은 어떻게 작성하나?

– 소비자가 내용증명 우편물을 3부(신용카드거래의 경우는 4부) 작성하여, 우체국에 가서 사업자에게 1통을 발송하고, 1통은 소비자(발신인)가 보관하며, 나머지 1통은 우체국에 보관한다.

– 신용카드로 결제하였거나 통신회사에서 대금을 청구한 경우에는 신용카드사 또는 통신회사에도 내용증명을 발송해야 하고, 이 결제 과정에 중간결제대행업체를 통해 결제한 경우 결제 대행업체에도 발송해야 한다.

내용증명의 작성방법 및 양식에 대해서는 소비자상담센터 홈페이지(http://www.ccn.go.kr)나 한국소비자원 홈페이지(http://www.kca.go.kr)를 참조하면 된다.

계약취소 요청방법

• 방문판매로 구입하였을 경우,
  – 구입 후 14일 이내에 계약취소가 가능하다.
  – 계약일로부터 14일 이내에 제품 훼손이 없는 상태에서 계약취소가 가능하다
  – 계약취소는 내용증명서 서식을 이용하여 반드시 서면으로 요청해야 한다. 사업자가 일방적으로 취소를 거절하는 경우 상담기관에 조정을 신청한다.

내용증명서

받는 사람: 이름, 주소, 연락처

보내는 사람: 이름, 주소, 연락처

물품명 :

구입금액(구입일):

위 상품을 ____________ 사유로 반품(취소)하고자 합니다.

20○○년 ○월 ○일

이름 (인)

소비자상식: 아무것도 사지 않는 날(Buy Nothing Day)을 아세요?

매년 11월 마지막 주에는 전 세계적으로 '아무것도 사지 않는 날(Buy Nothing Day)' 행사가 열린다. 이 캠페인은 지난 1992년 캐나다의 테드 데이브라는 광고업 종사자에 의해 처음 시작됐다. 그는 자신이 만드는 광고가 사람들에게 끊임없이 소비의 욕구를 불러일으킨다고 판단, 과소비의 유혹에 맞서기 위해선 실천적 행동이 필요하다고 주장했다.

우리의 넘치는 소비가 지구를 파괴하고 있진 않나? 우리 세대에 모든 자원을 다 써버리고 다음 세대들이 사용할 권리를 뺏는 건 아닌가? 등 소비와 환경에 대해 생각해 보는 날이다.

물건을 사기 전에 스스로에게 이게 꼭 필요한 걸까? 얼마나 쓸 수 있을까? 재생 · 재활용은 가능한 상품인지 한번 다시 생각해 보고 결정하는 습관을 가져 보자.

'더 많이, 좀 더' 라는 것이 항상 좋은 것은 아니라는 생각이 널리 퍼져 나가길 바란다. 우리가 TV의 스위치를 켜는 순간 우리에게 '우리는 이게 필요해, 저것도 필요하고 좀 더 빛나는 멋진 것이 필요해' 라고 생각하도록 만드는 광고의 홍수 속에 빠지게 된다.

'아무것도 사지 않는 날' 은 소비자인 우리에게 무엇이 가장 중요한 것인가에 대해서 생각해 볼 기회를 줄 것이며, 앞으로도 오랜 시간 동안 계속되어야 하고, 우리가 실천해야 할 행동 중의 하나다. 우리나라에서는 환경단체인 녹색연합이 주축이 되어 1999년부터 캠페인을 벌이고 있다.

알수록 보이는 혜택

노인복지의 이해

몇 년 전 국내에서도 개봉했던 〈노인을 위한 나라는 없다〉라는 영화가 있었다. 노인을 위한 나라는 과연 어떤 나라인가? 어쩌면 이 질문은 이 시대 노인 정책의 화두이며, 곧 노인복지가 어떠해야 하느냐와 직결되는 문제일 것이다. 노인복지란 좁게는 요양원, 양로원 등에서 이루어지는 최소한의 생활 유지와 관련 있는 복지 서비스이며, 넓게는 노인이 인간다운 생활을 영위하면서 자기가 속한 가족과 사회에 적응하고 통합될 수 있도록 필요한 자원과 서비스를 제공하는 제반 활동을 의미한다. 흔히 노인복지의 대상이 경제적으로 어렵거나 신체적으로 취약한 노인들만인 것으로 오해하는 경우도 많은데, 실제로 노인복지는 어려움에 있는 노인뿐만 아니라 모든 노인이 보다 나은 생활을 영위하고 삶의 질을 향상시킬 수 있도록 돕는 것이다.

인간은 빵만으로는 살 수 없다. 이는 단순한 육체적 생존만이 생의 전부가 아님을 뜻하며, 그런 점에서 본다면 노인 역시 충분한 사회적 활동과 욕구 충족을 통하여 가정이나 지역사회에서 정상적인 관계를 이루어야 한다. 즉, 노인의 생활도 경제적 · 육체적 · 정신적 · 사회적 측면 등 다양한 요소가 적절히 조화를 이루어야 한다. 따라서 노인복지는 노후생활의 여러 어려움에 대해 경제적 안정, 심신의 건강 유지, 사회적 참가와 역할수행, 취업 기회와 여가 향유 등 관련 제도 및 서비스를 통해 노인의 기본적 욕구와 문화생활을 유지할 수 있도록 돕는다.

우리 사회에서 노인복지 문제가 직접적으로 대두된 것은 현대화 과정과 밀접한 관련이 있다. 급속한 산업화에 따른 핵가족화와 개인주의적 풍조, 능률 위주의 경쟁 상황 등으로 인해 전통적인 효 사상과 가족 중심적 관점이 희박해지면서, 상대적으로 사회적 약자인 노인층이 주목받게 되었다. 이러한 사회적 분위기 속에서 노인의 행복한 생활을 보장하기 위한 요청으로, 1981년 6월 「노인복지법」이 공포되었다.

노인복지정책의 목표 및 기본원칙

「노인복지법」을 바탕으로 하는 우리나라 노인복지정책의 목표는 다음 세 가지로 정의된다.

- 노인의 안정된 생활: 노인은 후손의 양육과 국가 및 사회의 발전에 기여하여 온 자로서 존경받으며 건전하고 안정된 생활을

보장받는다.

- 자아실현을 위한 욕구의 충족: 노인은 그 능력에 따라 적당한 일에 종사하고 사회적 활동에 참여할 기회를 보장받는다.
- 사회통합의 유지: 노인은 노령에 따르는 심신의 변화를 자각하여 항상 심신의 건강을 유지하고 그 지식과 경험을 활용하여 사회의 발전에 기여하도록 노력하여야 한다.

1991년 UN에서는 '노인을 위한 원칙(Principles for Older Persons)'을 채택했다. 이 원칙은 독립, 참여, 보호, 자아실현, 존엄이라는 5가지의 주요 명제를 통해 노인복지가 향상될 수 있다고 선언하고 있다. 이를 토대로 우리나라의 「노인복지법」에서도 노인복지정책의 기본원칙으로 다음 일곱 가지 명제가 제시되고 있다.

- 사회정의의 원칙: 사회정의 차원에서 노인, 불우청소년, 여성 등 상대적으로 사회적 약자인 사람들을 돌보아야 한다.
- 세대 간 연대성의 원칙: 연령차별에 대한 적극적인 조치로서 세대 간 상호지원과 세대 간 통합이 장려되어야 한다.
- 자발적 참여의 원칙: 노인의 욕구를 해결하기 위한 개입방법과 지원과정을 통해 노인 당사자가 스스로의 능력에 맞추어 문제와 욕구를 해결하는 실마리를 스스로 생각하고 실행하도록 돕는다.
- 독립성의 원칙: 소득, 가족과 지역사회의 지원 및 자조(self-help)를 통해 의식주 및 건강 보호에 대한 접근 여부를 스스로

결정해야 한다.

- 포괄성의 원칙: 노인 개개인이 갖는 다양한 사회복지적 욕구가 전체로 조화될 수 있어야 한다.
- 지속성의 원칙: 노인들의 정신적 · 문화적 · 사회경제적인 기여는 사회에 소중한 것이므로 노인이 생산적인 활동에 더 많이 참여할 기회가 제공되어야 한다.
- 사회적 보호의 원칙: 노인은 각 사회의 문화적 가치 체계에 따른 사회제도의 수준 안에서 가족과 지역사회의 보살핌과 보호를 받아야 한다.

이러한 복지정책의 목표와 기본 원칙은 구체적으로는 공공부조, 사회보험, 사회복지 서비스 등의 주요 프로그램을 통해 현실 속에서 실천된다.

노인복지 서비스의 분야

노인복지 서비스는 고용 및 소득보장, 건강증진, 주거복지, 사회참여, 재가복지, 권익보호 등의 영역으로 구분될 수 있다.

소득보장 및 고용 서비스

우리나라에서 현재 시행되고 있는 노인 소득보장정책은 4대 연금제도, 국민기초생활보장제도, 사적연금보험 등으로 나누어 볼 수 있다.

- 4대 연금제도: 공적연금인 국민연금과 공무원연금, 사립학교교원연금, 군인연금 등 특수직역연금으로 구성되어 있다. 연금제도는 임금 노동자의 최저 생계보장 차원을 넘어 전 국민에게 퇴직 이후에 적절한 생활을 보장하는 소득보장정책으로 바뀌어 가고 있다. 최근 국민연금이 각광을 받는 이유도 이와 관련이 있다.
- 국민기초생활보장제도: 저소득 노인층에 2차적 사회 안전망의 역할을 하는 것으로, 국민으로서 일상적 생활을 영위하는 데 필요한 최소한의 소득을 국가가 보장하는 것이라고 할 수 있다. 급여내용은 의복, 음식물, 연료비, 기타 일상생활 등 기본적으로 필요한 금품을 제공하는 생계급여와 주거 안정에 필요한 임차료, 유지 수선비 등을 제공하는 주거급여가 있다.
- 사적연금보험: 사적연금보험에는 퇴직금과 퇴직보험(퇴직연금), 기업연금, 개인연금(보험) 등이 있다. 개인연금은 법률에 의한 강제 보험이 아니라 본인의 희망에 따라 가입하는 임의보험에 속한다.
- 노인 일자리 사업: 일자리가 필요한 노인층을 위해 그 특성에 맞는 일자리를 제공하여 노인의 소득보전 및 사회참여 기회를 제공하는 서비스다. 현재 서울시를 비롯한 각 지자체에서 고용촉진 기본계획(2007~2011년)에 따라 55세 이상 고령자를 대상으로 취업을 알선하고 있다.
- 주택연금(역모기지론): 주택은 있으나 특별한 소득원이 없는 노인이 주택을 담보로 사망할 때까지 자택에 거주하면서 노후생

활자금을 연금 형태로 지급받고, 사망하면 금융기관이 주택을 처분하여 그동안의 대출금과 이자를 상환받는 서비스다.

- 경로우대 서비스: 65세 이상 모든 노인을 대상으로 공공 및 민간 부분에서 철도, 고궁, 능원 등의 운임 또는 이용료를 무료 또는 할인해 주는 서비스다.

경로우대 서비스의 실제

종류	할인율
철도(통근열차)	운임의 50% 할인
무궁화/새마을호	운임의 30% 할인(단, 토 · 일요일 및 공휴일 제외)
수도권 전철, 도시철도, 고궁, 능원, 국 · 공립 박물관, 국 · 공립 공원, 국 · 공립 미술관	운임 또는 입장료 100% 할인
국 · 공립 국악원	요금의 50% 할인
국내 항공기	운임의 10% 할인
국내 여객선	운임의 20% 할인

- 기타: 이 외에도 산재보험 및 고용보험제도에서 지급되는 보상금이나 수당이 있고, 국민연금 가입자에서 제외되는 노인층을 위한 경로연금과 그 외 노인교통수당제도도 소득보장의 역할을 하고 있다. 경로연금은 65세 이상의 국민 중 국민기초생활보장 대상자와 65세 이상으로서 본인 및 배우자와 부양의무자의 소득이 대통령령이 정하는 소득기준 이하인 사람에게 주는 지원금이다. 경로연금의 액수는 연령과 소득에 따라 다른데, 국민기

초생활보장 대상자 중 80세 이상은 월 5만 원, 79세 이하는 월 4만 5천 원, 그리고 일반 저소득 노인은 월 3만 5천 원을 받는다. 노인교통수당은 만 65세 이상의 노인 중 신청자에 한해 해당 지역의 버스 승차권 12매 이상의 금액을 지급받을 수 있다.

건강증진 서비스

우리나라의 의료보장 프로그램은 국민건강보험(사회보험 방식)과 의료급여제도(공공부조 방식)가 주축을 이루고 있으며, 미약하나마 무료 건강진단제도와 일부 민간 의료보험제도도 운영되고 있다.

- 국민건강보험: 의료보호대상자를 제외한, 대한민국에 거주하는 모든 국민을 지역가입자와 직장가입자로 지정하고 그 가족 등을 피부양자로 한다. 가입자 및 피부양자의 질병 · 부상 · 출산 등에 대해 진찰 · 검사, 약제 · 치료 재료의 지급, 처치 · 수술 기타의 치료, 예방 · 재활, 입원, 간호, 이송을 위한 요양급여가 실시된다.
- 민간의료보험: 일반인이 민간 보험회사가 판매하는 상품에 가입한 뒤 질병을 얻을 경우 보험금으로 진료비를 충당하고 고가의 의료 서비스를 받는 제도다. 미국에서 채택하여 시행하고 있으며 독일, 네덜란드 등 유럽 일부 국가에서도 공적 보험의 보조수단으로 시행되고 있다.
- 의료급여(기타 노인 관련 의료 서비스): 생활유지 능력이 없거나 일정 수준 이하의 저소득층 및 노인에게 의료 서비스를 제공하

는 것이다. 급여대상자는 보건복지부장관이 정하며 급여 내용에 따라 1종, 2종 수급권자로 나누어진다. 기타 노인 관련 의료 서비스에서와 같이, 노인건강 진단, 생애전환기 건강검진, 노인 안검진 및 개안수술, 치매조기검진, 방문보건, 노인의치보철 지원 등이 여기에 해당된다.

노인 관련 의료 서비스

종류	대상(시기)	서비스 내용
노인건강 진단	65세 이상 국민기초생활보장 수급권자 및 차상위 계층의 노인	희망자를 대상으로 건강진단 서비스를 제공
생애 전환기 건강검진	40세(중년기), 66세(노년기)와 같이 생애주기별 건강관리의 전환점에 실시	과학적인 맞춤형 건강검진 서비스(성별, 연령별 특성을 고려)
노인 안검진 및 개안 수술	저소득층 노인	정밀 안검진 실시로 안질환을 조기 발견, 치료, 수술함으로써 노인들의 시력 향상 및 실명 예방, 생활안정을 기함
치매 조기검진	60세 이상의 노인 중 치매의 위험에 노출된 자	치매 조기검진을 실시하고 치매 환자를 조기에 발견·관리
방문보건	기초생활수급자, 차상위 계층 중 65세 이상 독거노인 등	가정에 간호사가 방문하여 다양한 보건의료 서비스(방문간호, 방문진료, 가정간호연계, 재활관리 등)를 제공
노인의치 보철	치아가 망가져 의치 혹은 보철이 필요하나 경제적 이유로 이를 장착하지 못하는 기초생활보장 수급노인	구강검진, 무료 틀니 시술 등의 서비스를 제공

주거복지 서비스

재가복지 서비스

노인이 복지시설이 아닌 자택이나 지역사회에서 생활하고자 할 때, 또 노인 의료비와 시설보호비의 증가에 대비하기 위한 것이다. 이를 위해 「노인복지법」에서는 가정봉사원의 파견, 주간보호사업, 단기보호사업, 노인주거환경개선, 영구임대주택지원 등을 구체적인 사업으로 정하고 있다.

- 가정봉사원 파견: 일정한 교육을 받은 가정봉사원을 65세 이상의 노인이 거주하는 집에 파견하여 일상생활의 불편함을 덜어주는 서비스다. 가정봉사원 파견 사업의 내용은 크게 네 가지로, 신체 수발, 일상생활 지원, 상담 및 교육, 지역사회 복지지원 발굴 및 네트워크 구축 등이다.
- 주간보호사업: 가정의 노인을 주간보호시설로 옮겨 낮 시간 동안 보호하고 각종 서비스를 제공하는 것이다. 보건복지부 지침에 따른 주 · 야간보호 서비스의 사업범위는 생활지도 및 일상동작훈련 등 심신의 기능회복을 위한 서비스, 급식 및 목욕 서비스, 취미 · 오락 · 운동 등 여가생활 서비스, 지역사회복지자원 발굴 및 네트워크 구축에 관한 사항, 이용 노인 가족에 대한 상담 및 교육 등이 있다.
- 단기보호사업: 부득이한 이유로 가족의 보호를 받을 수 없어 일시적으로 보호가 필요한, 심신이 허약한 노인이나 장애 노인을

시설에 단기간 입소시켜 보호하고, 필요한 각종 서비스를 제공하는 것이다.

- 노인주거환경개선 및 영구임대주택지원: 노인주거환경개선은 어려운 환경 속에서 사는 노인 거주주택의 도배와 장판 교체, 또 소규모 수선, 보일러 교체와 지붕 개량, 화장실 신축 등의 서비스를 제공하는 것이다. 영구임대주택지원은 국민기초생활보장 수급자, 65세 이상의 직계존속을 부양하는 자 등이 무주택 세대주일 경우 영구임대아파트 입주권을 제공하여 영구임대료 및 월임대료를 제공받는 서비스다.

시설복지 서비스

시설복지 서비스란 국민기초생활보장 수급자 중에서 부양의무자로부터 적절한 부양을 받지 못하는 65세 이상의 노인이 사회와는 격리된 수용시설에서 보호와 서비스를 받는 것이다. 수용시설(양로시설 혹은 노인공동생활가정)에서 이루어지는 서비스의 주된 내용은 생계 급여와 수용생활과 관련된 프로그램이 있다.

시설복지 서비스

종류 및 내용	양로시설	노인공동생활가정
입소 대상	65세 이상으로서 국민기초생활보장 수급대상자 부양의무자로부터 적절한 부양을 받지 못하는 65세 이상의 자 등	
서비스 내용	노인을 입소시켜 급식 · 기타 일상생활에 필요한 편의를 제공	노인들에게 가정과 같은 주거여건과 급식, 기타 일상생활에 필요한 편의를 제공

사회참여 서비스

일반적으로 노인은 도움을 받는 사람으로 인식되고 있지만, 그들의 전문적 능력과 훈련된 자원을 활용하여 다른 세대와 우리 사회에 훌륭한 서비스를 제공할 수도 있다. 노년기의 적극적인 사회참여 활동은 퇴직 이후의 생활에 대한 적응력을 높이고, 지역사회와의 연대감을 제고한다는 점에서 매우 의미가 있다. 일반적으로 노인의 사회참여 서비스로는 노인여가 및 교육, 노인 자원봉사 등이 있다.

노인여가복지시설 서비스

종류	서비스 내용
노인(종합)복지관	• 노인의 교양 · 취미생활 및 사회참여 활동 등에 대한 각종 정보와 서비스를 제공 • 건강증진 및 질병예방과 소득보장 · 재가복지, 그 밖에 노인의 복지 증진에 필요한 서비스를 제공
경로당	• 지역노인들이 자율적으로 친목도모 · 취미 활동 · 공동작업장 운영 및 각종 정보교환 • 기타 여가 활동을 할 수 있도록 함
노인교실(노인대학)	• 취미생활 · 노인건강유지 · 소득보장 기타 일상생활과 관련한 학습 프로그램을 제공
노인휴양소	• 노인들이 단기간 심신을 휴양케 함 • 위생시설 · 여가시설 기타 편의시설을 단기간 제공

- 노인여가 및 교육: 주로 노인여가복지시설인 노인(종합)복지관, 경로당, 노인교실(대학), 노인휴양소 등을 통해 다양한 여가 및 교육 서비스가 제공되고 있다.

• 노인 자원봉사: 노인들이 일정한 보상을 요구하지 않으면서 자원하여 자신들의 경험과 지혜를 바탕으로 타인과 사회를 위해 지속적으로 봉사하는 것이다. 노인들은 자원봉사를 통해 노년기에 직면할 수 있는 다양한 문제의 예방과 더불어 노후생활에 대한 적응력을 제고하고, 나아가 사회발전에 기여함으로써 창조적이고 활발한 노후생활을 영위할 수 있는 기회를 얻게 된다. 따라서 노인복지관 등 노인을 위한 시설에서는 자원봉사 활동을 주요 사업의 하나로 추진하고 있다. 그 밖에 금빛평생교육봉사단, 노인의 전화, 노년자원봉사회, 한국노인복지회, 노인대학, 삼락회, 대한적십자사 등 각종 노인 관련 단체 및 일반 단체에서도 노인 자원봉사 서비스가 활발히 이루어지고 있다.

인권복지

• 노인 학대 예방 및 보호 서비스: 노인은 가족 또는 타인으로부터 가혹행위나 방임에 처하지 않고, 적절한 보호를 받아야 한다. 정부는 이를 위해 보건복지부 산하에 노인보호기관을 전국적으로 조직하여 노인 학대를 예방하고 필요한 조치를 하고 있다(상담 전화 1577-1380/02-3667-1389).

• 실종 노인 찾기 서비스: 정부는 급속한 고령화로 치매노인이 늘어남에 따라 실종 노인의 빠른 발견과 안전한 복귀를 위해 경찰의 신고와 수색 체계 구축 등 근거 규정을 마련했다. 이에 따라 경찰은 실종 노인 신고 체계를 구축·운영하고 수색 및 수사를 공식화할 수 있게 되었으며 유전자 검사도 실시할 수 있게 되었

다. 실종 노인을 찾기 위해서는 실종 노인상담지원센터(02-777-0182)나 경찰청 실종아동찾기센터(182)로 연락하면 적절한 도움을 받을 수 있다.

어디에서 살까?

삶의 근거지를 제공하는 주거는 인간생활의 필수불가결한 요소다. 특히 길어진 노년기를 보낼 은퇴 후 주거환경은 삶의 질을 결정하는 기본적 요소다.

은퇴와 주거의 변화

나이가 들어 감에 따라 노화 현상은 누구에게나 나타나며, 감각기능을 비롯한 신체 · 생리 기능도 변화한다. 이러한 신체적 기능의 변화에 따라 정신적 · 사회적 · 심리적 · 경제적 노화 현상도 수반된다. 노화에 따라 안전하고 쾌적한 주거환경을 갖추는 일은 은퇴 후 생활 기능을 보완하는 매우 중요한 문제다.

유명한 발달심리학자인 해비거스트(Havighurst)는 노년기의 발달과제를 신체 변화에 대한 적응, 퇴직과 소득감소에 대한 적응, 배우자의 죽음에 대한 적응, 동년배들과의 친화적 관계 형성, 노후생활에 맞는 물리적 환경 조성, 사회적 역할에 대한 적응 등으로 제시하였다.

노후 주거는 무엇보다도 노년기 발달과제를 해결하는 물리적 공간으로서 행복한 생활을 영위할 수 있는 기본 단위다. 많은 시간을 직장에서 보냈던 현역시절과 달리 은퇴 후에는 집에서 보내야 하는 시간이 길어질 수밖에 없다. 은퇴 후의 주거공간은 개인의 정체감과 독립성을 확인하는 보금자리다. 따라서 은퇴 후 주거공간은 신체적 노화와 경제적 변화, 심리사회적 욕구를 충족시킬 수 있는 구조와 환경을 갖추어야 한다.

결혼을 하면서 가족을 이루는 시기에 집은 삶의 물리적 공간이 되며, 한편으로는 자산증식의 수단이기도 하다. 그러나 은퇴 후에는 물리적 공간으로서의 '주택(house)'의 의미보다는 '어디서, 어떻게 살아갈 것인가' 하는 정서적 영역을 아우르는 '주거(home)' 환경과 주거생활에 초점을 맞추어야 한다.

노후 주거 선택의 기준

그렇다면 노후 주거를 선택하는 데 있어 어떤 것들을 고려해야 할까?

연속성

아무리 좋은 곳으로 여행을 가더라도 누구나 돌아올 때쯤엔 "그래도 역시 내 집이 제일 좋다"고 말한다. 나에게 가장 익숙하고 편한 곳, 그곳은 가장 오랜 시간 살아온 내 집이기 때문이다. 더욱이 오랜 시간 한 집에서 혹은 한 동네에서 지내 온 사람이 노년기에 이르러 익숙한 동네를 떠나 다른 곳으로 이주한다면, 그곳이 아무리 좋은 곳이라 해도 마음이 편치 만은 않을 것이다. 노후의 갑작스런 이주는 심리적으로나 신체적으로나 대단한 스트레스로 작용할 수 있다. 따라서 자신이 평생 지내 온 익숙한 곳에서 노후를 보내는 것이 가장 바람직하다.

안전성

신체적인 노화는 누구도 피해 갈 수 없다. 아무리 건강한 사람이라 해도 나이가 들면 몸이 둔해지고 약해질 수밖에 없다. 그 결과 젊어서는 아무렇지도 않았던 것들에서 불편을 느끼기도 한다. 그 대표적인 예가 바로 집이다. 사용에 전혀 불편이 없었던 화장실에서 미끄러져 넘어지고 나면 함부로 화장실 드나들기가 무서워진다. 변기에 한 번 앉았다 일어나는 것조차 힘들어지기도 하고, 현관 계단 오르는 것이 부담스러워지기도 한다. 따라서 노화의 진행정도에 따라 적절한 수리와 시설에 대한 보완을 통하여 주거 안전성을 확보하는 것이 필요하다.

건강성

노화로 인해 면역력이 떨어지고 질병에 취약해지므로, 젊어서보다 더 쾌적하고 위생적인 환경이 필요하다. 따라서 통풍, 소음, 채광, 위생 등에 특별히 신경을 써야 한다. 특히 거동이 불편해지면서 집 안에서 생활하는 시간이 늘어나기 때문에 곰팡이가 생기지 않도록 습도 조절에 주의해야 하며, 아침저녁으로 환기를 시켜서 신선한 공기를 유지해 주어야 한다.

환경의 편의성

노후에는 긴급상황이 자주 발생할 수 있고 이동성이 떨어지기 때문에 생활에 필요한 물품이나 서비스를 주거지 가까이에서 쉽게 얻을 수 있어야 한다. 따라서 노후생활과 긴밀한 관련을 갖는 병 · 의원, 약국, 쇼핑시설은 물론이고, 복지관, 보건소, 문화시설, 평생교육시설, 산책이나 가벼운 운동이 가능한 시설 등이 주거지 가까이에 있는 것이 좋다. 또한 지하철역이나 버스 정류장이 가까워 이동이 편리한 것도 중요한 주거의 선택기준이다.

노인의 특성에 따른 주거환경 요구

구분	문제점	주거환경 계획
신체적 노화	골격 변화 (신장 축소)	• 안전사고 방지 • 발에 걸릴 단차 제거 • 미끄럽지 않은 바닥재 • 선반 · 부엌 · 문고리 · 스위치 등 수납공간 치수 조정
	감각 기능 쇠퇴 (시각, 후각, 청각, 촉각)	• 눈이 부시지 않고, 천천히 밝아지는 조명기구 • 계단의 단차가 확실히 구별되는 조명 • 가스 감지 장치 • 빛으로 구별되는 전화 또는 인터폰 • 바닥 난방
	신체 기능(기억력, 사고력, 근력, 걷기, 앉기, 일어서기) 저하	• 찾기 쉽고, 사용하기 편리한 수납 위치 • 높이조절 의자, 통로 손잡이 설치

신체적 노화	생리 기능 변화 (배설, 수면)	• 침실 가까이에 욕실 및 화장실 배치 • 야간 조명등 설치 • 소음이 없도록 침실의 방음 성능 개선
	호흡순환계 기능 저하 (천식, 지체장애)	• 난방 공조 시스템 • 온도, 습도 조절 설비 • 휴게 공간 고려
심리 사회적 노화	성격 변화(고독, 내향성 등 증가)	• 생활의 중심인 거실 등 사생활 보장 공간
	지적 능력 변화	• 노인교육시설 확보
	가족관계 변화	• 가족, 친지 등과의 긴밀하고 지원적인 관계를 위한 공간 배치
	사회적 지위상실 및 관계 축소	• 집에 대한 애착심과 지위상실에 대한 대응 • 사회적 관계 유지를 위한 교통, 의료시설, 여가시설 등 사회적 서비스의 접근성 확보 • 사회참여 기회
경제적 노화	소득 상실 연금, 퇴직금 부족 재취업 곤란	• 주거 소유(임대) 및 유지관리 비용 준비 • 집수리, 개조 비용 • 주택 관련 세금 파악

입지에 따른 노후 주거 분류

노후에 어디에서 살 것인가를 생각할 때 가장 일반적인 방법은 입지에 따라 도시형, 도시근교형, 그리고 전원형으로 구분하는 것이다.

도시형

도시형의 주거는 각종 편의시설을 가까이에서 이용할 수 있고 기존 생활권을 그대로 누릴 수 있는 편리성이 장점이라면, 주거 구입비나 임대료뿐 아니라 관리비나 생활비 등이 비싼 것이 단점이다. 현대사회에서는 도시화 경향으로 도시에서 나고 자라서 도시생활에 익숙한 노인들이 증가하면서 오히려 도시가 노후 주거에 적합한 지역으로 떠오르는 경향이 있다. 특히 최근에는 도시들이 고령친화성을 개선하고자 노력하는 추세여서 이러한 노인들의 도시 거주는 더 증가할 것으로 보인다.

그동안 저소득층을 위한 무료 양로시설과 상류층을 위한 유료 실버타운으로 구분되던 노인주택의 형태에서 최근에는 도시형 생활주택이 노인 단독 혹은 노인 부부 가구를 위한 주택형태의 하나로 등장하고 있다. 도시형 생활주택은 단지형 다세대주택, 원룸형 주택, 기숙사형 주택으로 구분된다. 이 중에서도 노년층에는 국민주택 규모 이하의 면적으로 공급되는 아파트와 다세대의 중간 형태인 단지형 다세대주택이 인기가 있을 것으로 예상하고 있다. 도시형 생활주택은 공동주택으로 분류되지만 청약통장 없이 선착순 혹은 임의 분

도시형 생활주택의 종류

구분	단지형 다세대	원룸형 주택	기숙사형 주택
주거전용면적	85㎡ 이하	12~30㎡ 이하	7~20㎡ 이하
실 구성	2룸 이상	1룸	1룸
용도구분	다세대	아파트, 연립, 다세대	아파트, 연립, 다세대
욕실/부엌	설치/설치	설치/설치	설치/없음
주차	1대	0.5대	0.3대
기타	주거층 4층 (연면적 660m2)	독립주거	취사, 세탁 공동사용

출처: 국토해양부 홈페이지에서 작성.

양하며 분양가 상한제에서도 제외된다는 점도 장점으로 작용한다.

도시근교형

도시근교형은 도시형과 전원형의 중간적인 형태로서 이들 두 가지 유형의 장점을 동시에 지닌다. 즉, 편리성이 보장되면서 쾌적한 환경을 누릴 수 있는 유형이다. 최근 우리나라에서는 대도시에서 멀지 않은 곳에 신도시들이 조성되면서 도시근교형의 주거단지들이 증가하고 있다. 일산이나 분당, 판교, 화성, 산본 등이 그 대표적인 지역들인데, 대체로 대도시에 비해 주거비용은 절약되면서도 도시의 편리함과 동시에 자연환경의 편안함과 여유를 누릴 수 있어 인기가 높다.

전원형

누구나 한번쯤은 전원에서의 그림같은 노후생활을 꿈꿀 것이다. 2006년에 농림부가 '베이비붐 세대의 은퇴 후 농촌이주 · 정착의향'를 조사한 결과에 따르면, 도시 거주자들의 60.3%가 은퇴 후 전원마을로 이주할 의향을 갖고 있는 것으로 나타났다. 물론 전원으로의 이주가 꿈만으로 이루어지지는 않으며, 또 막연한 꿈만 가지고 전원으로 내려갔다가는 골병들거나 몇 년 못버티고 다시 도시로 탈출하기 십상이다. 왜냐하면 전원의 아름다움을 소유하는 대신, 주거환경을 관리하는 노동과 거리가 떨어져 있는 편의시설을 오가는 발품을 팔 각오, 그리고 자녀들이나 지인들로부터 떨어져 지내야 하는 외로움을 감당할 용기가 필요하기 때문이다.

생활 유형에 따른 노후 주거 분류

주거의 조건은 어디에서 살 것인가뿐만 아니라 누구와 어떻게 살 것인가에 따라서도 달라진다.

독립적 거주

흔히 재가(在家)라고도 하는 형태로, 내 소유 혹은 임대한 내 집에서 가족들과만 독립적으로 거주하는 형태다. 현재는 대부분의 노인들이 어떤 형태이든 이러한 독립적 거주의 형태에서 살고 있다. 특히 우리나라에서는 주택 소유에 대한 욕구가 강하기 때문에, 자녀들을 키워 독립시킨 후 그대로 그 집에서 노후를 보내는 경우가 아직까지 일반적이다. 그러나 최근에는 다양한 고령자주택 등이 등장하고 있으며, 3세대주택도 점차 늘어나는 추세다. 물론 이 경우 연속성이나 심리적인 안정성 면에서 긍정적이지만, 주택이 낡아서 문제를 지닌 경우도 많고 또 노화의 진행에 따른 시설의 개보수가 원활히 이루어지지 못할 경우 안전과 건강에 문제가 발생할 수도 있다. 또 자녀들과 함께 생활하던 공간에 부부 혹은 노인 혼자 남게 되므로 실제로는 불필요한 공간들이 남게 되거나 청소나 관리의 어려움이 생기기도 한다. 따라서 일반적으로는 단독 거주를 원할 경우에도 자녀들의 독립에 따라 주거 공간을 줄여 나가는 것이 바람직하다.

한편 노인복지관이나 지역의 사회복지관 등을 통해 자신의 집에서 생활하는 노인들을 위한 다양한 재가복지 서비스들이 제공되므로, 지역사회에 어떤 서비스들이 있는지 정보를 잘 살펴 활용하는 것이 좋다. 주요 재가복지 서비스로는 목욕 서비스, 세탁 서비스, 말벗 서비스, 가사도우미 서비스, 방문간호 서비스 등이 있다.

저렴한 노인 주택

- 고령자용 국민임대주택: 소득이 적은 만 65세 이상 고령자의 주거복지를 위하여 영구 임대를 목적으로 건설되는 임대주택으로, 시중가의 60~70%의 저렴한 가격으로 공급된다. 입주자격은 본인과 세대원 전원이 무주택이어야 하고 소득이나 자산이 일정 기준 이하여야 한다.
- 고령자 장기전세주택: 장기전세주택의 일부를 65세 이상 저소득 고령자들에게 공급하는 것으로, 매월 임대료에 대한 부담을 덜어주기 위하여 인근 전세가의 80% 정도의 저렴한 비용으로 최장 20년까지 전세로 임대하는 주택이다. 서울의 경우, 독자적인 장기전세주택 프로그램인 시프트(shift)사업을 추진하고 있다.

서비스형 거주

서비스형 거주는 노인들이 집단으로 거주할 수 있도록 필요한 각종 서비스를 제공하는 형태의 거주다. 가장 대표적인 것이 「노인복지법」상 '노인복지주택'에 해당하는 이른바 '실버타운'인데, 특히 최근에는 고급화된 시설을 갖춘 실버타운들이 증가하고 있다. 국내 최고 수준의 실버타운으로서 수원에 위치한 삼성 '노블카운티'를 비롯하여 서울 옥수, 등촌, 가양, 그리고 분당 등에 4개 타워를 운영하고 있는 '서울 시니어스 타워', 경기도 하남시의 '블루밍 더 클래식', 분당의 '정원속궁전'과 '더헤리티지', 서울 자양동의 '더클래식500' 등 도시형 및 도시근교형의 실버타운들이 증가하고 있는 추세다.

이런 서비스형 거주의 장점은 의료 등 노인들에게 특화된 서비스를 쉽게 이용할 수 있고, 식사나 청소 등의 기본적인 가사에 대해 도움을 얻을 수 있는 편리함과 동년배 친구들을 가까이에서 사귐으로써 외로움에서 벗어날 수 있다는 점이다. 물론 어느 정도의 사생활 침해와 선택하는 시설에 따른 비용 부담은 감수해야 하는 부분이다.

수용시설 거주

독립적인 생활이 어려운 노인들이 집단적으로 거주하는 형태로서, 아직까지 우리나라에서는 정서적으로 시설 거주에 대해 거부감을 갖고 있는 사람들도 많지만 점차 이러한 거부감은 줄어드는 추세다.

일반적으로 독립적인 생활이 불가능한 노인들을 위한 주거복지는 심신의 자존감을 높여 인간답게 살게 하는 사회관계를 확대한다는 점에서 매우 중요한 역할을 한다. 수용시설은 다시 입소 노인의 자격기준에 따라 노인주거복지시설과 노인의료복지시설로 분류될 수 있다.

노인주거 및 의료복지시설의 종류

<table>
<tr><th>종류</th><th>시설</th><th>설치 목적</th><th>입소(이용)대상자</th></tr>
<tr><td rowspan="3">노인주거 복지시설</td><td>양로시설</td><td>노인을 입소시켜 급식과 그 밖에 일상생활에 필요한 편의 제공</td><td rowspan="2">다음 각 호의 어느 하나에 해당하는 자로서 일상생활에 지장이 없는 자
가. 「국민기초생활보장법」 제2조에 따른 수습권자(이하 "기초수급권자"라 한다)로서 65세 이상의 자
나. 부양의무자로부터 적절한 부양을 받지 못하는 65세 이상의 자
다. 본인 및 본인과 생계를 같이 하고 있는 부양의무자의 월소득을 합산한 금액을 가구원 수로 나누어 얻은 1인당 월평균 소득액이 통계청장이 「통계법」 제17조 제3항에 따라 고시하는 전년도의 도시근로자가구 월평균 소득을 전년도의 평균 가구원수로 나누어 얻은 1인당 월평균 소득액 이하인 자(이하 "실비보호대상자"라 한다)로서 65세 이상의 자</td></tr>
<tr><td>노인공동 생활가정</td><td>노인들에게 가정과 같은 주거여건과 급식, 그 밖에 일상생활에 필요한 편의를 제공</td></tr>
<tr><td>노인복지 주택</td><td>노인에게 주거시설을 분양 또는 임대하여 주거의 편의 · 생활지도 · 상담 및 안전관리 등 일상생활에 필요한 편의를 제공</td><td>단독취사 등 독립된 주거생활을 하는 데 지장이 없는 60세 이상의 자</td></tr>
</table>

노인의료복지시설	노인요양시설	치매 · 중풍 등 노인성 질환 등으로 심신에 상당한 장애가 발생하여 도움을 필요로 하는 노인을 입소시켜 급식 · 요양과 그 밖에 일상생활에 필요한 편의를 제공	노인성 질환 등으로 다음 각 호의 어느 하나에 해당하는 자 가. 「노인장기요양보험법」 제15조에 따른 장기요양급여수급자 나. 기초수급권자로서 65세 이상의 자 다. 부양의무자로부터 적절한 부양을 받지 못하는 65세 이상의 자 라. 입소자로부터 입소비용의 전부를 수납하여 운영하는 노인요양시설 또는 노인요양공동생활가정의 경우는 60세 이상의 자
	노인요양공동생활가정	치매 · 중풍 등 노인성 질환 등으로 심신에 상당한 장애가 발생하여 도움을 필요로 하는 노인에게 가정과 같은 주거여건과 급식 · 요양, 그 밖에 일상생활에 필요한 편의를 제공	
	노인전문병원	주로 노인을 대상으로 의료를 행하는 시설 –「의료법」에 의한 의료기관을 개설할 수 있는 자(치과의사 및 조산사 제외)에 한하여 시 · 도지사의 허가를 받아 설치	단독취사 등 독립된 주거생활을 하는 데 지장이 없는 60세 이상의 자

출처: 보건복지가족부(2010).

노후의 안락한 주거를 위한 정보

최근 'aging in place', 즉 오랜 시간 동안 정든 내 집, 내 마을에서 노후를 보내는 것이 바람직하다는 주장이 강하게 등장하면서 노후 주거환경 개선을 통하여 노년기 삶의 질을 향상시키기 위한 다양한 프로그램들이 등장하고 있다.

노후 주거개조지원 프로그램

정부와 민간 등 다양한 차원에서의 노후 주거개조지원 프로그램들이 제공되고 있다.

주거개조지원 관련 공적 사업

사업명	집수리사업	사랑의 집 고쳐 주기	노인주거개선사업
사업주관	보건복지부	보건복지부	보건복지부
근거	「국민기초생활보장법」	사회복지공동모금회 배분사업	고령자 일자리 창출
재원	주거급여 수급자의 주거 현금 급여액 중 공제된 30%	사회복지공동모금회 기금	공공근로사업비
상한액	• 1~2인 가구: 80만 원 • 3~4인 가구: 100만 원 • 5인 이상 가구: 120만 원	가구당 최고 500만 원	• 제한 없음(일반가구 실비 부담) • 평균 400만 원

대상자	자가가구, 주택 전체 무료 임차자, 이외 수선 및 점검 서비스가 필요한 가구(유료 집수리 가능)	생활이 어려우나 정부지원이 미치지 못하는 계층과 주거환경이 열악한 가구	• 1순위: 65세 이상 노인단독가구 • 2순위: 75세 이상 노인부부가구 • 3순위: 65세 이상 노인부부가구 • 4순위: 65세 이상 일반노인가구
사업형식	'집수리사업단'을 활용한 직접 서비스를 원칙으로 함	민관합동: 민간단체(자원봉사자 활용)	집수리 경험이 있는 노인으로 사업단 구성
수선 범위	건축허가가 필요한 대수선을 제외	기초적인 주거환경 개선(도배, 장판 교체, 도색, 지붕 보수, 보일러 수리, 전기시설 점검 등)	건축허가가 필요한 대수선을 제외(미장, 타일, 단열, 도배, 장판, 도색, 난방 등)

출처: 건설교통부(2006).

노후 주거생활지원 프로그램

보건복지부에서 제공하는 재가노인을 위한 생활지원 서비스

	노인돌봄기본 서비스	노인돌봄종합 서비스	결식 우려 노인 무료급식 지원	
			경로식당 무료급식	거동불편 저소득 재가노인 식사배달
대상	• 만 65세 이상 요양 서비스 불필요 독거노인 • 소득, 건강, 주거, 사회적 접촉 등의 수준을 평가하여 보호 필요가 높은 순으로 대상자 선정	• 만 65세 이상 장기요양보험 등급 외 A, B의(요양 서비스 필요) 노인 • 전국 가구 월평균소득 150% 이하	가정형편이 어렵거나 부득이한 사정으로 식사를 거를 우려가 있는 60세 이상 노인	도시근로자 월평균소득 미만 가구의 60세 이상 노인으로 거동이 불편하여 경로식당을 이용하지 못하여 식사를 거를 우려가 있는 노인
서비스 구성	주기적 안전 확인(가정방문, 유선 등), 생활교육, 서비스 연계 등 예방 서비스로 구성	방문 서비스(가사, 활동지원 서비스)와 주간보호 서비스로 구성	일일 평균 이용자 수가 20인 이상이고 주 3회 이상 급식을 하는 경로식당을 급식기관으로 지정하여 식당에서 급식 제공	보온을 유지하고 부패방지가 가능한 용기를 사용하여 가정으로 배달
이용자 부담	무료(공급자에 지원)	무료~48,000원(바우처 방식)	60세 이상 기초생활수급 노인 및 차상위계층 노인(독거노인 포함)에서는 무료로 제공하며, 그 이상의 일정한 능력을 갖춘 노인의 경우에는 실비수준의 급식비 징수 가능	

노후 주거의 안전성을 높이기 위한 방법

굳이 주택을 개조하거나 수리하지 않더라도 간단하게 주거의 안전성을 확보할 수 있는 방법이 있다. 다음 항목들에 주의를 기울인다면 내 집에서 그대로 거주하면서 안전한 노후생활을 즐길 수 있다.

노후 주거의 안전성을 확보하기 위한 TIP

<table>
<tr><th>장소</th><th>구분</th><th>안전을 위한 조치</th></tr>
<tr><td rowspan="4">욕실</td><td>바닥</td><td>• 바닥타일을 미끄럼 방지 처리가 된 것으로 교체하거나, 미끄럼 방지 스프레이나 스티커로 간단히 작업을 할 수 있다.</td></tr>
<tr><td>방과 욕실의 경계</td><td>• 방과 욕실의 단차가 심할 경우, 낙상의 위험이 증가하므로 가능하면 단차를 없애거나 받침을 설치한다.</td></tr>
<tr><td>욕조의 손잡이</td><td>• 욕조 출입이 용이하도록 손잡이를 설치한다.</td></tr>
<tr><td>욕조의 재질과 높이</td><td>• 욕조의 재질 역시 미끄럽지 않은 것으로 하거나 욕조 바닥에 미끄럼 방지 스티커를 붙이며, 욕조 높이를 낮추거나 입구에 의자를 설치하여 욕조의 출입을 돕는다.</td></tr>
<tr><td rowspan="3">화장실
(변기)</td><td>양변기</td><td>• 움직임이 커지는 화변기보다는 양변기로 교체한다.</td></tr>
<tr><td>손잡이 설치</td><td>• 쉽게 일어날 수 있도록 변기 옆에 손잡이를 설치한다.</td></tr>
<tr><td>전화기나 비상벨 설치</td><td>• 응급상황 발생 시 가족이나 외부에 연락이 가능하도록 인터폰, 전화기, 비상벨 등을 설치한다.</td></tr>
<tr><td>계단</td><td>계단 디딤판</td><td>• 안전을 위한 적당한 넓이와 높이를 확보하도록 한다.
• 바닥이 미끄럽지 않은 재질로 교체하거나 경계 부분에 미끄럼 방지 테이프를 부착한다.
• 경계 부분과 바닥이 명확히 구분되도록 두 부분의 색상을 달리한다.</td></tr>
</table>

	난간	• 난간 사이로 몸이 빠지지 못하도록 난간의 폭을 촘촘히 한다. • 반드시 손잡이를 설치하여 몸을 지탱하도록 한다.
	현관	• 편하게 신발을 갈아 신을 수 있도록 의자를 설치한다. • 신발을 갈아 신을 때 안전을 유지하도록 손잡이나 지지대를 설치한다.
침실	바닥	• 미끄럽지 않은 재질로 교체한다. • 이동통로에 방해되는 물건이 없도록 전선이나 가구를 잘 정리한다.
	침대나 가구	• 모서리가 날카롭지 않은 것으로 선택하거나 모서리 보호대를 설치한다. • 침대는 너무 높지 않으며 단단한 것으로 선택하며, 굴러 떨어지지 않도록 양쪽에 간막이가 설치된 것이 좋다.
	조명	• 야간에 이동할 경우에 대비해 바닥에 조명을 설치한다.

마지막을 위한 준비

출산은 예정일이 있지만, 임종은 예정일이 없다. 즉, 아무도 자신이 언제 어떻게 이 세상을 떠날지 알지 못한다. 이 말은 바꾸어 말하면, 언제 어떻게 떠날지 모르기 때문에 우리 모두는 언제나 죽음을 향해 가능성을 열어 두어야 한다는 의미이기도 하다. 언젠가 지인한 분이 했던 말씀이 기억난다. "언제 길거리에서 쓰러져 구급차에 실려 가 그렇게 이 세상을 떠날지 몰라. 그러니 누가 보아도 창피하지 않도록 늘 속옷만큼은 깨끗하게 입고 다녀야겠더라고." 갑자기 쓰러져 응급실로 실려 가게 되면 병원에서 가장 먼저 하는 것이 옷을 벗기고 심폐소생술을 하는 거라고 한다. 그때 이름도 모르는 사람이 꾀죄죄한 속옷을 입고 있다면 얼마나 초라해 보이겠냐는 거다. 오죽하면 모 유명브랜드의 고급 속옷을 입고 길거리에 쓰러지면 얼른 구급차가 와서 제일 좋은 병원으로 모셔 간다는 우스갯소리까지 있을까?

하지만 더 중요한 것은 좋은 속옷 입는 것이 아니라 죽기 직전 세상을 향해, 가족을 향해, 자녀들을 향해 남기고 싶은 말이 있다면,

즉 유언이 있다면 미리미리 준비해 두어야 한다는 사실이다. 내가 죽음을 맞이하는 그 순간 내 옆을 지킬 사람이 누구일지, 내가 언제 어느 낯선 곳에서 죽음을 맞이하게 될지 아무도 모르기 때문이다.

유언의 의의 및 유언사항

부모님의 죽음 뒤에 자녀들 사이에 재산 다툼이 났다는 이야기를 종종 들어 보았을 것이다. 유언은 통상적으로 죽음에 임박한 사람이 남기는 말로서, 법률적으로는 유언자의 사망 후 효력이 발생할 것을 목적으로 일정한 방식에 따라서 하는 '특정 사항에 관한 상대방 없는 단독의 의사표시'라고도 한다. 유언제도는 상속제도의 발달과도 깊은 관련을 갖고 있으며, 사유재산제도가 발달한 대부분의 현대국가들은 유언을 법으로 인정하고 있다.

대개 유언하는 사람은 자신의 뜻을 문서로 남기게 되는데, 이를 '유서' 혹은 '유언장(遺言狀)'이라고 한다. 내용은 유언자에 따라 자유지만, 대개는 유산(遺產)의 처분이나 유족(遺族)에 대한 훈계(訓戒) 등을 담는다. 그러나 유서가 법률적으로 효력을 갖기 위해서는 민법에서 규정하고 있는 일정한 방식 및 절차에 따라야 하며, 또한 내용도 민법에 규정되어 있는 사항에 관한 것이어야 한다. 예를 들어, "남아 있는 어머니한테 잘하라"든가, "형제간에 사이좋게 지내라"든가, "죽은 후 선산에 묻어 달라"는 식의 내용은 법률상의 유언에 해당되지 않는다. 민법이 유언사항으로 정하고 있는 것은, 재단법인의 설립, 친생부인(親生否認), 인지(認知), 후견인 지정, 친족회원 지정, 상속재산 분할방법의 지정 또는 위탁, 상속재산 분할금지, 유언 집행자의 지정 또는 위탁, 유증, 신탁 등에 관한 것이다.

유언의 방식

우리 민법에서는 유언을 하려는 사람은 민법에 정한 5가지의 형식 중 하나를 밟도록 요구하고 있으며, 이 5가지 형식 중 어느 하나에 따르지 않은 유언은 무효라고 규정하고 있다.

자필(自筆) 증서에 의한 유언

가장 간단한 유언 방식으로, 유언을 하는 사람이 유언장의 내용과 날짜, 이름 등을 직접 쓰고 서명하는 것이다. 그러나 이 방식은 문맹자가 이용하기 어렵고, 유언증서의 유무가 사후에 판명되기 어려우며 위조, 변조의 위험이 있다.

녹음에 의한 유언

이 방식은 유언자의 육성을 사후에도 그대로 보존할 수 있다는 점과 녹음기만 있으면 간편하게 할 수 있다는 장점이 있다. 그러나 녹음된 것이 잘못하면 소멸되어 버리는 문제점도 있다. 구체적 방식은 이러하다. 유언하는 사람이 유언의 취지 및 이름과 날짜를 이야기하고, 이에 참여한 증인이 유언 내용의 정확함과 유언자의 이름을 이야기한다.

자필 증서에 의한 유언증서(예시)

유언자　　김 ○○

19○○년 ○월 ○일생

본적 ○○시 ○○구 ○○동 ○○

주소 ○○시 ○○구 ○○동 ○○(우편번호○○○-○○○)

전화 ○○○ -○○○○

유언사항

1. 나는 다음과 같이 유언한다.

(1) 재산의 사인증여(민법 제562조 계약임, 등기원인은 "증여"가 된다) 또는 유증(민법 제1073조 단독행위임, 등기원인은 "유증"이 된다)에 관하여,

-○○시 ○○동○○번 대지 ○○평방미터(혹은 ○○평)는 이를 상속인 중 장남 김○○(주소: 생년월일:)에게 증여하고,

-○○시 ○○동 ○○번 대지 ○○평방미터와 동 지상 빌딩 1층 주택 건평 ○○평방미터는 장녀 김○○(주소: 생년월일:)에게 증여하고, 이 사인증여(또는 유증)는 나의 사망으로 인하여 효력이 발생한다.

(2) 유언집행자의 지정에 관하여,

위 사인 증여계약(또는 유증)의 이행을 위하여 유언집행자로 ○○○(주 소: 주민등록번호:)를 지정한다.

작성일자 서기 2011년 ○월 ○일

유언자 성명 ○○○ (날인)

공정증서에 의한 유언

이는 유언하는 사람이 증인 두 명이 참여한 가운데 공증인의 면전에서 유언의 취지를 알리고, 공증인이 이를 필기 · 낭독하여 유언자와 증인이 그 정확함을 승인한 후 각자 서명 또는 기명날인하는 것이다. 이 방식은 유언의 존재를 명확히 하고 그 내용을 확보할 수 있는 특징이 있고, 유언의 확실성을 증빙하는 점에서 매우 유용한 방식이다.

비밀증서에 의한 유언

유언하는 사람이 자신의 이름을 적은 증서를 잘 봉하여 서명한 뒤, 2인 이상의 증인 앞에서 자신의 유언서임을 표시하는 것이다. 봉투 겉면에 제출 날짜를 지적, 유언하는 사람과 증인이 각각 서명 또는 기명날인해야 한다. 이 유언서류는 그 표면에 기재된 날로부터 5일 내에 공증인 또는 가정법원에 제출하여, 그 봉인 위에 확정일자인을 받아야 한다.

구수증서에 의한 유언

이는 질병이나 급박한 사유로 위의 4가지 방식에 의할 수 없는 경우에 사용하는 방식이다. 유언하는 사람이 2인 이상의 증인 중 한 사람에게 유언의 취지를 말하고, 이를 들은 사람이 그 내용을 적거나 낭독한다. 그다음에는 유언하는 사람과 증인이 그 정확함을 승인한 후, 각각 서명 또는 기명날인한다. 이 유언은 증인 또는 이해관계인이 급박한 사유의 종료일로부터 7일 내에 법원에 그 검인(檢認)을 신청하여야 한다.

구수증서에 의한 유언증서(예시)

유언자 ○○시 ○○구 ○○동 ○○번지 이○○은 2011. ○. ○. 유언자 본인 자택에서 다음과 같이 유언을 구술하다.

1. 가. 장남 이○○에게는 ○○소재 대지 ○평 건평 ○○평 거주가옥 1동을 상속한다.

나. 2남 이○○에게는 ○○소재 대지 ○평 위 지상건물 1동 건평 ○평을 상속한다.

다. 장녀 이○○에게는 주식 중 ○○주식회사 및 ○○회사의 주식 ○? 주를 상속한다.

라. 처 장○○에게는 신한은행 예금 ○○○원과 국민은행 적금 ○○? 원을 상속한다.

2. 위 다. 라. 이외의 동산은 일단 장남 이○○에게 상속시키되 유언자의 처와 협의하여 나누어도 좋다.
3. 장남 이○○은 내가 사망 후 3남 이○○ 대학졸업 시까지 학자금을 부담하며 학업에 지장이 없도록 할 것.
4. 유언집행자로서 유언자의 동생인 이○○을 지정한다.
5. 장남, 2남, 장녀 등은 협조하여 어머니에게 효도를 다하며 형제간에 화목할 것.

위 취지의 유언자 구수를 증인 ○○○가 필기한 후 유언자 및 다른 증인에게 낭독해 준 바 모두 필기가 정확함을 승인하였다.

2011년 ○월 ○일

유언자 ○○○ (인)
필기자 증인 ○○○ (인)

주소 ○○시 ○○구 ○○동 ○○
직업: 변호사
증인 ○○○ (인)
주소 서울 ○○구 ○○동 ○○
직업: 회사원

유언의 효력

유언은 유언하였을 때 성립되지만, 그 효력은 유언한 사람이 사망한 때에 발생한다. 그러나 '정지조건부 유언'은 그 조건이 유언하는 사람의 사망 전에 성취되면 무조건과 다름없이 유언자의 사망 시에 효력이 발생하나, 유언자의 사망 후에 조건이 성취되면 조건이 충족된 때부터 효력이 발생한다. 유언자의 의사표시에 의하여 그 효력을 사망 시에 소급시키는 것은 무방하다. '해제조건부 유언'도 이에 준해 해결한다.

유언인지와 같이 유언사항 자체가 요식행위인 경우에는 그 효력 발생시기가 유언자체의 효력발생 시점인가, 유언집행자가 형식적 요건의 구비나 절차를 완료한 때인가에 관하여 학설이 나누어져 있다.

유언의 철회, 무효

유언의 철회

유언은 유언자가 언제든지 생전에 자유롭게 철회할 수 있다. 유언의 철회는 반드시 유언으로 해야 하는 것은 아니다. 따라서 유언자가 유언과 다른 내용의 행위를 하였다면, 이는 유언의 철회로 보면 된다.

유언의 무효

유언의 내용상 또는 형식상 요건의 흠결로 인해 처음부터 유언으로서 성립될 수 없는 경우를 말한다. 유언이 무효로 되는 경우는 유언방식이 미비한 경우, 유언할 능력이 없는 사람이 유언한 경우, 선량한 풍속 기타 사회질서에 위반된 사항을 내용으로 하는 유언, 강행법규에 위반되는 유언, 법으로 정한 이외의 사항을 유언하는 경우 등이다.

상속

상속이란 일정한 친족관계에 있는 사람 사이에서 한 사람의 사망으로 다른 사람이 재산에 관한 권리와 의무의 일체를 이어받는 일을 말한다. 일반적으로 상속은 상속하는 사람의 사망 또는 실종선고로 시작된다. 상속제도는 시대와 국가에 따라 상이하게 변화해 왔으며, 근대의 상속제도는 사유재산제도의 반영이라고 할 수 있다.

상속받는 사람의 범위

상속받는 사람의 범위는 피상속인, 즉 사망자의 직계비속, 직계존속, 형제자매, 일정 한 촌수 이내의 방계혈족 및 배우자다. 여기서 배우자란 혼인신고를 한 법률상의 배우자만을 의미한다. 그러나 상속하는 사람은 일반적인 상속받는 사람의 범위에 구애받지 않고 유언으로 유산을 물려받을 사람을 지정할 수 있다.

상속순위

- 1순위로 상속받는 사람: 최우선적으로 상속받을 수 있는 사람은 상속하는 사람의 직계비속이다. 즉, 이들은 상속하는 사람의 직계로 이어져 내려가는 혈족인 아들, 딸, 손자, 증손자 등이다. 남자와 여자, 기혼 · 미혼, 혼인 중의 자, 혼인 외의 자, 친생자 · 양자 등은 직계비속으로서 차별받지 않는다. 태아(胎兒)는 상속순위에 관하여 이미 출생한 것으로 본다.
- 2순위로 상속받는 사람: 상속하는 사람의 직계존속으로 부모, 조부모 등이 여기에 해당된다. 직계존속이 여러 사람 있는 경우에 촌수가 같으면 그 직계비속들은 동순위로 상속인이 되고 촌수가 다르면 최근친이 상속인이 된다. 따라서 법률상의 부모와 친부모가 있으면 부모가 선순위가 된다.
- 3순위로 상속받는 사람: 3순위로 상속받을 수 있는 사람은 상속하는 사람의 형제자매다. 이들은 상속하는 사람의 직계비속, 직계존속 및 배우자가 없는 경우에만 상속받게 된다.
- 4순위로 상속받는 사람: 4순위로 상속받을 수 있는 사람은 4촌 이내의 방계혈족이다. 예컨대, 3촌이 되는 방계혈족으로는 백숙모와 고모, 외숙부, 이모, 조카 등이 공동으로 상속받게 된다. 참고로 촌수가 동일한 사람들은 공동으로 상속받게 되며, 촌수가 다른 경우에는 가장 가까운 친척이 상속받게 된다.
- 배우자의 상속순위: 배우자의 상속순위는 직계비속이 있는 경우와 없는 경우가 다르다. 예컨대, 직계비속이 있으면 그들과 공동상속하게 된다. 그러나 직계비속이 없으면 직계존속과 공

동상속인이 된다. 만약, 직계존속도 없는 경우에는 단독상속을 하게 된다. 여기서 배우자란 혼인신고를 한 법률상의 배우자를 말한다.

이 외에도 대습상속(代襲相續), 특별연고자에 의한 상속이 있다. 위에서 열거한 어느 경우에도 해당하지 않는 경우, 상속재산은 국고에 귀속된다.

상속의 일반적 효과

상속하는 사람의 사망으로 인해 상속받는 사람은 상속하는 사람의 재산에 속한 모든 권리 · 의무를 포괄적 일체로서 당연히 상속한다. 상속받는 사람이 상속이 된 것을 알았든 몰랐든 관계없이 상속의 효력이 법률적으로 발생한다.

- 공동상속: 상속받는 사람이 여러 명인 경우 이들은 공동상속인이 된다. 따라서 상속재산을 이들이 나누기 전까지 상속재산은 공동으로 소유해야 한다. 또한 이들은 각자의 상속받는 양에 따라서 상속하는 사람의 권리와 의무를 승계한다.
- 상속받을 수 있는 유산의 비율: 상속하는 사람은 유언에 의해 상속하는 비율(상속분)을 자유롭게 정할 수 있다. 특히, 여러 사람이 공동으로 상속받을 경우에 각각 배당받을 몫의 비율을 파악하는 것은 매우 유용하다. 이것은 상속재산의 2분의 1, 3분의 1과 같은 방법으로 표시된다. 상속하는 사람이 공동으로 상속

상속 관련(예시)

질문:

할아버지 할머니 모두 돌아가신 지 15년 정도 되었습니다.

여러 가지 사정으로 아직 재산문제가 해결되지 않았습니다.

아버지 형제가 아들 3명 딸 3명입니다.

지금 작은 아버지는 돌아가셨습니다.

만약에 제일 큰아버지(장남)이 돌아가시게 되면 큰어머니의 유산상속순위가 얼마나 될까요?

아버지는 형제 중 둘째인데 저희 아버지의 경우는 유산상속순위가 어떻게 되나요?

답:

- 할아버지 할머니 모두 모두 돌아가셨다면 배우자(할머니)의 상속분 또한 자녀분들에게 상속됩니다. 그리고 돌아가신 시점이 1990년 12월 31일 이후이므로, 1991년 개정된 상속법에 따르면 됩니다.
- 1991년 개정된 민법하의 상속에 따르면 남녀 구분없이 공동상속분은 균 등하게 상속하게 되어 있으며, 작은아버지가 돌아가셨다면, 그 배우자와 자녀들이 균등한 상속분을 갖게 되므로 작은아버지의 상속분만큼 그 배우자와 자제분들이 균등하게 나누어 상속권을 갖게 됩니다.
- 작은어머니와 아버지의 상속순위도 1991년 개정된 상속법에 따라 장남과 막내, 남녀 구분없이 균등한 상속권을 가지므로 우선순위는 같습니다.

하게 되는 사람들의 상속비율을 지정하지 않은 경우, 그들이 상속받게 되는 비율은 다음과 같이 법으로 정해져 있다.

즉, 상속받는 순위가 같은 사람이 여러 명인 경우 이들은 상속 재산을 균등하게 나누어야 한다. 우리 민법은 소위 균분상속주의를 채택하고 있기 때문에 호주승계 여부, 남자 · 여자, 기혼녀 · 미혼녀에 상관없이 상속 비율은 일률적으로 균등하다.

- 배우자의 상속 비율: 배우자의 상속 비율은 직계비속과 공동으로 상속하는 때에는 직계비속의 상속분의 5할을 가산하고 직계존속과 공동으로 상속하는 때에는 직계존속의 상속분의 5할을 가산한다. 이외 대습상속인의 상속 비율과 특별수익자(特別受益者)의 상속 비율, 분기여상속인의 상속 비율이 있다.

상속재산의 분할

상속재산의 분할은 상속으로 인해 공동으로 상속받게 되는 사람들이 상속재산을 누구의 것인지 밝히고 나누는 것이다. 즉, 공동으로 상속받는 사람들은 유언에 의한 분할방법의 지정이 없거나 분할금지가 없는 한, 분할요건이 갖추어지면 언제든지 협의에 의해 상속재산을 나눌 수 있다. 그러나 원만하게 협의가 이루어지지 않을 때에는 공동으로 상속받는 사람 누구나 가정법원에 상속재산을 나누어 달라고 요구할 수 있다.

법정상속분(예시)

질문 :

아버님께서 2011년 12월에 사고로 돌아가셨습니다.

상속금액은 900,000,000원입니다.

어머님이 계시고, 자식들은 딸, 아들, 아들, 아들, 딸입니다.

큰딸 기혼, 첫째아들 기혼 ,둘째 아들 미혼, 셋째 아들 미혼, 막내딸 미혼입니다.

이들에 대한 법정상속분은?

답:

어머니와 딸 두 명, 세 아들의 상속분은 1.5:1:1:1:1:1의 비율로 법정상속합니다. 즉, 어머니 9억×1.5/6.5 = 207,692,300원을 상속하게 되고, 아들과 딸들은 9억×1.0/6.5 = 138,461,538원씩 균등하게 상속하게 됩니다.

상속의 승인(承認)과 포기(抛棄)의 의의

상속받는 사람은 상속을 포기하거나 상속을 받아들이는 자신의 뜻을 밝힐 수 있다. 상속 포기란 상속의 효력을 부인하는 것이다. 즉, 상속하는 사람의 권리 및 의무를 자신이 갖게 되는 것을 거부하는 의사표시다. 상속을 승인할 때에도 상속의 효력을 인정하는 의사표시로서 단순승인과 한정승인이 있다.

상속의 승인과 포기의 기간

상속을 승인하고 포기할 수 있는 기간은 상속받는 사람이 상속이 있음을 안 날로부터 3개월 이내다. 상속받는 사람은 사정이 있는 경우, 가정법원이 인정하면 3개월 동안 그 기간을 연장받을 수 있다.

상속포기각서(예시)

본인은 故 ○○○님의 ○○○로서 아래 상속물건에 대한 일체의 권을 포기하고 아래 상속자에게 전권 상속되는 것에 동의하며 향후 본 건과 관련하여 어떠한 이의제기도 하지 않을 것이며 이를 각서하기 위해 아래와 같이 날인하고 인감을 첨부합니다.

상속물건의 표시

1.

2.

상기 상속물건의 전권상속자

–성명 :

–주민등록번호 :

–주소 :

–상속자와의 관계 :

201　년　월　일

상속포기자 성명 1	관계	주민등록번호	주소	인감날인
상속포기자 성명 2				
상속포기자 성명 3				

은퇴수업 5강

지혜롭게 은퇴하기

영혼의 성숙

우리는 흔히 한 사람이 태어나서 죽음에 이르기까지 살아가는 과정을 자연의 사계절에 비유한다. 태어나서 키가 크고 몸무게가 늘며 지식을 왕성하게 배우고 섭취하는 아동기는 만물이 소생하여 싹트는 봄이요, 부모에 대한 의존에서 벗어나 자신만의 인생 목표와 꿈을 성취하기 위해 혼신의 힘을 다하는 청소년기는 싹이 성장하여 꽃이 피고 잎이 무성한 여름이요, 경제적으로 독립하고 결혼하여 부모가 되는 등 신체적으로나 지적 · 사회적으로 절정의 수준에 이르는 성인기는 나무에 맺은 결실을 거두어들이는 가을일 것이다.

그러면 인간의 노년기는 어떤 계절인가? 자연의 겨울처럼 여름내 무성했던 잎이 다 떨어지고 황량하기만 한 쇠퇴의 계절인가? 생물학적 변화만을 본다면, 유전이나 환경에 의해 사람마다 그 정도나 속도의 차이는 있지만, 분명 중년기 이후에는 노화의 신체적 징조는 명백하게 나타나기 시작한다. 하지만 정신적 · 내적인 면에서는 반드시 쇠퇴곡선을 그린다고 볼 수 없다.

노년기는 어떤 계절인가?

신체적인 면에서의 노년기에는, 노화의 영향으로 누구나 한두 가지씩의 질병을 가지고 있고, 주름과 흰머리가 느는 반면 근력과 기력, 역량은 감퇴하는 경향이 있다. 그러나 정신적인 면에서 본다면, 이 시기에 우리는 삶을 충분히 살아 낸 뒤에 오는 원숙함과 삶에서 만나게 되는 혼란과 무질서를 해석하고 이해하는 나름대로의 지혜를 얻을 수 있다. 소노 아야코(浦知壽子, 2002)가 말한 것처럼 체력지수와 정신지수가 교차하는 중년기를 지나면 체력지수는 하강하지만 정신지수는 상승한다.

중년기 이후부터는 신체적 능력의 한계나 노화와 관련된 문제들을 인식하기 시작하며, 자신의 삶 전체를 조망하고 앞으로 얼마나 더 살 수 있을까에 관심을 두고 시간을 재구성하는 시간전망에 변화가 오게 된다(Neugarten, 1968). 따라서 이제까지 이룩한 업적과 포기해야만 하는 일, 은퇴와 죽음에 대해 생각하게 되며 가치와 우선순위를 재평가하여 남은 세월을 어떻게 하면 최대한 뜻있게 살 수 있을까를 고뇌하게 되는 것이다.

또 노년기에는 배우자나 친지, 친한 벗들을 하나둘 잃게 되면서 인생의 유한성을 더욱 절감하게 된다. 이미 살아 낸 날보다 앞으로 살아갈 날이 짧다는 현실의 인지는 자신의 삶을 되돌아보고 죽음을 준비하기 위한 내적 성찰의 시간을 갖게 한다. 과거의 삶을 회상하는 과정을 통해 아직 풀지 못한 오랜 갈등을 되짚어 해결하고 삶의 새로운 의미를 발견하고자 노력하게 되는 것이다. 자신의 삶을 되돌아보는 이러한 내적 성찰의 과정은 죽음을 대하는 태도에도 큰 영향을 미친다.

과거의 경험들을 떠올려 재평가하고 재해석 혹은 재통합하면서 자신의 삶을 의미 있고 만족스러운 것으로 인식하게 되면 자신의 인생을 그래야만 하는 것, 대신할 수 없는 것으로 받아들이는 자기수용, 통합감과 지혜를 획득하게 된다. 하지만 자신이 바라던 삶을 살 수 없었다는 생각, 인생을 낭비했다는 생각에 젖게 된다면 얼마 남지 않은 시간 앞에서 절망감에 빠질 수밖에 없다. 에릭슨(E. Erikson)은 이를 노년기에 경험하게 되는 심리적 위기라고 하였다. 심리적 위기를 성공적으로 극복하면 자아통합을 이루어 자신의 인생을 받아들이고 죽음까지도 수용하여 노년기를 동요 없이 평화롭게 보낼 수 있고 죽음에도 두려움 없이 대처할 수 있다고 한다. 하지만, 자아통합을 이루지 못하면 절망감을 경험하며 죽음에 대한 공포와 불안이 심화된다고 한다(윤진, 1989).

이처럼 노년기는 신체적인 쇠퇴에도 불구하고 정신적인 면의 가치를 발견하고 영혼을 성숙시키는 시기이고, 내적 성찰과정을 통해 자신의 인생을 정리해 보고 자신의 삶에서 의미를 발견하여 인생을 마무리지을 죽음을 준비하는 시기라고 할 수 있다.

에릭슨의 자아통합이란?

에릭슨은 인간의 전생애를 8단계로 나누어, 각 단계마다 당면하는 발달과제를 제시하고 그것을 어떻게 수행하느냐에 따라 개인의 자아는 양극적으로 발달한다고 가정한다. 에릭슨이 인간 생애의 마지막 단계인 제 8단계의 발달과제로 제시하고 있는 자아통합이란, 성공과 실패에 순응하면서 이전의 일곱 단계를 성공적으로 거쳐 온 사람들이 거둘 수 있는 인생의 결실이며, 외부세계와 자기 내면에 있는 결함들, 고통스러운 감정의 근원들과 화해하고 삶의 의미와 가치를 발견할 수 있을 때 성취할 수 있다.

과거를 타고 달리는 미래로의 여행

회상은 오랫동안 잊고 있던 경험이나 사실의 기억을 되새기는 것 혹은 과거의 경험에 관해 반추하고 다른 사람과 이에 대한 이야기를 나누는 습관이다. 회상을 통하여 그동안 상처를 주고받았던 인간관계를 되짚어 응어리졌던 감정을 해소할 수 있으며, 인생의 갈림길이 된 사건들을 되돌아보면서 실패와 좌절을 담담한 마음으로 바라볼 수도 있게 된다. 노인들은 자신의 어린 시절 혹은 젊은 시절을 회상하면서 새로운 통찰력과 열정을 갖게 된다.

추억이란 묘한 흡인력을 가지고 있어서, 나이와 관계없이 인간을 나약한 존재로 만든다. 나이가 들면 지나온 세월을 되돌아보면서 일생을 회고하는 일이 잦아진다. 아리스토텔레스는, 노년기에는 미래에 대한 희망으로 살기보다는 차라리 추억으로 살아간다고 했다. 노인들은 즐거운 마음으로 회상을 하며 기꺼이 자신의 어린 시절로 시간여행을 하곤 한다. 그런데 노인들이 과거를 더듬어 기억하는 것을 과거에 대한 집착이거나 현실도피, 노화로 인한 심리적 쇠퇴의 징후로 여기며 부정적으로 생각하는 경향이 있다.

지나온 삶 되돌아보기

회상을 통해 행복과 보람을 느끼는 과거로 안내되는 것도 중요하지만, 회상을 통해 켜켜이 쌓여 있던 심리적 갈등을 해소하고 삶의 의미를 재구성할 수 있도록 수용과 격려를 베푸는 것이 무엇보다도 중요하다. 과거를 회상할 때 누구나 행복과 보람을 느끼는 것은 아니다. 특히 살아온 삶에서 굴곡이 많은 노인들의 경우에는 회한과 갈등이 더 깊을 수 있다. 한국의 노인들은 성찰을 통해 긍정적인 측면에서 인생을 관조하기보다는 부정적인 측면에서 지나온 인생을 개탄하는 경향이 더 강하다.

회상을 통해 자신의 과거 경험을 반추하고 평가하는 과정에서 지난날 해결하지 못한 과제에 대한 갈등과 회한을 긍정적으로 재구성할 수 있다. 그 결과, 강한 정서적 감정의 표현, 억눌렸던 공포, 해결되지 않은 느낌 등에 대한 출구를 제공한다. 그리고 자신의 운명에 대해 애정과 감사를 느끼고, 역경과 고난에도 불구하고 가치 있는 삶이었음을 확신하게 된다. 이러한 과정을 통해 잃었던 자존감을 되찾고, 그 자존감은 현재와 과거의 삶을 긍정적으로 수용할 수 있도록 하며 자신의 지나온 자취를 더듬어 봄으로써 더 나은 미래를 준비하는 과거와 미래의 통합으로 이어진다.

회상의 내용은 자신에게 가장 중요한 인물, 곧 가족, 친지, 동료 등과 더불어 인생의 전환점이 되는 직업과 사회적 활동, 여가 활동, 성공의 경험, 수치스러웠던 일, 죄의식을 느꼈던 삶의 역경과 고통스러웠던 일 등을 포함한다.

회상이 가져다주는 도움

회상은 우리에게 여러 가지 도움을 준다. 회상을 통해 과거 사건들 가운데 긍정적이고 유쾌한 경험을 기억하며 다른 사람들과 이야기를 나눔으로써 자존감을 높이고, 우울감을 극복하며, 생활에 활력을 더하고, 현재진행형 문제를 해결하는 데 도움을 얻을 수 있다. 또한 회상은 자신을 좀 더 깊이 이해하여 진정한 자아와 마주하도록 도와준다.

생활의 만족감

즐거웠던 과거를 회고하는 것은 생활의 만족감을 높여 준다. 즐거웠던 어린 시절을 회상할 때 사람은 그 어느 때보다도 안정감을 느끼게 된다. '나의 살던 고향은 꽃피는 산골~~~' 이 노래는 천진난만했던 동심으로 돌아가 어린 시절 매일같이 오르던 집 앞 동산으로, 어린 시절 살았던 동네의 좁은 골목길로 우리를 안내해 준다.

> 그때는 시골 냇가에서 동무들하고 물장난 치고 산에 가서 진달래꽃 꺾고, 밭에 가서는 몰래 무를 뽑아서 애들하고 나누어 먹다가 어머니에게 들켜 혼나기도 했지만, 동무들하고 함께 뛰어놀며 장난치던 때가 가장 좋았어. 참 신났지. 그때가 가장 행복했던 때였던 것 같어.*

---

* 이 절에서 인용된 인터뷰는 모두 필자(조해경)의 박사논문 '성공적 노화에 관한 연구: 노인들의 성인학습을 통하여(연세대 대학원)'에서 일부 발췌, 정리한 것이다.

스트레스 대처에 명약

우리는 자신의 과거를 돌이켜 봄으로써 스트레스에 대처할 수 있는 힘을 얻게 된다. 회상은 스트레스를 극복할 수 있도록 도와준다. 회상을 많이 하는 사람이 적게 하는 사람보다 훨씬 더 긍정적이고 일관된 자아개념을 갖게 된다. 긍정적인 회상은 인지 활동을 활성화시키며 활발한 정신 활동을 하게 함으로써 우울증 같은 정신질환이나 치매증상 치료에도 적극적으로 활용되고 있다.

> 뭐 특별히 극복하려고 애쓰는 것은 없고. 그냥 이제 시간이 흐르면서 받아들이고, 언제까지 존재할지 모르지만 존재하는 날까지 건강하게 있다가 가야 한다는 것이 그런 스트레스, 내게 나쁜 영향을 주는 것이 아니냐. 그것이 만일에 나한테, 내가 건강이 나빠지거나 하면 주위에도 얼마나 피해를 주는 거야? 그걸 이겨 내려면 내 스스로 마음을 극복을 해야겠다. 그런 마음으로 살고 있는 겁니다.

> 혼자 조용히 앉아서 그야말로 묵상으로 뭐가 어디서 어디가 잘못됐구 이거저거는 누가 잘못됐구, 이거이거는 내가 잘못한 것이니 용서를 나 자신이 해야 되구, 이렇게 해서 풀어야지 그렇게 푸는 것은 스트레스예요. 그거는, 진심으루 오는 스트레스는 혼자 풀어야 돼. 누구하구 놀아서 풀구 그런 게 아니지. 혼자서 잘못된 건 잘못된 것으루 받아들이구. 내가 잘못 하지 않은 건 다시 한 번 대화를 하구.

정체감 형성의 확신

회상은 정체감 형성에 도움이 된다. 일관성 있는 자아의 연속성에 대한 확신을 갖도록 도와준다. 자존감을 높여 자기 자신을 쾌적한 상태로 이끌며 가장 가치 있는 자기 이미지를 회복하고 자신에 대한 존중감을 되찾게 해 준다. 의기소침해진 노년기를 치료하는 효과도 있다. 자아존재감이 확장된 사람은 다른 사람을 배려하며 주변 환경에 능동적으로 참여하게 되는 것은 물론 주변 사람들과 원만한 대인관계를 유지하고 친밀한 유대를 지속하며 섬세한 관용을 베푼다.

> 근데 노후에 성공적인 거는, 자기 자신이 행복하다고 하면 성공한 거고 어떤 환경에서나 내 자신이 불행하다면 그건 불행한 거야. 제 마음이 편안하다면 성공한 거고, 슬프다, 가슴 아프다 하면 불행한 거지. 제 마음 가짐은 자기가 만드는 거지. 불행한 속에서도 이만하면 됐다, 만족해야지, 그 만족이 어느 선까지 있나 기준이 없어요.

자아통합으로의 지름길

자아통합은 일생의 노력과 성취를 돌아보고 자신의 삶을 평가하면서 인생과 자아의 만족감, 일체감, 완성감에 도달하게 되는 것을 의미한다. 자기의 인생을 만족감과 충만감을 가지고 돌아보는 사람은 자아통합을 이룬 사람이며, 그 사람은 자신의 현재와 과거를 함께 받아들이고 모든 갈등을 조화롭게 통일시키며 성숙한 경지에 도달하게 된다. 자아통합에 도달한 사람은 절망 속에서도 자신은 최선을 다했다고 생각하면서, 자기 나름대로 인생의 의미를 찾고 보람을 느끼며 인생의 참다운 지혜를 얻게 된다.

그러나 이러한 통합과 성숙이 이루어지지 않을 때는 혐오감이나 절망감으로 괴로움을 겪게 된다. 자신을 향해서는 지금까지 살아온 삶을 후회하거나 염세적인 태도를 취하게 되고, 타인을 향해서는 피해의식을 가지고 근거 없이 불신하며 경멸하려 든다. 회상은 과거 문제의 해결과 재조직을 도모하여 자아통합에 이르도록 도와준다. 회상을 많이 할수록 자아통합이 더 활발하게 이루어지게 되며, 자아통합을 완성하는 것은 곧 성공적 노화의 확률을 높임과 동시에 노년을 풍요롭게 만들어 주는 지름길이 된다.

가지치기, 참 좋은 표현이야. 모든 자기 가지를 잘라 내는 거야. 잎사귀 다 떨어뜨리고. 그러니까 진짜 어른이 되는 거지 그때는. 마음의 정리가 되고, 허황된 생각 없고, 불필요한 정력 낭비 없고, 그 아주 차분한 생활을 정리하는 그런 좋은 또 모먼트, 계기가 되는 거죠. 제 정신을 차리는 거지. 그래서 자기가 정말 소중해지는 거야. 자아에 집중하게 되고. 자아 중심적으로 되고.

성공적으로 노년을 잘 마무리하기 위해서는 자기정리가 필수적이다. 또한 젊은 시절에 누렸던 비본질적인 많은 관계들을 정리하고 존재에 본질적인 요소들만을 남겨 두어야 한다. 본질적인 요소의 중심은 마음과 정신과 육체의 건강이다. 삶의 본질을 파악하고 추구하는 것이 인생을 사는 최대의 덕목이라고 할 수 있다. 진정한 어른이 되기 위해 불필요한 가지를 다 쳐 내고 정성을 다해 자신을 사랑하는 것이다. 그것만이 진정한 자기애를 바탕으로 이타심을 키워 나가는 디딤돌이 된다. 자기 자신을 사랑할 줄 아는 사람만이 타인도 사랑할 수 있다는 것이다. 여기서 자신을 사랑한다는 것은 유아기적인 자기애가 아니라 진정한 자아의 완성에 도달하는 것, 곧 자아통합에 이르는 상태를 말한다.

인생회고를 위한 촉진제

시간이 오래 흐른 뒤에 과거의 일에 대해 정확하게 기억하기는 거의 불가능하다. 그때 느낌이 어떠했는지를 생생하게 기억해 내는 일은 더욱 어렵다. 그런데 어떤 일은 바로 엊그제 있었던 일처럼 세세한 부분까지 선명하고 분명하게 기억이 나기도 하지만 어떤 일은 매우 희미해져서 좀처럼 흔적조차 떠올리기가 어려운 까닭은 무엇일까? 물론 나이가 들수록 노화로 인해 기억 활동이 원활하지 못한 것은 사실이다. 어떻게 하면 회상을 잘 할 수 있는지 방법을 살펴보도록 하자.

자서전 쓰기 혹은 녹음

자신의 삶을 정리하고 글로 표현하는 것이 자서전이다. 자서전을 쓰는 과정을 통해 자신의 삶을 자각할 수 있다. 한 개인이 일생 동안 어떻게 발전해 왔으며 어떻게 경험하고 무엇에 가치를 두었는지 즐거운 마음으로 회상해 볼 수 있다. 자신의 삶을 정리하고 재구성해 볼 수 있다.

생애 순례 여행

사람들은 자신이 태어나 아동기, 청년기, 성년기를 보낸 곳으로 떠나 과거의 자신과 만나게 된다. 이때 생각을 정리하기 위해 사진도 찍고 기록도 한다. 혹시 아직도 살고 있는 사람들이 있다면 만나 얘기를 나눠 보는 것도 좋다. 자신의 경험과 기억을 최대로 활용해 보자. 또 어릴 때 태어나고 자란 곳, 좋았거나 무척 싫었던 기억이 남아 있는 장소, 사람들과의 만남은 과거의 자신과 화해하는 기회를 마련하고 지난 삶을 되돌아보게 한다.

모임을 통한 회상

동창회, 종교단체나 봉사단체 등의 모임을 통해 친구들, 선후배, 은사 등 자신에게 중요한 인물들을 만날 기회가 생기게 된다.

가계족보의 활용

자신의 가계족보를 조사하는 것은 개인에게 역사의 연속성을 느끼게 해 주고, 노인들로 하여금 얼마나 많은 내 앞의 조상들이 죽었는가를 확인케 함으로써 죽음의 두려움을 덜어 준다.

스크랩북, 사진첩, 오래된 편지, 행사 비디오 등

오랫동안 간직하고 있는 물건들에는 특별하고 의미 있는 기억이 깃들어 있다. 당시의 의미 있는 사건과 기사들을 수집하고 정리한 스크랩북, 평생 간직하고 있는 사진첩, 애인 혹은 친구와 주고받은 편지, 자식들의 결혼식, 손주들의 돌잔치, 여행 가서 찍은 사진 및 비디오를 보면서 잊고 있던 사건들을 기억해 내고 이야기함으로써 과거의 경험을 회상할 수 있다.

일생의 업적 정리

세상에 기여했다고 생각하는 일들을 적어 봄으로써 세상에 의미 있게 참여했다는 자부심을 느낄 수 있다. 문집, 자작시, 그림 등을 작품으로 정리해 발표해 볼 수도 있다.

민족적 정체감을 가진 전통유산 전수

민족이란 집단의 한 구성원으로서 자신이 누렸던 전통과 경험을 집중적으로 회상해 본다. 그 유산의 가치를 인정하고 젊은이들에게 자신이 체험한 문화유산을 전수해 보겠다는 각오만으로도 자부심을 느끼게 된다.

자서전, 왜 써야 할까?

스스로 쓴 자신의 이야기를 '자서전'이라고 한다. 자신의 삶을 이야기하는 것은 저마다 겪어 온 삶의 많은 일들을 다른 사람과 나누는 것이다. 자서전을 통해 개인은 자신이 살아온 시대를 이야기하고, 자신의 인생여정에 대해 성찰하는 가운데 삶의 의미를 새로이 발견하고 자신의 인생을 정리해 보는 기회를 갖게 되며, 앞으로 남은 삶을 어떻게 살아야 할 것인지에 대한 진지한 통찰을 얻게 된다. 자신이 헤엄쳐 온 과거를 새로운 관점으로 바라보게 되고 현재의 삶을 더 소중하고 명료하게 바라볼 수 있게 된다.

자서전은 세계사에 남을 만한 위대한 업적을 이룬 사람이나 거대한 사건과 관련된 사람들만이 쓸 수 있는 것은 아니다. 우리는 종종 할머니들로부터, '내가 살아온 걸 이야기하자면 소설책 열 권을 쓰고도 남아'라는 푸념 섞인 말씀을 듣곤 한다. 모든 인간은 나름대로 존귀한 존재이며 각자의 삶은 고유한 의미를 가지므로 충분히 존중받을 만한 가치를 지니고 있다.

자서전을 읽는 독자들은 한 개인의 생애이야기를 통해 개인적 경험과 회상, 인생의 전환점과 갈등, 그리고 극복 전략 등에 대한 정보를 얻게 된다. 그 사람이 어떻게 살아왔는가를 살펴봄으로써 과거와 현재 그리고 미래의 통찰과 더불어 한 개인을 총체적으로 이해하는데 좋은 자료를 얻을 수 있다. 자서전은 대부분의 사람들이 어떻게 기능하고 생각하는가뿐만 아니라 다양한 관점에서 그들이 어떻게 다른가를 보여 준다.

그렇다면 우리는 자서전을 왜 써야 할까? 특히 노년기의 자서전 쓰기는 왜 필요할까? 자서전을 쓴다는 것은 너무나 버거운 일처럼 느껴지고 특히나 글을 쓴다는 것은 부담스런 일이 아닐 수 없다. 내가 살아온 여정을 다른 사람에게 노출시킨다는 것도 적지 않은 불편과 망설임을 안겨 줄 수 있다. 그렇다면 조금은 어려울 수도 있고 불편할 수도 있는 자서전을 쓰는 것이 우리들에게 어떤 의미를 주고 도움을 주는 것일까?

삶의 재정비

노년기에는 앞만 보고 바쁘게 달려 온 인생의 정리를 통해 자신의 삶을 재정비하는 것이 필요하다. 이를 위해 자서전 쓰기가 필요하다. 자서전은 과거와 미래를 포함하는 현재적 활동이며, 미래에 대한 조망과 현재의 상황에 비추어 과거를 재해석하는 작업이다. 자서전은 개인적인 과거에 대한 회상을 바탕으로 다가올 미래와 여생을 계획하기 위한 길라잡이가 된다. 자신의 과거를 돌아봄으로써 현재의 나는 어디쯤에 와 있으며, 내가 앞으로 가야 할 곳은 어디인지, 내가 가고자 원하는 곳은 어디인지를 알 수 있게 된다.

> 막연해. 뚜렷하게 목표를 가지구 산 게 아니니까. 그렇다구 막 엉터리루 산 것두 아닌데. 아무 계획이 없었다니까. 자기가 최선을 다하면 후회가 없어. 최선을 다하면 자기가 마음이 편안해. 그때그때의 상황에 맞게. 노후 대책두 없이 생각두 없이 산 거 같애. 순간순간을 보면 또 그렇진 않은데 허풍 산 거 같애. 맥없이 산 거 같애. 허망하구. 구체적 목표 없이 산 거 같애.

자존감의 회복

자서전을 통해 자존감을 향상시키고 개인의 역량을 재발견할 수 있게 된다. 노년기에 접어들면 자신이 쓸모없는 존재라고 여기게 되면서 자존감이 급격히 저하된다. 자신이 아무에게도 영향을 주지 못하며 더 이상 아무도 자신을 필요로 하지 않는다고 느끼는 것이다. 이미 성장하여 부모 품을 떠난 자녀들은 제각기 가정을 이루고 부모의 도움을 이제는 더 필요로 하지 않는 것처럼 보이며, 때로는 내 삶에 새 희망을 주는 것 같던 손자손녀들도 어느 날 갑자기 다 자라 버려 더 이상 할머니, 할아버지의 존재를 의식하지 않는 것처럼 느껴진다. 심지어는 자신이 젊은이들의 삶에 걸림돌이 되고 있는 것이나 아닐까 하는 우려도 갖게 된다. 노년의 자서전 쓰기는 자신의 능력과 영향력을 한껏 뽐내던 지난날을 되짚어 보면서 존재의 필요성과 중요성을 재확인하는 계기가 된다.

> 후회 없어… 나름대로 열심히 살았는데. 젊었을 때부터 봉사 활동을 많이 했어. 지금? 내가 노인대학을 설립해서 노인들 교육시키는 데서 보람을 찾고 있지. 정부에서 표창도 많이 받았어. 도 대항 게이트볼 대회에서 입상도 했고, 나이는 들었지만 그래도 열심히 살고 있어…

과거와의 소통

자서전은 과거와 화해하는 통로인 동시에 누적된 불만과 부정적인 감정을 해소시켜 주는 소통제로서의 역할을 한다. 인간은 누구나 과거에 이루지 못한 일에 대해 미련과 회한을 가지고 있게 마련이다. 그때의 상황에서는 이해하거나 수용할 수 없었지만 많은 시간이 흐른 지금에는 당시의 복잡하고 불만스러웠던 상황도, 마주치고 싶지 않은 과거 속의 인물들도, 생각조차 하고 싶지 않은 치욕스런 상처들도 기억 속에서 멀어지고, 격앙된 감정도 슬그머니 가라앉아 있는 것을 발견하게 된다. 반대로 과거의 좋았던 기억이나 치열하게 살아왔던 인생여정을 돌아봄으로써 지난날 가졌던 열정이나 활력을 되찾을 수도 있다.

현재와 미래에 끊임없이 영향력을 끼치고 있는 과거의 의미는 지금도 여전히 남아 있으면서 언제나 현재와 이어진 채 작용하고 있다. 과거는 창의적으로 재구성됨으로써 현재에 기여한다. 개인이 과거 속에 존재하는 것이 아니라 과거가 개인 속에 존재하는 것이다. 자서전은 결코 마주하고 싶지 않은 불확실한 과거와의 화해를 통해 삶에 대한 새로운 관점을 발견하고 자신의 생을 재음미할 수 있는 기회를 가져다준다.

> 잘 선택했구나, 다만 아쉬운 건 조금 늦었구나 하는 생각인데, 뭐 늦을 때가 가장 빠른 거라며? 전반적으로 저 살아온 거 후회되는 거, 저는 그거 만들구 싶지 않아요. 그런 생각은 안 해요. 긍정적으루 잘 살았다. 그래서 저는 항상 이 나이에 이 정도 살면 참 준수하게 살고 있는 거 같아요. 어머, 내 나이가 이런데 이만하면 잘 엮어 나가구 있는 거다. 저는 제 성격이 편안해서 그런 거 같아요.

과거 전략의 재적용

자서전 쓰기를 통해 우리는 과거에 자신이 주로 사용했던 삶의 적응방식과 전략을 새삼스레 발견하고 그것을 현재의 문제해결에 다시 적용해 볼 수 있다. 까마득히 잊고 있었던 지난날의 고난과 역경을 되짚어 보면서 어떻게 그 험난한 터널을 헤쳐 나왔는지 헤아려 본다. 나를 힘들게 한 상황은 무엇이었으며 과연 나를 괴롭혔던 문제들의 원인은 제대로 파악했는지, 또 그러한 문제를 해결하기 위해 내가 어떻게 반응하고 행동했는지, 해결과 타협을 위한 노력은 올바른 것이었는지 점검한다. 이러한 과정 중에 우리는 그때는 이해할 수 없었고 보이지도 않았던 부분들을 발견하고 새롭게 해석하고 이해하기도 한다.

자신의 인생을 한 발 물러선 채 제3의 눈으로 바라보면 현재 놓인 눈앞의 문제나 자신의 모습뿐만 아니라 인생 전체를 조망할 수 있는 안목을 얻을 수 있다. 그때에 비로소 진실한 자신의 모습을 발견할 수 있다. 자서전을 쓰는 것은 나를 나답게 만드는 과정인 동시에 지금의 나를 관조할 수 있는 가장 좋은 전망경이다.

> 뚜렷한 목적을 두구, 그 목적을 가지구 좀 더 이렇게 노력을 했었더라면, 하는 후회가 있지. 내게 시련이 있었으면, 좀 더 성장할 수 있는 노력을 했을걸. 우리말로 옛말에 껄병, 껄병(필자 주: '~할 껄' 하는 후회병) 이렇게 생각하면 좀 바보다 바보야, 바보들의 행진이라구 내 자신.

가족의 귀중한 유산

자서전은 자식이나 가족들에게 유산으로 남길 수 있는 가장 귀중한 선물이 될 것이다. 자서전은 나와 후손을 연결해 주는 실질적인 삶의 고리가 된다. 할아버지의 자서전에는 내 아버지의 어린 시절이 고스란히 들어 있으며 할머니의 자서전을 통해 할머니의 숨결과 손길이 손자손녀들에게 생생하게 전해질 것이다. 자서전은 가족의 살아 있는 역사책이며 가족에게 남겨질 가장 위대한 유산이다.

또한 자서전 쓰기를 통해 본인은 가족에 대해 새롭고 더 깊은 애정과 감사를 느끼고, 가족이 얼마나 소중한가를 새삼 깨닫게 된다. 자신의 삶에 걸림돌이었다고 생각되었던 가족이 알고 보면 자신의 생을 지탱해 주는 기둥이었음을 새롭게 발견하게 된다. 아랫세대들은 윗세대가 남긴 자서전을 통해 가족의 뿌리에 대해 알고 싶어 하고 또한 알 수 있게 된다. 자서전은 한 개인이 몸담고 있는 가족과 공동체 안에서 자기확신과 자긍심을 되찾게 돕고 세대 간 의사소통의 비상구를 열어 주는 강력한 자극제가 된다.

> 우리가 할 일은 젊은이들에게 도움이 되는 거죠. 그러려면 아이를 돌봐주는 게 가장 중요한 일이라구 생각해. 지들이 내가 없으면 아쉬워야 하잖아? 내가 있어도 그만, 없어져도 아무런 아쉬움이 없다면 그건 아닌 거 같어.

사회적 자원

자서전은 개인의 차원뿐만 아니라 사회적 차원의 자료를 제공한다. 개인의 자서전은 그 시대 문화로부터 시작되며 다양한 언어와 상징들을 통해서 그 개인의 삶을 넘어 그가 살아온 당시의 문화와 사회적 환경까지를 서술하고 있다. 자서전은 문화와 사회에 대한 개인의 재해석과정이라고 할 수 있다. 예를 들면, 한국 여성 노인의 자서전에는 우리 역사 속에 깊이 뿌리박혀 있는 유교적 전통과 억압적인 가부장적 문화 속에서 한국 여성이 걸어온 인내와 질곡의 발자취가 들어 있다. 그 안에는 '한'이라고 하는 독특한 한국인의 정서가 녹아 있다. 따라서 우리는 그분들의 자서전을 통해 유교를 숭상하던 시대의 관혼상제 전통과, 역사적 위기를 극복해 온 한국 여인의 지혜와 '참을 인'자로 대변되는 삶의 대처방식을 발견할 수 있다. 그분들의 자서전은 독립적이고 민주적인 사고방식과 핵가족 위주의 생활 패턴을 유지하면서 개인의 삶을 추구해 온 서양의 여성 노인의 삶과는 차원이 다른 기록물이 될 것이다.

어떻게 써야 할까?

그렇다면 이처럼 다양한 의미와 가치를 제공하는 자서전을 어떻게 써야 할까?

진솔한 글쟁이

완벽한 문학작품을 만들려 애쓸 필요는 없다. 우리 모두는 글쓰기 전문가가 아니다. 사람들은 대체로 글을 쓴다는 데 대한 강박관념을 갖고 있다. 누구든 내 이야기의 주인공인 동시에 내 이야기의 작가가 될 수 있다. 완벽한 묘사, 수려한 문체나 향기로운 미사여구를 나열해야만 멋져 보이는 것은 결코 아니다. 진솔하게 본인의 생각을 옮겨 적는 것이 가장 중요하다. 살아오면서 얻은 평범하면서도 귀중한 삶의 지혜를 나누는 진지한 시간이 되어야 한다. 타인을 위해 적절히 노출하고 배려하면서 내 인생의 과거를 공유함으로써 타인에게는 지혜와 감동을 주고 나 자신을 위해서는 인생의 총정리가 되어야 한다. 평범한 이들의 인생 이야기 속에 가장 아름다운 사랑과 진리가 들어 있다.

과대포장은 금물

자서전을 쓴다고 하면 흔히 자신의 자랑스러운 점이나 업적을 중심으로 인생을 미화하는 경향이 있다. 자기 자랑만을 늘어놓으며 과대포장을 하게 될 수도 있다. 자서전은 자신을 드러낸다기보다는 자신을 정리한다는 의미가 더 크다. 과대포장으로 과시하려는 생각은 절대 금물이다. 그렇게 되면 결국 계속해서 허황되고 가식적으로 살아온 과거를 되풀이하는 격이 될 뿐이다.

자서전에서 우리가 발견할 수 있는 것은, 매우 개인적이고 독특한 삶의 유형들이나 상황에 대한 그 개인의 특별한 해석, 생애 사건에 대한 새로운 적응방법과 전략, 주위 사람의 변화나 자신의 노화에 대한 수용, 인간 영혼의 다양한 표현 같은 것들이다.

자서전의 주제와 연대표

자서전은 그저 희미하게 떠오르는 자신의 과거 기억을 되살려 써 내는 것이 아니다. 자서전을 쓸 때는 주제를 정하고 정해진 주제에 따라 순서적으로 이야기를 써 나가는 것이 좋다. 자서전이 비록 개인적인 이야기라고 해도 자신의 삶을 구성해 온 많은 사건들을 몇몇 주제로 분류하고 주제별로 체계적인 회상으로부터 출발하는 것이 좋다. 모든 이야기에는 형식적이든 비형식적이든 반드시 주제가 있기 마련이다. 특히 자서전을 쓸 때의 주제는 회상의 근거를 제공하고 독자로 하여금 공감하게 하여 이야기를 읽을 만한 가치가 있는 것으로 만들어 준다.

10가지 주제의 예(1)

① 인생의 전환점
② 가족
③ 일과 역할
④ 사랑과 증오
⑤ 건강
⑥ 고난과 역경
⑦ 인간관계
⑧ 학문과 예술
⑨ 신념과 가치관
⑩ 이별과 죽음

10가지 주제의 예(2)

① 인생의 전환점
② 나의 가족
③ 건강과 신체적 특성
④ 사랑과 증오
⑤ 일과 역할
⑥ 사랑과 결혼
⑦ 성정체감과 성역할
⑧ 종교와 영적인 삶
⑨ 경제관념과 재정적 삶
⑩ 죽음 경험과 나의 죽음

더욱이 그룹을 이루어 함께 자서전을 쓸 때에는 주제에 관한 토론을 활성화시켜 준다. 다음과 같이 대략 10개 정도로 자서전 쓰기의 주제를 나눌 수 있다. 10가지 주제는 우리의 삶을 요약해 줄 만한 것들이다. 또 각 주제들은 각각 독립적이면서도 상호 관련성을 갖고 있어서 한 주제에 대한 회상은 다른 주제의 회상에 긍정적인 자극과 영향을 줄 수 있다.

연대표는 중요한 사건이나 시기가 누락되지 않도록 하고, 회상을 자극하고 기억을 되살리는 단서를 제공하며 개인의 삶을 가족, 사회, 역사적인 맥락과 연결시켜 조망할 수 있도록 해 준다.

연대표는 다음과 같은 순서로 작성하는 것이 좋다.

연대표의 예

연도	나이	개인/가족사건
1961년 봄	1세	태어남
1970년 가을	10세	장티푸스 걸림
1975년 여름	15세	아버지 사망
1978년 시작하는 겨울	18세	대구여상에 취직
1979년 가을	19세	박정희 대통령 암살
1980년 봄	20세	조그만 회사에 취직
1984년 시작하는 겨울	24세	모두 반대하는 결혼을 함
1985년 시작하는 겨울	25세	아들 출산
1985년 봄	25세	장사 시작
1985년 가을	25세	시어머님 위암 선고
1988년 여름	28세	시어머니 위암으로 사망
1994년 여름	34세	이사

1997년 겨울	37세	IMF 위기
2005년 겨울	45세	일을 그만둠
2010년 여름	50세	행복하다!!!!!!

첫째, 기본표를 만들고, 둘째, 시간을 기록한다. 셋째, 시간 순서와 맞추어 연령을 기록한 다음 각 연령대에 발생한 개인적인 사건 혹은 가족 사건을 기록한다. 마지막으로 개인적 · 가족적 사건과 연관된 사회적 · 역사적 사건을 기록한다. 자서전을 쓴다는 것은 많은 용기와 도움이 필요하다. 그러나 연표와 인생 그래프만이라도 그려 본다면 자서전을 쓰기 위한 좋은 출발이 될 것이다.

인생 그래프 그리기

우선 인생 그래프에 기록할 자기 목록을 만든다. 인생에 있어서 가장 기억에 남는 사람은? 가장 기억에 남는 때는? 가장 기억에 남는 장소는? 이상의 세 가지 항목을 서로 관계있는 것끼리 묶어 시간 순서대로 배열한다. 백지를 준비하고 가운데를 가로로 접어 이등분한다. 출생시점과 사망 예상시점을 찍는다. 본인이 언제 죽을 것인가는 아무도 예측하거나 확신할 수 없다. 다만 자신이 얼마나 살기를 원하는지, 자신의 삶은 인생의 어느 부분에 와 있는지, 앞으로 얼마나 더 살 수 있을지 등을 깊이 생각해 봄으로써 자신의 삶을 돌아보는 성찰의 기회가 된다.

앞에서 작성한 목록을 시간 순서대로 수직선 위에 적당한 간격으로 표시하고 내용을 간단히 기입한다. 윗면은 플러스(행복 정도), 아랫면은 마이너스(불행 정도)로 표시하고 각 사건마다 플러스와 마이너스 정도를 점으로 표시한다. 플러스와 마이너스로 표시한 점을 잇는다. 자신이 살아온 지난날을 한 장의 그래프로 나타내는 것이다. 삶을 살아오면서 일어났던 일들, 자신이 가장 중요하게 생각해 왔던 사건들, 사람들 그리고 장소…, 이 모든 것들 각각의 시점을 행복 정도와 불행 정도로 나누어 윗면에 점을 찍거나 아랫면에 점을 찍고 각 점을 곡선으로 연결한다.

인생 그래프를 통해 자신의 삶의 지나온 경로를 한눈에 파악할 수 있고, 몹시도 고단했거나 자신의 삶이 유난히도 힘든 고통의 연속이라고 여겨 왔을지라도 전체를 아울러 보면 그리 불행한 것만은 아니었다는 것을 깨닫게 될 것이다.

곡선의 높낮이를 보면 고난으로 점철된 것 같았던 인생에서도 행복했던 시절이 있었고 지나치게 불우한 것만은 아니었다는 것을 새삼 느낄 수도 있다.

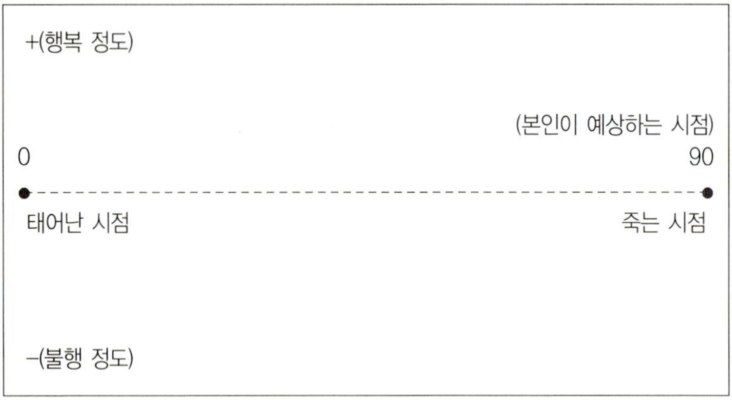

1. 출생, 건강하지 못함	6. 대학원 입학	11. 은퇴
2. 시골로 이사	7. 결혼	12. 새로운 취업
3. 학교 입학	8. 가족	13. 은퇴
4. 종교적 갈등	9. 직업 경력 위기	14. 책 출판
5. 대학졸업	10.직업 경력 성장	

인생 그래프 그리기

종교와 신앙

삶을 살아가다 보면 가족의 죽음이나 사업실패처럼 합리적으로 해결하기 어려운 문제에 부딪힐 때가 있다. 이럴 때 우리는 긴장과 갈등 속을 헤매게 된다. 이런 스트레스와 번민 속에서 우리는 초자연적인 존재에 관심을 가지게 되는데, 이때 만나게 되는 것이 종교다. 삶에서 가장 중요한 이치를 가르쳐 주는 분야가 바로 종교이기 때문이다.

우리의 삶에서 변화는 어떻게 일어나는가?

어느 기업 회장의 부인이 승용차를 타고 어딘가로 가고 있었다. 고속도로를 달리고 있는데 별안간 '쾅' 하는 소리와 함께 충돌이 일어났다. 얼마 후, 어디선지 큰 소리가 들리는 것이었다.

"너는 누구냐?"

"저는 ○○기업 회장의 집사람입니다."

얼떨결에 부인이 대답했는데 또 "너는 누구냐?" 하는 소리가 더 크게 들리는 것이었다.

"김○○입니다."

그런데 이번에는 더 큰 소리가 들려왔다.

"너는 누구냐?"

부인은 이제 어쩔 줄을 몰라 쩔쩔매는 순간 눈을 떴다.

내가 누구지? 어떤 사람이지?

깨어 보니 병원 중환자실, 혼수 상태에서 회복되었다고 의사가 말했다.

얼마 후 부인은 회복되었고 이전과는 전혀 다른 새 사람이 되었다고 한다.

(정채봉의 에세이 중에서)

이 이야기는 자신의 죽음을 경험한 한 여자에 관한 것이다. 우리의 삶은 성장, 성숙이라는 변화를 겪어 가는 과정이다. 살아가면서 우리의 인생은 절망적인 고통이나 죽음의 경험 등과 같은 계기로 또는 스스로의 노력으로 자연스럽게 변한다.

종교와 삶

중노년에 들어서면 자신의 삶을 뒤돌아보며 비로소 자기실현에 관심을 가지게 된다. 따라서 자연스럽게, 자기답게 살기를 원하며 자유롭게 자신의 종교를 선택할 수 있다. 자신의 내면을 들여다보며 삶의 진실을 알게 되는 과정에서 믿음이 싹튼다. 이런 믿음은 점차 우리의 삶을 살찌우고 풍요롭게 하며, 가치를 부여한다. 따라서 노년기 종교의 선택은 젊은 시절과는 다르게 우리를 긍정적이고 활력 있는 삶으로 이끄는 원동력이 되는 것이다.

노년이 되면 우리는 삶의 기력이 점점 감퇴한다는 사실을 솔직하게 인정하고 받아들여야 한다. 그럼에도 우리는 아직 살고 있으니 여생을 살고 또 가득 채우고 싶어 하는 것은 당연한 일이다. 움켜쥐고 놓아 버림에 대해 말하기는 쉽다. 그러나 정작 내가 손에 쥐고 있는 것, 즉 권력, 명예, 재물들을 놓아 버려야 할 상황이 되면 그게 얼마나 어려운 일인지 알게 된다. 그럼에도 우리는 외적인 것을 버리고 영혼의 고요한 세계와 눈에 보이거나 잡히지 않는 신의 신비로움으로 들어가는 연습을 해야 한다. 세상에 어느 누구도 자신이 얼마나 잘 늙을 수 있는지 짐작할 수는 없다. 늙는 것을 학습하고 성취하는 것은 고도의 기술이다. 학습을 통해 우리의 내면이 성숙해진다면 노년과 죽음 앞에서 주위 사람들에게 축복으로 남을 수 있게 될 것이다.

인생의 모든 단계가 다 그렇지만 특히 노인이 되어서 그리고 죽는 그 순간에도 우리가 사람들을 위한 축복의 존재라는 사실을 깨달아 믿어야 한다. 이 믿음이 노년을 살아가는 종교인의 편안한 마음이다. 이 믿음을 마음속 깊이 간직하면 고독과 노쇠, 늙고 죽는 일을 있는 그대로 긍정적으로 받아들이며, 점차 성공한 노년으로 변화되고 있음을 발견할 수 있을 것이다.

따라서 성숙한 노년, 행복한 노년, 성공적인 노년에 관해 논하려면 종교를 빼놓고 말하기가 어렵다. 우리의 노년생활이 풍요로워지려면 종교를 선택하고 사색하는 것이 필요하다.

종교의 기능

종교는 인간이 만들어 낸 것이 아니다. 종교는 인간의 본성에서부터 이미 시작된다. 그 방법과 형식은 다양하지만, 인간 역사의 시작과 동시에 종교는 존재했다. 그것은 어떤 조직이나 학문이 아니라, 인간이 존재함으로부터 시작되는 '현상'이며 언제나 우리는 '초월적 존재'에 대한 인식을 가지고 있기 때문이다. 종교의 기능을 간략히 살펴보면 다음과 같다.

첫째, 인간학적 측면에서 종교는 인간의 초월성과 관계된 여러 현상들과 더불어 그 기능을 파악할 수 있다. 즉, 한계상황에 대한 의미와 초월에 대한 재인식을 고취시키는 것이다. 이런 현상은 종교적 행위로 나타난다.

둘째, 사회적 측면에서 종교는 하나의 원대한 비전을 중심으로 사회적 일치와 단합을 이끌어 내는 강력한 힘을 갖는다. 중세에서는 모든 학문과 예술, 문화와 생활, 심지어 정치까지도 종교를 중심으로 이루어지고 행해졌다. 종교는 곧 사람들이 모여 교류하고 서로의 생각과 감정을 나누는 공간이 된다.

셋째, 개인적 영역 안에서 종교의 기능은 더욱 두드러지게 발견된다. 종교는 사람을 변화시킨다. 실존적인 한계상황 안에서 탈출구를 제시한다. 인간의 종교성은 바로 이런 점을 지적하고 있는 것이다. 이렇게 종교는 개인을 실존적 체험의 영역으로 끌어올린다. 이 체험은 어떤 특별한 교육수준이나 생활환경을 조건으로 이루어지는 것은 아니다. 사람이라면 누구나 똑같이 갖고 있는 보편적 심성을 바탕으로 겪게 되는 변화다. 그래서 교회나 사찰 안에는 배운 사람도, 못 배운 사람도, 부자도, 가난한 사람도, 어린이도, 노인도 함께 공존하는 것이다.

이와 같은 종교의 영향은 우리 주변에서 흔히 볼 수 있다. 노년에 이르게 되면, 각 종교의 차이점에도 불구하고 죽음을 두려워하지 않게 된 불교 신자와 성령의 은총 안에서 살고 있는 그리스도인의 삶이 펼쳐 내는 삶의 모습은 놀랍도록 서로 통하게 된다. 그 통하는 모습은 자유로운 모습, 생사를 초월한 모습, 감사하고 봉사하는 삶, 삶의 현실성을 더욱 뚜렷이 느끼고 성실하게 사는 것, 생명의 소중함에 대한 예민한 감수성, 사랑과 자비를 실천하는 삶 등으로 나타나고 있다.

종교의 가르침

우리는 살아가면서 삶의 초점을 점차 외면적인 것에서부터 내면적인 것으로 바꾸어야 한다. 무언가를 '소유'하는 게 아니라 어떤 인간으로 '존재'하느냐가 중요하기 때문이다. 자, 이제 우리의 삶의 방향을 내면적 가치에 두고 살펴보자. 인간에게 정말 중요한 것은 무엇일까? 어떤 것이 영속적인 가치가 있을까? 이런 것들에 관해서 살펴보면 생명이 영원히 존재한다는 것은 미래와 관련된 문제가 아니며, 바로 지금 인생의 의미를 어떻게 생각하느냐하는 것이 중요한 과제라는 걸 알 수 있다.

우리는 사랑받기 위해 태어났고 사랑을 하기 위해 살고 있다

종교를 가진 사람에게 질문해 본다. 만일 당신이 지금 보이지 않는 신(神) 앞에 섰다고 가정한다면, 신이 당신에게 무엇이라고 물을 것 같은가? 틀림없이 당신이 지금 얼마나 잘 살고 있는지 물어볼 것이다. 우리가 알기로 신은 머리카락까지지도 헤아리시는 분이다. 아마도 이런 질문을 받게 되지 않을까? "너는 너 자신을 사랑하느냐? 다른 사람들에게도 사랑을 주고, 또 사랑받고 있느냐?"

다른 사람들의 사랑을 받아들이고 또 그들을 사랑함으로써 자신을 사랑하는 법을 배우는 것이 노년의 종교인이 할 일이다. 신은 우리에게 사랑하고 사랑받을 무한한 기회를 주었다. 까닭은 간단하다. 우리는 축복 속에서 태어난 존재이기 때문이다.

자신에게 자비를 베풀라

법정 스님은 그의 시 〈현재의 당신〉에서 다음과 같이 일갈하고 있다.

> 무슨 소리를 듣고, / 무엇을 먹었는가. / 그리고 무슨 말을 하고 / 어떤 생각을 했으며 / 한 일이 무엇인가. / 그것이 바로 현재의 당신이다. / 그리고 당신이 쌓은 업이다. / 이와 같이 순간순간 당신 자신이 / 당신을 만들어 간다. / 명심하라.

나이를 먹어 가면서 이렇게 현재의 나를 느끼며 살기 위해서 우리는 내면의 소리에 귀를 기울여야 한다. 그러면 우리의 삶에서 일어나는 모든 사건은 그 목적이 있음을 알 수 있게 된다. 이 땅에서의 삶이 유한하다는 사실과 생의 마지막이 언제일지 알 수 없다는 사실을 알고 이해할 때에만 비로소 오늘이 마치 마지막 하루인 것처럼 충만한 삶을 시작할 수 있다.

종교생활

우리들 인간의 면모를 구석구석 가만히 들여다보면 인간은 육체, 마음, 영혼으로 구성되어 있다는 것을 알 수 있다. 육체는 좋은 음식을 먹고, 잠을 충분히 자고, 좋은 물을 마시면 건강하게 살 수 있다. 그런데 마음은 어떠한가? 때로는 슬픔에 울고, 절망에 빠지기도 하고, 기뻐서 춤추기도 한다. 그러면 영혼은 무엇인가? 영혼은 보이지 않는 신을 만나는 일이다. 고독 속에서 조용히 홀로 머무는 과정의 연속이다. 나이가 들어 가면서 오랫동안 고독 속에 머물다 보면 비로소 눈에는 보이지 않는 신과 대화할 수 있게 되는 것이다. 인간의 마음이란 사랑이 무한하신 보이지 않는 신에 의해서만 채워질 수 있는 비어 있는 무한 공간이기 때문이다.

노년이 되어 가면서 우리의 몸과 마음이 가장 힘든 때가 언제일까? 그때는 다름 아닌 배우자 사망, 자녀 사망 등 죽음을 경험하였을 때일 것이다. 그렇다면 영혼이 가장 힘들 때는 어떤 때일까? 아마도 보이지 않는 신과 만날 때가 가장 힘들지 않을까? 이렇게 가장 절망적이고 고통스러울 때, 어쩔 수 없는 극한 상황 속에 있을 때 우리는 보이지 않는 신을 만나게 된다.

신앙은 보이지 않는 초월의 세계, 즉 신(神)을 믿는 것이다. 신을 믿는다는 것은 신을 중심에 두는 것이며 최우선 가치로 놓는 것이다. 이렇게 보이지 않는 신을 최우선 가치로 생각하면서 생활하다 보면 우리는 자연스럽게 보이지 않는 신의 모습대로 변화되는 것이다. 달리 말하자면 초월의 세계 속에서 살게 된다는 것이다. 노년이 되어서 이렇게 초월의 세계를 알게 되고 신처럼 변화된다는 것은 사랑과 자비가 충만한 인간이 된다는 의미다. '신화(神化)'라는 뜻은 종교적으로 '성화(聖化)'라는 의미다.

아름다운 신앙생활의 모습

우리 주변을 둘러보면 조용하게, 소리 소문 없이 봉사 활동을 하고 있는 사람들이 많다. 그들의 이야기를 들어 보면 한결같이 자신이 삶의 어려움을 겪는 과정에서 남을 돕게 되었다고 말한다. 이런 이들의 봉사 활동은 끊임없이 이어진다. 지치지 않는다. 그 이유는 바로 봉사 활동 속에서 힘을 얻기 때문이다. 봉사 활동 분야에 대해서 공부도 더 하게 되고 날로 발전하고 있음을 깨닫는다.

친구 따라 강남에 가듯이, 아무 생각 없이 무작정 봉사 활동에 참여하거나, 남에게 돋보이기 위해서 참여하는 사람들도 있다. 물론 봉사 활동에 참여하는 이유가 중요한 것은 아니다. 그러나 이런 사람들은 대개 오래 지속하지 못한다. 지쳐 버리기 때문이다. 봉사 활동은 스스로 자신에 대한 확고한 의식이 있은 후에 시작할 일이다. 어려움을 겪으면서, 절망, 상실, 아픔을 느끼면서, 고통을 맛보면서, 할 일 해 가면서 말없이 봉사할 수 있는 게 무얼까? 생각해 보면서,

지속적으로 노력해 보라. 언젠가는 주변으로부터, "많이 변했구나!"라는 감탄사를 듣게 될 것이다.

교회나 절에 갈 때면, 조용히 홀로 앉아 기도하고 있는 분을 만나기도 한다. 대개 나이가 많은 분이거나, 어려움을 호소하러 온 사람들이다. 노년에 접어든 사람은 그냥 조용히 앉아서 오랫동안 기도한다. 기도하는 뒷모습은 너무나 아름답다. 기도를 마치고 돌아서 나오는 모습을 보라. 걸어 나오는 모습은 허리가 절반은 굽어져 있을망정 얼굴에는 평화로움이 넘쳐나고 있음을 본다. 이 노인이 다른 무슨 일을 할 수 있을까? 허리가 휠 정도로 어려운 삶을 살았다. 그럼에도 지금 기도하고 있다. 할 수 있는 일을 하고 있지 않은가, 얼마나 아름다운 모습인가.

신앙은 어디서 오는 것일까?

이 세상에 존재하게 된 그 순간부터 죽음에 이르는 마지막 순간까지 우리는 항상 자신만의 정체성과 고유한 에너지 패턴을 유지한다. 이런 에너지 패턴은 곧 신앙과 연결된다. 신앙이란 자신만의 독특성, 독자성의 집합인 것이다. 이런 자신만의 정체성은 어디서 오는 것일까? 그것은 우리 삶의 다양한 고통 속에서 빚어지는 것이다. 삶에서 어려운 과정이 없으면 또한 기쁨도 없다. 죽음이 없이 우리가 삶에 감사를 드릴 수 있을까? 미움이 없다면 궁극적 삶의 목적이 사랑임을 알 수 있을까? 인생의 깊이를 알면 아픔은 사라진다. 이처럼 번뇌, 고통, 아픔을 겪으면서 긍정적으로 변화되는 일상생활, 이것이 진정한 신앙이 아닌가.

마음의 여유를 가지자

늙어 감을 긍정적으로 받아들이기 위하여, 삶을 아름답게 가꾸기 위하여 마음의 여유를 가지고 나답게 당당하게 살아가는 방법을 몇 가지 제안한다.

- 지금 이 순간을 살라: 지금 당신의 인생 시계는 몇 시인가? 멋지게 나이 들어간다는 것은 하루를, 그리고 하나의 계절을 온전히 경험하는 것이다. 진정으로 삶을 산다는 것은 후회하지 않는 삶을 사는 것이다.
- 자기답게 살라: 삶은 오직 단 한 번뿐이다. 한 번 뿐인 삶! 우리는 자기 삶을 살아야 한다. 자기답게, 자기 분수대로 살아야 한다. 안분지족(安分知足)! 자기 분수를 안다는 것은 자기를 안다는 것이다.
- 인정하고 받아들이라: 모든 것을 있는 그대로 바라보고 인정해야 한다. 무조건 받아들여야 한다. 변해야 하는 것은 우리의 내면세계이지 우리를 둘러싸고 있는 현실의 세계가 아니다. 우리 주변의 모든 것을 무조건 인정하고 우리 마음 안으로 받아들이면 점차 마음이 편안해진다.
- 늘 배우는 마음으로 살라: 진정한 삶을 배우려면 일생이 걸린다. 오래도록 누릴 행복을 찾기에는 아직 늦지 않았다. 진정한 삶 속에 진정한 행복이 있다. 항상 새로움을 향해 마음을 열어 놓아야 한다.
- 기쁘게, 감사하며 살라: 지금 이 순간, 자기답게 살고, 주위의

모든 것을 있는 그대로 인정하고 받아들이면 비로소 우리 마음 속에서 기쁨이 피어오르게 된다. 감사함이 솟아오른다. 이 순간을 즐길 수 있게 된다. 비로소 '오늘'이라는 날을 소중하게 느끼게 된다. 오늘은 우리의 삶에서 다시 오지 않는 단 하루뿐인 소중한 날이기 때문이다. 단 하루뿐인 오늘, 우리가 이 자리에 있음에 감사하며 기쁘게 살자.

웰다잉=웰빙

현대 과학문명과 의학기술의 눈부신 발전은 인간의 평균 수명을 크게 연장시켜 불로장생이라는 인류의 오랜 꿈이 실현되었고, 이전 세대의 사람들은 꿈도 꾸어 보지 못한 '평균 수명 80세'의 시대를 누리게 되었다. 그러나 이처럼 건강과 장수에 대한 관심이 증가할수록 노화나 죽음의 문제는 어둡고 우울한 문제로 인식되어 더욱 외면되고 있는 것도 사실이다.

대부분의 사람들은 '인간은 누구나 언젠가는 죽는다'는 사실을 알지만, 죽음이 언제라도 나에게 닥칠 수 있는 자신의 문제라 생각하고 자신의 인생을 아름답게 마무리하고자 미리 준비하는 사람은 그다지 많지 않다. 삶은 점차 길어지고 죽음은 훨씬 미루어져, 죽음을 그저 노인들의 일로 생각하고 가급적이면 죽음을 피하면서 되도록이면 오래도록 미루고 싶어 한다.

죽음

죽음이란 무엇인가? 만약 죽음을 생물학적인 측면에서만 말한다면, 호흡과 심장박동이 정지되고 모든 반사 활동이 소실되어 유기체의 생명유지에 필요한 모든 기능이 영구적으로 정지되는 상태를 말한다. 그러나 우리에게 중요한 것은 죽음이라는 현상에 대한 정의보다는, 죽음이 우리에게 주는 의미일 것이다. 생명을 가진 우리 모두는 현재 삶을 살고 있고 언젠가 때가 되면 죽으리라는 걸 알고 있지만, 삶이란 무엇인가, 죽음이란 무엇인가 묻는다면 한마디로 대답하기는 쉽지 않을 것이다. 삶과 죽음에는 정답이 없고, 각자 자신의 삶과 죽음에 부여하는 의미가 다르기 때문이다.

삶과 죽음을 가장 쉽게 이해할 수 있는 한 가지 방법은 삶을 탄생과 죽음 사이에 존재하는 기간으로 보는 것이다. 우리가 보고 듣고 말하고 생각하고 행동하는 것이 오늘 하루의 삶이 되고, 이러한 하루의 삶을 어떻게 사는가에 따라서 인생의 목적과 꿈이 성취되기도 하며, 마침내 이를 통해 우리는 우리의 존재를 나타내게 된다.

인간은 누구나 태어나 성장하고 자신의 삶을 살다가 병으로, 혹은 늙어서 죽음을 맞이하게 된다. 삶은 죽음에 이르러 끝을 맺는 것이다. 이 기간 동안 무엇을 성취하고 어떠한 사람이 되는가에 따라서 그 사람의 삶의 질이 평가될 것이다. 이렇게 생각한다면 죽음이 무엇이냐는 질문에도 답할 수 있게 된다. 그의 삶을 마무리짓고 완성하는 것이 죽음이 아닐까? 그 사람이 어떠한 삶을 살았는지는 그가 삶을 다 살아 내 마감하지 않고서는 평가할 수 없기 때문이다.

이처럼 삶과 죽음은 동전의 앞뒷면과 같이 별개의 것이 아닌 서로 연관된 개념이다. 이러한 이유에서 잘 살아 보지 못한 사람이 잘 죽기란 힘든 일이라고 하는가 보다.

죽음의 의미

객관적 의미에서 죽음은 모든 신체적 · 정신적 기능의 회복될 수 없는 정지를 의미하며 이것은 보편적으로 받아들여지는 사실이다. 그러나 죽음에는 객관적인 의미뿐만 아니라 저마다 다르게 느끼는 주관적인 의미들이 존재한다. 개인의 성격, 자라 온 환경, 개인적으로 경험한 죽음과 관련된 사건, 사물에 대한 인지적 해석방식 등이 서로 다르기 때문에 죽음이 의미하는 바는 개인에 따라 독특하게 재구성된다. 또 이렇게 구성된 죽음의 의미는 인간의 삶 속 구석구석에 스며들어 그 개인이 살아가는 방식과 죽음에 반응하는 방식, 죽음에 대한 공포, 죽어 가는 과정에 대한 개념과 죽음을 준비하는 방식에도 영향을 미치게 된다(Cicirelli, 2001).

죽음에 대한 모든 생각을 차단하는 사람과 죽음에 대해 알고 두려워하는 사람, 죽음과 타협하고 불안 없이 긍정적으로 죽음을 받아들이고자 노력하는 사람 간에는 분명, 죽음을 준비하는 태도에 차이가 있을 것이다. 앞선 여러 연구에서 탐색한 결과에 따르면, 개개인이 느끼는 죽음의 의미는 어두움, 빛, 이동, 내세, 소멸(Wenestam & Wass, 1987), 목표 설정과 삶의 성취에 대한 동기, 미래 세대에 유산을 남기는 기회(Cicirelli, 1998), 자아의 소멸(무존재), 급진적 변화와 이별,

삶의 의미에 대한 위협, 삶의 기본적 목표 실현에 대한 위협(Tomer, 1992) 등으로 다양하게 나타나고 있다.

나에게 죽음이란…

우리는 우리 자신의 죽음을 경험할 수 없다. 그러나 우리는 일생을 사는 동안 자신에게 의미 있는 사람들의 죽음을 경험하게 된다. 필자의 경우는 20대일 때 할머니의 죽음을 경험했다. 돌아가실 무렵 심하게 여윈 할머니의 모습은 내게 큰 충격이었지만, 할머니의 죽음이 내 삶에 큰 영향을 끼친 것 같지는 않다. 당시에는 죽음에 대해 별로 생각해 보지 않았고, 죽음을 그저 먼 미래의, 나와 상관없는 일로 여겼기 때문이다.

30대에는 여러 차례의 자연 유산을 경험했다. 큰아이를 무사히 출산한 후로 몸이 약한 탓에 연거푸 유산을 하게 되었다. 임신한 순간부터 태어날 아이의 이름을 짓고 대화를 하면서 아이와의 관계가 시작되었기에 아직 태어나지도 않은 아이를 잃은 것이지만, 나는 큰 절망감을 느꼈다. 내게 있어 아이의 죽음은 그 아이와 함께할 모든 계획과 미래의 상실을 의미하는 것이었다. 그러나 그 경험을 통해서 나는 가족의 고마움을 느끼게 되었고, 생명은 어떤 가치보다도 소중하다는 것을 배우게 되었다.

그 이후 40대에 이르러서는 아버지의 죽음을 경험했다. 아버지는 75세에 암으로 돌아가셨는데, 암 선고에서 투병생활까지 아버지의 죽음을 함께 겪으면서 그의 인생을 마무리하는 모습을 곁에서 지켜볼 수 있었다. 또 죽어 가는 사람과 그 가족들이 처한 상황, 남겨진 가족들이 겪게 되는 이별의 슬픔 등을 직접 경험하게 되었다. 아버지의 죽음은 내게 있어서 사랑하는 사람과 다시는 만날 수 없는 영원한 이별을 의미했다. 아버지의 죽음을 통해서 나는 다른 사람의 슬픔에 진심으로 공감할 수 있게 되었고, 어떤 상황에서도 최선을 다하면 후회를 덜 수 있다는 사실을 체감하게 되었다.

내 나이 50을 바라보는 이즈음 뜻하지 않게 큰오빠의 죽음을 겪게 되었다. 우리가 언제 죽을지를 알 수 없고 죽음에는 차례가 없다고 하지만, 아버지의 죽음이 인생을 누릴 만큼 누린 노인의 죽음이었다면 큰오빠의 죽음은 아직도 살아야 할 날이 많이 남은 사람의 때 이른 아까운 죽음이었기에 더 안타깝고 슬프다. 나와 동세대인 오빠의 죽음은, 나는 아직 죽지 않을 것이라는 갸륵한 환상이 깨어지는 충격이었다.

오빠의 죽음을 경험하면서 죽음이 저 너머 남의 일이 아니고 언제, 어디서든지 내게 일어날 수 있는 일임을 절실히 느끼게 되었고, 내게 남은 시간이 얼마인지는 모르지만 현재를 열심히 살아야겠다는 결심을 하게 되었다. 이처럼 사랑하는 사람의 죽음은 내게 다양한 의미를 주고, 그 속에서 나는 다양한 삶의 교훈을 얻게 되었으며 이러한 교훈은 내 삶을 이끌어 주는 나침반 역할을 하고 있다.

죽음에 대한 태도

인간 모두가 슬픔, 기쁨, 고통 등의 다양한 정서와 감정을 체험하듯이 죽음에 대한 감정과 태도도 다양할 수 있다. 사람들은 죽음이 가까워 오면 우울감과 슬픔, 상실감을 경험하게 된다. 또 암벽 등반이나 스쿠버다이빙 등 생명을 위협하는 행동을 하며 죽음에 도전하기도 하고, 자신의 죽음을 생각나게 하는 장례식이나 죽어 가는 친구를 찾아가지 않으려고 하는 등 죽음 회피의 태도를 보이기도 한다. 그러나 카스텐바움을 비롯한 대부분의 학자들은 죽음 불안, 죽음 부정, 죽음 수용을 죽음에 대한 태도의 핵심 개념으로 기술하고 있다(Kastenbaum, 2006).

'죽음'하면 통상적으로 떠오르는 것은 두려움이나 불안의 정서 감정이다. 죽음 불안이란 죽은 사람이나 죽음을 생각나게 하는 것과 마주쳤을 때 유발되는 정서적 불안정이나 고통을 말하는 것으로, 이러한 고통스러운 긴장 상태를 완화시키기 위해 사람들은 약이나 알코올을 택하거나 그 상황으로부터 도망치는 등 다양한 행동을 취하게 된다.

죽음 부정이란 현실의 중요한 특징을 무시하는 반응이다. 예를 들어 죽음으로부터 심리적으로 거리를 두기 위해서 내가 죽을 것이라는 기본적인 사실 자체를 받아들이지 않고 무시해 버리는 경우를 말한다. 또 일반적으로 말해서 죽음 수용이란 자기 자신의 죽음을 회피하거나 극복하려고 발버둥치지 않고 순순히 편안 마음으로 받아들이는 것을 의미한다.

죽음 준비하기

천지만물에게 있어서 탄생이 있다면 반드시 죽음이 뒤따른다. 자연은 봄, 여름, 가을, 겨울 사계가 순환 반복되지만 인간의 경우에는 누구도 이 세상에서 영원히 생존할 수 없다. 인간의 삶은 탄생, 성장, 노화, 죽음의 한 바퀴(주기)밖에 없기 때문에 한정되어 있는 삶을 어떻게 잘 살고 자신의 삶을 어떻게 잘 마무리하느냐가 무엇보다 중요하다고 할 수 있다.

그러나 삶도 아직 잘 알지 못하는데 죽음을 어찌 알겠느냐는 공자의 말처럼, 성장과 젊음의 가치만을 중시하는 현대인들은 죽음을 자신의 삶에서 밀어내고 삶을 어떻게 잘 살지에 대해서만 고심할 뿐 자신의 삶에 끝이 있다는 사실을 잊고 싶어 한다. '지금, 현재가 아니라 언젠가 때가 되면'이고, 모든 사람이 죽는다는 사실을 알지만 그게 나는 아닐 거라고 믿고 싶어 한다.

인간은 아직 노화나 죽음을 극복할 수는 없지만 죽음을 받아들이는 태도나 죽어 가는 모습은 선택할 수 있다. 즉 언젠가 닥쳐온 죽음에 아무 생각 없이 수동적으로 당하는 것은 동물적인 죽음이며, 인간은 자신의 죽는 모습을 주체적으로 선택할 수 있다. 불행하고 고통스런 죽음을 맞이할 수도 있고 행복하고 안락한 죽음을 맞을 수도 있는 것이다.

죽음을 당하지 않고 죽음을 누리기 위해서는 어떻게 해야 할까? 살아온 삶의 종결 또는 마무리를 죽음이라고 본다면, 열심히 만족스럽게 살아 보지 못한 사람이 과연 후회 없이 행복한 죽음을 맞이할 수 있을까? 행복하고 안락한 죽음을 원한다면 준비가 필요하다. 잘 죽기 위해서는 우선 잘 살아야 하기 때문에 평소부터 죽음의 문제를 자신의 일로 진지하게 생각하며 준비할 필요가 있는 것이다. 그런 의미에서 죽음 준비는 또한 잘 살기 위한 준비라고도 할 수 있다.

죽음 불안의 원인

죽음을 준비하는 다양한 방법이 있겠지만 죽음과 타협하고 불안

없이 죽음을 받아들이기 위해서는 우선 자신이 왜 죽음을 두려워하는지 그 이유를 점검해 보고 그 두려움을 경감시키기 위해 어떠한 준비를 할 수 있는지 생각해 보는 것도 한 가지 방법이라고 할 수 있다.

우리들은 왜 죽음을 생각하면 불안해하고 두려워하는가? 그 이유로 다음과 같은 것들을 생각할 수 있다(Lepp, 1968; Kalish, 1985).

- 죽음으로 인해 자신이 가진 모든 것을 잃게 되는 것을 두려워할 수 있다. 사랑하는 사람과 이별하고 아끼던 물건, 생애를 바쳐 이루어 낸 사업체, 정든 집 등 모든 것과 작별하는 것은 슬픈 일이다.
- 죽음의 단계에서 가족과 사회에 경제적 · 정신적인 부담이 되는 것을 두려워할 수 있다. 노인들은 죽음이라는 사건 자체보다는 치매나 만성 질환 등으로 오래 질질 끄는 죽음을 맞이하여 요양비, 의료비 등으로 주위 사람들의 짐이 되는 것을 두려워한다.
- 죽음으로 인해 자신의 존재가 소멸되고 모든 사람들에게서 망각되는 것을 두려워할 수 있다. 죽음으로 인해 자신이 세상에 존재했던 흔적이 사라지고, 자기를 기억하고 그 죽음을 슬퍼해 주는 사람이 없게 될 것이 두려울 수 있다.
- 죽음에 대해 무지하기 때문에 두려워할 수 있다. 자신의 죽음을 미리 경험하여 죽음이란 어떤 경험이고 그 이후에 어떤 일이 일어나는지 아무도 알 수 없다. 죽을 때 자신의 신체에 어떤 일이 일어날지, 죽음 후에는 어떻게 되는지 알 수 없기 때문에 처음 찾아가는 길이 불안한 것처럼 죽음이 두려울 수 있다.

• 죽을 때 불쾌한 체험을 하게 되므로 죽음을 두려워할 수 있다. 말기단계에서는 외모가 보기 흉하게 변하고 변비, 메스꺼움, 식욕부진, 호흡곤란 등 신체적인 고통을 겪게 된다. 또 식사, 배변, 세안, 목욕, 이동 등을 스스로 할 수 없고 전적으로 다른 사람에게 의존할 수밖에 없는 상황에 처하기 때문에 자율적으로 생활해 온 사람에게 죽음은 두렵고 고통스러울 수 있다. 특히 집이 아닌 낯선 환경에서 아무도 없는 가운데 고독하게 죽게 되거나 길고도 고통스러운 죽음의 과정을 겪게 될 것이 두려울 수 있다.

• 사는 동안 의미 있는 일을 아무것도 달성하지 못한 것에 대한 후회 때문에 죽음이 두려울 수 있다. 자신이 되고자 하는 사람, 달성하고자 하는 일, 원하는 삶을 살아 볼 기회가 죽음으로 인해 박탈되는 것이기 때문에 충만한 삶을 살아 보지 못한 사람은 죽을 때 후회와 절망으로 죽음을 두려워할 수 있다.

• 사는 동안 지은 죄 때문에 죽은 후에 심판이나 벌을 받을 것이 무서워서 죽음이 두려울 수 있다. 내세를 믿는 사람들에게 죽음은 사후 세계로 가는 통로이므로 죽은 후에 영원히 벌을 받아서 영혼이 고통스러울 것을 두려워할 수 있다. 이 밖에도 이미 죽었지만 생전에 자신이 괴롭혔던, 혹은 자신을 괴롭혔던 사람을 죽은 후에 다시 만나서 벌이나 괴롭힘을 받게 될 것을 두려워하는 경우도 있다.

나의 죽음 준비

흔히들 죽음을 준비한다고 하면 유언장이나 영정 사진을 미리 준비하고 장례식 때 필요한 수의를 미리 장만해 놓는 것을 연상한다. 그러나 저마다 살아가는 삶의 모습이 다르고 인생관이 제각각이듯이, 삶을 마무리하는 죽음을 준비하는 데도 바람직한 매뉴얼이나 정답이 있을 수 없다. 그러기에 나름대로 죽음을 준비하는 데 있어 한 가지 제안하고 싶은 것은 자신이 죽음을 왜 두려워하는지 원인을 점검하고 그러한 두려움을 경감, 해소하기 위해서 어떠한 노력과 준비가 필요한지를 살펴보는 것이다. 앞에서 살펴본 '죽음을 두려워하는 이유'를 바탕으로, 죽음을 준비하는 태도나 마음가짐을 정리해 보자.

- 상실이나 이별에 대한 준비를 한다: 죽게 되면 우리는 집과 자동차, 직장, 돈, 사랑하는 사람들 모두를 잃게 된다. 이러한 상실이나 이별을 위해 어떤 준비를 할 수 있을까? 상실이나 이별에 대한 준비로 1년에 한 번, 혹은 10년에 한 번씩 정기적으로 유언장을 쓰는 연습을 하는 것도 좋은 방법이다. 유언장은 좁은 의미에서는 고인의 유형의 재산을 생전의 의지에 따라 분배하는 지시서이며, 넓은 의미에서는 자신과의 내밀한 대화이며 언젠가 다가올 죽음을 위한 준비이며 앞으로의 새로운 삶을 위한 출사표다. 즉 유언장을 쓰면서 자신이 이 세상을 곧 떠난다고 가정하고 자신의 살아온 생을 되돌아보면서 이미 이루어 놓은 성취는 무엇이며 앞으로 해야 할 남아 있는 일은 무엇인지 결산

해 보고 그동안 신세 진 사람과 풀지 못한 관계의 매듭들을 점검하면서 유종의 미를 거두기 위해 무엇을 해야 할 것인지를 계획할 수 있다.

- **죽음의 과정이 길고 고통스럽지 않도록 미리 사전의료지시서 등을 작성하여 준비할 수 있다**: 넓은 의미에서 '사전의료지시'란 당사자가 의사 결정에 참여할 능력이 없거나 참여할 수 없을 경우에 대비하여 원하거나 원치 않는 행동들을 말이나 혹은 서면으로 적어 놓은 지시를 의미한다. 사전의료지시의 종류로는 크게 생명 유언(living will)과 대리 위임이 있다. 생명 유언은 법적인 지위나 요건이 필요하지 않기 때문에 자신이 원하는 방식으로 작성할 수 있으나, 생명 유언의 핵심적 부분은 역시 회복될 가능성이 없는 상황에서 죽음의 과정을 단순히 연장하는 치료 지향적인 개입을 거절하고 자연스럽게 죽도록 허용하라는 '중단해야 할 조치의 지시'와, 통증을 완화하고 편안하게 해 주는 완화치료로 개입을 한정하라는 '계속 제공되어야 할 의료서비스의 지시'들로 구성된다.

그러나 미래에 발생 가능한 모든 상황을 다 예측할 수 없으므로 생명 유언과 관련하여 가족과 전문적 돌봄 제공자 간에 해석과 논쟁의 여지가 있기 때문에, 환자 본인의 이익을 위해 누군가에게 치료와 관련된 결정을 대신할 권한을 위임하는 것이 계속적 대리 위임이라고 할 수 있다. 이처럼 계속적 대리 위임은 환자 자신이 의사를 표현할 수 없는 상황에 처했을 때 자신을 대신해서 생명처치에 대한 결정을 할 수 있는 다른 사람이나 대리인을 지명할 수 있도록 허용하는 새로운 형태의 사전의료지시라고 할 수 있다. 사전의료지시서의 통일된 양식은 아직 없으며 흔히 종합병원에 비치되어 있는 양식을 이용하거나 인터넷 검색을 통해 다른 기존의 양식을 참고하여 개인이 자신에게 맞는 양식을 작성할 수 있다.

- 죽음으로 인해 자신의 존재가 소멸되고 모든 사람들에게서 망각되는 것이 특히 두렵다면, 죽은 뒤에도 계속 존속할 수 있는 방법을 강구한다: 착한 일이나 기부를 많이 하여 다른 사람의 기억 속에서 오래 살아남을 수 있게 한다든지, 신체 조직이나 장기를 기증하여 자신의 존재 일부가 살아남도록 할 수 있다. 장기기증자로 등록하고자 하는 사람은 장기기증자 등록 신청서와 장기기증 동의를 확인할 수 있는 서류를 구비하여 전국의 장기이식 등록기관 중 한 곳을 선택하여 본인이 직접 장기기증자 등록신청을 해야 한다. 장기기증은 본인의 희망으로 가능하지만 실제 기증 시에는 가족의 동의가 필요하므로 반드시 가족에게 장기기증 의사를 밝혀야 한다. 장기기증 희망 등록의 취소는 언제든지 가능하고, 미성년자의 경우는 신청 시에도 보호자의 동의가 필요하다. 장기 기증에 대한 자세한 정보는 국립장기이식관리센터(www.knos.go.kr)로부터 얻을 수 있다.
- 죽음에 대한 무지(無知)를 해소하기 위해서는 평소부터 죽음을 회피하기보다는 죽음과 관련된 서적이나 죽음준비강좌를 들으면서 적극적으로 죽음을 탐색해 보는 것이 필요하다: 죽음교육에 관련된 정보는 한국죽음학회(www.kathana.or.kr)나 각당복

지재단(www.kakdang.or.kr) 등을 통해서 얻을 수 있다.

- 죽음의 과정에서 불쾌한 체험을 최소화하기 위해서는 완화치료를 선택할 수 있다: 이미 죽음이 결정된 상황에서는 완치를 위한 적극적인 치료보다는 죽음의 과정에서 겪게 되는 고통을 완화시켜 주는 호스피스의 도움을 받을 수 있다. 호스피스는 죽음을 앞둔 말기 환자와 그 가족을 사랑으로 돌보는 행위로, 환자가 남은 인생 동안 인간으로서의 존엄성과 높은 삶의 질을 유지하면서 삶의 마지막 순간을 평안하게 맞이할 수 있도록 신체적 · 정서적 · 사회적 · 영적으로 도우며, 사별가족의 고통과 슬픔을 경감시키기 위한 총체적인 돌봄이라고 할 수 있다(노유자 외, 1994).

  한국의 호스피스 프로그램은 병원 내의 일부 병동에서 호스피스 활동을 하는 '병원 내 호스피스', 병원에 호스피스 팀이 구성되어 주로 내과 병동이나 암 병동에 산재하여 환자를 돌보는 '산재형 호스피스', 개별 건물을 가지고 별도로 호스피스만을 운영하는 '독립형 호스피스', 가정에서 임종하기를 원하는 환자를 지원하는 '가정 호스피스' 등 다양한 형태로 운영되고 있다. 자세한 정보는 한국호스피스협회(www.hospicekorea.com)를 통해서 얻을 수 있다.

- 절망이나 후회를 줄이기 위해서는 이상적인 나의 모습과 현재의 모습을 비교 점검하면서 매순간의 삶을 깨어서 충만하게 살도록 노력한다: 자신이 원하는 만족스러운 삶을 살아 보지 못한 사람이 죽는 순간에 후회 없이 자신의 죽음을 받아들이기는 힘

들다. 나는 어떤 사람이 되고 싶고 어떤 일을 하고 싶고 어떻게 살고 싶은가? 죽기 전에 꼭 해야 할 일은 무엇이고 하고 싶은 일은 무엇인가? 이런 질문을 통해 자신이 이상적으로 생각하는 자아상, 자기의 모습을 점검해 본다. 지금 나의 모습은 어떻고 현재 나는 어떤 삶을 살고 있는가? 이처럼 현재의 자신의 모습과 이상적인 자신의 모습을 항상 점검하면서 원하는 삶을 살기 위해 노력한다. 자기가 원하는 모습으로 자아가 통합되고 자기실현을 성취한 사람은 자기의 삶에 대한 미련이나 후회가 적어져 삶을 고쳐 살고 싶어 하는 사람보다 죽음을 받아들이기가 훨씬 더 쉽게 된다.

- 죽은 후 내세의 문제가 두려울 경우에는 종교에서 그 답을 찾도록 한다: 종교가 신의 사랑과 내세에 대해 약속하기 때문에 내세와 관련된 죽음 공포를 조절할 수 있다. 그러나 단순히 신과 내세에 대한 믿음을 고백하고 교회나 절에 정기적으로 출석하는 것이 아니라 자신이 믿는 종교에 대한 확고한 신앙이 필요하다.

나의 죽음 준비 리스트

앞에서 죽음을 준비하기 위해 자신이 죽음을 왜 두려워하는지 원인을 점검하고 그 같은 두려움을 경감, 해소하기 위해서 어떤 노력과 준비가 필요한지를 살펴보았다. 제각기 삶의 모습이 다르듯이 죽음을 두려워하는 원인도 저마다 다르기 때문에, 왜 죽는 것을 두려워하는지 그 원인을 스스로 점검해 보고 그런 두려움을 해소하기 위해 어떠한 준비가 필요한지를 '나의 죽음 준비 리스트'를 이용해 점검해 보도록 한다. 왼쪽 빈칸에는 자신이 죽음을 두려워하는 원인을 적고 오른쪽 빈칸에는 이러한 두려움을 해소하기 위해 자신이 취할 수 있는 구체적이며 납득 가능한 준비는 어떤 것인지 적어 보자.

● 나의 죽음 준비 리스트 만들기 ●

나는 왜 죽음이 두려운가?	죽음 불안 해소를 위해 필요한 준비
▶	
▶	
▶	
▶	
▶	
▶	

은퇴실습

나의 인생 2모작

이광우(이광우심리상담센터 소장)

해양학자에서 심리상담사로

평생 과학을 논하던 내가 지금은 남의 얘기 들어 주는 새 일을 찾았다. 1970년대부터 해양오염 연구에만 몰두해 온 과학자의 자리를 떠나 심리상담사로서의 인생을 새롭게 시작한 것이다.

돌이켜 보면, 한양대학교 교수 시절 퇴직을 1년 앞둔 시점에서, 은퇴를 한 뒤에도 무엇인가를 하고 싶다는 간절한 생각을 하게 되었다. 목사님이셨던 부친을 따라 신학을 공부하지 않은 게 늘 마음의 짐이었던 터라, 은퇴 후에 미국으로 가 신학교에 다닐까도 생각했었다. 그러던 차에 심리상담학이 뚜렷이 내 눈에 띄었다. 목사의 신분으로 기독교 신앙적으로 봉사하는 것도 좋겠지만 다른 이들의 상처 입은 마음을 치유해 주는 일도 보람 있는 일이 아닐까 생각하게 된 것이다.

은퇴를 하자마자 용기를 내어 연세대학교 연합신학대학원 심리상담 전문가 과정에 진학했다. 당시 내 나이는 66세, 학생을 가르치던 입장에서 다시 대학원생의 신분으로 돌아가는 게 말처럼 쉽지는 않았다. 더구나 자연과학자로 일생을 살아오다가 새로이 심리학을 공부하려다 보니 학문이나 사회에 대한 가치관부터 완전히 바꿔야 했다. 대인관계를 기본으로 하여 인간의 마음속을 탐구하는 심리학과 마음속의 변화를 추구하는 심리상담은 스스로 호기심과 의문을 갖고 자연의 원리를 탐구하는 과학과는 너무나 달랐다.

25년쯤 전인가, 아들이 중학교 다닐 때였는데, "아빠가 말 걸면 벙어리도 말을 할 거야"라고 말하는 것이었다. 그 말을 듣고 나는 깜짝 놀랐다. 지금 돌이켜 생각해 보면 그때 어린 아들이 나보다 먼저, '다른 사람과 얘기하기를 좋아하며 그들이 말을 하게 하고 귀담아 들어 주는 심리상담사로서의 나의 소질'을 파악한 셈이 아니겠는가?

남의 얘기를 들어 주며 대화하길 좋아하는 내 성격은 과학자였던 시절보다 심리상담을 공부하면서 더욱 빛을 발하기 시작했던 것 같다. 상담하는 것이 즐겁고 재미가 붙으니 자신감도 차츰 더해졌다. 연세대에서 심리상담 전문과정을 끝내고 다시 심리상담 고급과정까지 2년 반을 공부한 뒤 1급 심리상담사 자격증을 획득했다. 그러고는 만 70세 되던 2007년 4월 내 이름을 내건 상담센터를 열었다. 제2의 인생이 시작된 것이다.

상담을 하면서 인간의 심리 변화에 대한 이해가 차츰 더 깊어졌고, 스스로도 더 유연해지고 인내심도 늘었다고 생각한다. 흰머리가 눈에 거슬려 염색을 할까도 생각했으나 상담하러 온 분들이 흰머리가 되레 신뢰감과 안정감을 준다면서 아무 얘기나 다 해도 괜찮을 것 같다기에 백발 그대로 두기로 하였다.

해양오염 전문학자로서의 성장

심리학을 공부하기로 결심하기 전까지의 내 면모는 여느 과학자와 다를 바 없었다. 서울대학교 농과대학 농화학과를 졸업하고 군복무를 끝낸 뒤 1961년 미국으로 건너가 미네소타 대학교, 퍼듀 대학교, 위스콘신 대학교를 거치며 이학박사 학위를 받고 수질오염, 수질화학자로서 연구 활동을 했다.

1976년 한국과학기술연구원(KIST) 부설 해양연구소 책임연구원으로 귀국한 뒤 한양대학교로 옮겨 은퇴할 때까지, 4대강과 공단지역을 비롯하여 한국 연안의 수질오염과 전 지구적으로 5대양의 수질오염을 연구하기 위해 전 세계의 바다를 쏘다녔다고 해도 과언이 아니다.

해양오염 관련 국제회의와 다양한 워크숍에 한국 대표로 참가했고, 오직 연구를 위해 한국 연안과 5대양을 항해하였다. 해양오염에 관한 연구와 강의는 1986년 한양대학교로 옮겨 와서 2002년 은퇴할 때까지 계속되었다. 그런 가운데 국내에서 처음으로 해양화학 교재도 썼으며 대학 학장을 역임하는 경험도 가졌다. 말 그대로 눈코 뜰 새 없이 바쁜 연구원과 대학 교수의 생활을 즐거운 마음으로 해 나갈 수 있었다. 지금 생각하면 연구비는 물론 장비도 인력도 턱없이 부족한 시절에 어떻게 그렇게 일했는지 머릿속이 아뜩한 느낌이다. 하지만 언제나 나름대로 자부심을 갖고 열정을 잃지 않은, 가치 있는 생활이었다고 자부할 수 있다.

심리상담사로서의 생활

밤낮으로 연구에 몰두했던 과학자의 삶과 달리 심리상담사로서의 삶엔 여유도 더해지고 있다. 겨울 스키를 즐기기 위해 평소 등산과 요가로 몸 건강을 다지고, 색소폰을 배우고 싶어 젊은이들과 함께 동호회에 가입해 시간이 허락할 때마다 연습실에 들른다.

또 심리상담가이자 심리학자로서의 새로운 삶에서도 학자의 '끼'는 버리지 못하고 센터를 운영하면서 열심히 배우며 여러 사람을 돕고 있다. 그런 한편으로 국내와 일본, 그리고 미국 심리학회를 꼬박꼬박 찾아다니기 시작했다. 행복심리학, 긍정심리학, 웃음 그리고 유머와 관련된 최신 심리학 이론을 배우기 위해서다. 여기에 70여 년의 인생 경험을 더해 '나만의 행복심리학'을 만들어 나가면서 여러 대학과 모임에서 초청받아 강의하고 있는 중이다.

어떻게 우리는 행복해질 수 있을까?

우리가 일생을 살아오는 동안에 누구나 한 번쯤은 '행복이란 무엇인가?' '나는 행복한가?' '무엇이 나를 행복하게 만드는가?'를 자문해 본 일이 있을 것이다. 행복에 대해서 독일의 문호 헤르만 헷세는 "인생에 주어진 의무는 다른 아무 것도 없네. 그저 행복하라는 한 가지 의무뿐, 우리는 행복하기 위해 세상에 왔지"라고 하면서,

행복이 우리의 의무임을 강조했다.

인간의 감정을 보면 분노, 시기, 절망, 미움, 두려움, 우울함 등의 부정적 감정이 있는데, 이에 반하여 용서, 사랑, 즐거움, 기쁨, 자신감, 안정감, 만족감 등의 긍정적 감정이 우리에게 행복감을 느끼게 해 준다.

세계적인 행복 심리학자인 미하이 칙센트미하이 박사는 전 세계를 망라하여 8천여 명의 사람을 만나 인간의 행복을 연구해 왔다. 그 결과 그가 찾아낸 행복의 조건은 즐거움, 몰입의 경험, 의미의 세 가지였다.

첫째, 즐거움이다. 췌장암으로 죽음을 선고받은 랜디 포시 교수는 최근 베스트셀러인 『마지막 강의(*The Last Lecture*)』에서 "삶을 즐겨라, 즐길수록 삶은 내 것이 된다"고 말했다. 또 마이크로소프트의 빌 게이츠는 그의 은퇴식에서 "능력이 있고 성실히 일하는 사람이 일하기를 즐기는 사람을 이기지 못한다"며, 자기가 하는 일을 즐기는 것이 얼마나 중요한가를 강조했다.

둘째, 몰입의 경시에 있나는 것은 행동과 의식의 일지, 현재의 일에 대한 전념, 실패를 두려워 않음, 자아의식의 사라짐, 행위 자체가 목적이 됨, 시간에 대한 의식이 전혀 없음 등의 특징을 갖고 있다. 몰입이 영어로는 flow인데 이것은 몰입의 경지가 마치 물의 흐름에 몸과 의식을 맡긴 것 같다는 뜻에서 왔다.

셋째, 의미에 대해서는 제2차 세계대전 중 유태인 수용소에서 죽음을 넘어 살아남은 빅터 프랭클이 말하기를, "삶에 진정한 의미가 있는 것이 무엇보다 중요하다. 사랑하는 사람이 있거나 사랑을 주는 사람이 있으면 어떠한 어려운 상황에서도 행복을 느낀다" 고 했다.

행복을 돈으로 살 수 있을까라는 물음은 오래전부터 연구의 테마가 되어 왔다. 50년 전의 연구 결과로는, 잘 사는 나라와 가난한 나라의 행복지수에는 거의 차이가 없었다. 그러나 최근의 조사에 의하면 전 세계적으로 행복한 나라를 보면 1. 덴마크, 2. 스위스, 3. 오스트리아, 4. 아이슬란드, 5. 바하마, 6. 핀란드, 7. 스웨덴, 8. 부탄, 9. 브루나이, 10. 캐나다…… 그리고 23. 미국 순이었다.

이처럼 어느 정도의 부(富)는 행복에 필요하다. 그러나 그 이상의 부는 행복과 아무런 관계가 없다고 한다. 예를 들면 침대, 시계, 보약, 지식, 다이아몬드 등은 돈으로 살 수 있는 것들이지만 단잠, 시간, 건강, 지혜, 참 사랑 등은 돈으로 살 수 없는(priceless) 가장 고귀한 것들이다.

행복에 이르는 지름길로서, '나는 행복한가?' 라고 묻지 말고 '무엇이 나를 행복하게 만드는가?' 라고 물으라고 한다. 행복해지기에 관한 실천 요강을 보면 자기 자신을 사랑하기, 심호흡하기, 운동하고 잘 먹고 잘 자기, 고민거리 털어놓기, 깨닫기, 긍정적 사고 등을 제시하고 있다. 긍정적 사고는 삶의 질과 행복감을 높여 주며 인생의 낙관적인 측면을 찾고 심리적 외상으로부터의 회복력이 향상되며 무엇에나 쉽게 몰입할 수 있게 한다.

최근 영국의 BBC 조사결과에 의하면 행복의 첫째 요건으로 '친구가 있어 행복하다' 는 것을 꼽았다. 친구가 있는 사람은 더 건강하고 더 오래 살며 '친구가 있는 곳은 천국이고 친구가 없는 곳은 지옥이다' 라고 표현했다.

행복은 결코 많고 큰 데, 즉 성공, 일확천금, 명성 등에 있는 것이 아니다. 작은 것을 고마워하고 만족할 줄 안다면 이것이 진정한 행복이다. 에이브러햄 링컨은 "우리가 행복해지려고 마음먹는 만큼 우리는 행복해질 수 있다. 우리를 행복하게 만드는 것은 우리를 둘러싼 환경이나 조건이 아니고 늘 긍정적으로 세상을 바라보며 아주 작은 것에서부터 행복을 찾아내는 우리 자신의 생각이다."라고 말했다. 우리는 어느 때 어떤 상황에서도 작은 행복을 느낄 수 있으면 누구보다도 더 행복한 사람이 될 수 있으며 '연습할수록 느는 것으로서의 행복은 삶의 습관'임을 기억해야겠다.

인생 2모작을 위한 나의 조언

제2의 인생을 꿈꾸는 후배들을 위한 조언을 할까 한다. 인생 후반부의 성공을 위해선 개인은 물론 사회도 변해야 한다는 게 나의 생각이다.

첫째, 항상 무엇이든 알고 싶은 것을 배워라.

학문을 배우는 것뿐 아니라 자신에 대해서, 그리고 자신이 하고 싶고 좋아하는 것들을 끊임없이 배워야 한다. 배우는 즐거움은 여느 즐거움보다 강렬하고 오래간다는 사실을 잊지 말자.

둘째, 나 자신을 다른 사람과 비교하지 말라.

자신과 타인은 다르다. 눈송이 하나하나가 아름답듯 사람도 저마다 특이하고 의미 있는 존재다. 자신을 있는 그대로 받아들이고 자랑스럽게 여기자.

셋째, 자기 성격을 면밀히 분석하고 숨어 있는 능력을 찾아내자.

장기계획을 세우면서 자기 자신부터 아는 것부터 시작해서 새 출발을 하자.

넷째, 대학, 사이버대학, 대학원, 평생교육원 등의 문을 두드리자.

은퇴자가 새로운 분야의 공부를 쉽게 시작할 수 있도록 대학은 문턱을 낮춰야 한다. 늦깎이 공부에 쉽게 도전할 수 있게 길을 넓게 열어 주자.

다섯째, 자신이 좋아하거나 잘 할 수 있는 일과 사회가 필요로 하는 일의 접점을 찾아라. 새로운 일에도 과감하게 도전하자.

여섯째, 90세가 넘도록 건강하게 산다고 생각하고 인생의 장기계획을 구체적으로 세우자. 나이는 숫자에 불과하다.

로드맵(Road Map)

홍석태(주식회사 이써클 대표이사)

60세가 되면서 새로운 인생을 맞이하게 되었다. 자식들은 이미 결혼으로 독립을 했으니, 이제 두 사람만 남는 '나 홀로'의 시기를 맞이했다.

'이제부터의 삶을 어떻게 살아야 하나?'

어느 날 배낭을 메고 산행을 하며 깊은 생각에 잠겼다. 주마등처럼 스치는 젊은 날의 그늘진 모습들은 나로 하여금 깊은 회한에 잠기게 했다.

'원인이야 어쨌든, 참으로 어리석은 삶을 살았구나….'

문득 떠오르는 생각에 눈물이 고이면서 더 이상 발을 뗄 수가 없었다.

가식(假飾)이 강요되는 전통적 우리 삶의 모습

'양자(養子)'는 가계를 잇는 아름다운 전통적 풍속(風俗)이긴 하지만 내가 겪은 특수한 환경 아래서 어린 내게는 극도의 외로움을 느끼게 하는, 힘겨운 삶을 살도록 강요했다. 이러한 여건에서 스스로 선택한 나 홀로의 삶은 분별을 잃었고, 나아가 현실을 외면한 궤도 밖의 삶을 걷게 했다. 그 선택은 결과적으로 여기저기 심하게 패인 상처만 남겼다. 자신뿐 아니라 가까운 사람에게까지 상처받으면서 발 없이 쫓기는 짐승처럼 초라한 인생을 살아왔다. 스스로 자초한 삶이, 이 시간 몹시도 부끄러워진다.

그렇다면 어느 날 갑자기 찾아온 나의 후반기 인생을 어떻게 살 것인가를 생각해 봐야겠다. 물이 흐르는 계곡에 자리를 잡고 맑은 여울물에 내 모습을 비추어 본다. 지난날 스쳐간 이런저런 그림자가 물 위에 드리워지고 또 부서진다. 과거의 아픔은 아픔대로 상처가 남겠지만, 바닥을 친 이 아픔이 길잡이로 승화되어 후반기의 내 삶을 지켜 주길 바란다. 얼마의 시간이 흘렀던가! 실로 오랜만에 나는 '사람답게 살고, 사람답게 늙어 가면서, 존경받는 노인으로서 고독하지 않은 노인상'을 이후의 내 모습으로 그리며 지극히 평범한 생활철학을 꿈꾸기에 이르렀다.

갑자기 마음이 후련해진다. 속박된 마음에서 풀려나는 시간이다.

서쪽 하늘을 온통 물들인 붉은 낙조를 바라보며 하산하는 동안 거듭해서 되뇌는 말은, 다음과 같다.

"고독한 노인은 되지 말아야지…." "버려진 노경(老境)은 되지 말아야지…."

로드맵

그간 노인(老人)은 마치 성장이 종료된 사람이거나 완성된 인간이라는 생각이 주였다. 그러나 지금은 노경이 제2의 인생 혹은 후반기 인생이라는 개념을 갖게 되었다. 장년기까지 자신과 가정을, 그리고 사회와 나라를 위해서 동분서주 바쁘게 일을 하다가 노년기를 맞이하게 되면서 밀려오는 외로움과 허전함에 당황할 때 그들에게는 길잡이, 즉 로드맵이 필요한 것이다.

이러한 로드맵을 공자는 '육십이육십화(六十而六十化), 칠십이칠십화(七十而 七十化)'라는 말로 남겼다. 육십에는 육십에 할 일이 있고, 칠십에는 칠십에 맞는 일이 있다는 의미다. 일생을 살면서 그 나이에 합당한 일들이 존재함을 암시적으로 제시해 주고 있다. 피천득 선생은 〈송년〉이란 수필 중에서, "지금 생각해 보면, 인생은 사십부터도 아니요, 사십까지도 아니다. 어느 나이고 다 살 만하다"고 술회했다. 이 의미는 먼저 공자의 말씀과 일맥상통하는 사상으로 여겨진다.

인생은 어떤 나이를 불문하고 그 나이에 걸맞은 즐거움이 있고 슬픔이 있으며 괴로움이 있다. 그리고 해야 할 일이 있다는 말이다. 노인은 정지된 인간이 아니라는 것을 이야기하고 있다. 노자의 무위자연(無爲自然)에서도 인간은 자연의 법칙을 벗어날 수 없음을 일러 준다. 여름에는 푸르고 무성했던 잎들이 가을이면 단풍지며 열매를 맺고 겨울을 준비한다. 이것이 자연의 질서이다.

우리는 100년의 인생을 살아가는 시대에 살고 있다. 그리고 100년을 살아갈 수 있는 학습을 해야 한다. 평생교육은 분명 어느 시기를 묻지 않고, 새로운 관심으로 미지의 세계를 살아가는 노인의 삶을 만족과 행복으로 안내하는 길잡이가 되리라 믿는다.

믿음

삶에 힘겨워 허한 날도,

사랑이 몹시 그리워지는 날도

진리의 자유를 갈망할 때도

우러러

믿음으로 간절히 구한다.

이러한 신실한 믿음이 있기에

세상은 희망이 있고

살아볼 만하다

노경(老境)을 '여생(餘生)'이라 하기보다는 '후반기의 인생(後半生)'이라 부르는 편이 좋겠다. 인생의 주기로 볼 때, 내리막길 같지만 전반기 인생과 다른 생활이며 새 인생을 시작할 때다. 다시 말해 노년은 반환점을 돌아 나온 마라토너의 길인 셈이다.

영국의 노인 심리학자 브롬디는 "인생의 4분의 1은 성장하면서 보내고, 나머지 4분의 3은 늙어 가면서 보낸다"고 했다. 사람의 연령을 자연연령, 건강연령, 정신적 연령, 신앙적 · 영적 연령 등으로 구분해 본다. 사람이 아름답게 죽는다는 것은 여간 어려운 일이 아니다. 그러나 보다 더 어렵되 가치 있는 것은 아름답게, 그리고 행복하게 늙어 가는 일이다. 이러한 웰 에이징(well-aging)을 위해서는 먼저 '믿음'이 있어야 한다. 절대자에게 의지하는 믿음의 여부가 삶의 질을 확연하게 바꾸어 놓기 때문이다. 나이가 들면 들수록 인간을 의지하기 보다는 절대자(絶對者)이신 유일신을 의지해야 한다는 생각을 한다.

자칭 천재였던 양주동 박사는 노년기를 맞으며, 인간으로서의 능력에 한계를 느껴서 종교에 귀화한다고 선언하셨다. 덧붙여 고백하기를 "전차가 위 전선에 전기를 연결해야 가듯이 인간도 위로 절대자에게 연결하지 않으면 한 발짝도 걸을 수가 없다."고 하셨다. 양주동 박사는 비로소 영령(英靈)의 젊음과 영적인 구원으로 완성을 실현하였다.

열정(passion)

우리가 낙심하지 아니 하노니,
우리의 겉 사람은 낡아지나 우리의 속사람은 날로 새로워지도다
(고린도후서 4: 16)
내게 능력 주시는 자 안에서 내가 모든 것을 할 수 있느니라
(빌립보서 4; 13)

성경에 기록된 바울 선생의 고백이다.

인간이 사람답게, 그리고 아름답게 늙어 가는 것, 즉 웰 에이징을 위해서는 우선은 열정이요, 다음은 건강, 그리고 일과의 관계가 중

요하다고 생각한다. 나이가 들수록 열정이 식어 가기 때문이다. 나이가 들면서 인간에겐 육체적 · 정신적 고통이 따른다. 질병과 고독감, 경제적 빈곤, 그리고 역할의 상실과 같은 아픔으로 인해 열정을 잃어 간다. 따라서 이를 극복하기 위해서는 축소된 생활 가운데서도 만족할 줄 아는 지혜와, 점점 식어 가는 의욕과 열정을 새롭게 인식하고 일깨우는 용기가 필요하다.

이런 생각을 하는 동안 불현듯 잠재해 있던 꿈이 연상되면서, '내 후반기 인생은 남들이 이룩한 것과 같은 업적과 결실을 갈망해 보자'는 당찬 열정이 발동된다. 특히 세계 역사상 최대 업적의 35%가 60~70대에 의해 성취되었다는 기록에 용기를 가져 본다. 그리고 23%는 70~80세 노인에 의해, 그리고 6%는 80대에 의해 성취되었다. 그러기에 결국 역사적 업적의 64%가 60세 이상의 노인들에 의해 성취되었다는 기록이 있다.

물론 그 64%의 핵심적인 요소는 열정이었다. 괴테가 『파우스트』를 완성한 것도 80세가 넘어서였다. 다니엘 드 포는 59세에 『로빈슨 크루소』를 썼고, 미켈란젤로는 로마의 성 베드로 대성전의 돔을 70세에 완성했다. 베르디, 하이든, 헨델 등도 고희의 나이를 넘어 불후의 명곡을 작곡했다. 가까이서 찾아보아도 수많은 사람이 노익장(老益壯)을 향유하고 있다. 존경하는 스승 강범우 교수님은 90세를 바라보는 나이에 국판 400쪽에 달하는 『수필인간학』을 집필하였고 지금도 후학을 위한 문학 강의를 계속하며 해박한 지식으로 젊은 제자들과의 대화를 즐기신다.

얼마 전에 미국을 다녀오신, 내 초등학교 담임 이석우 선생님 역시 90세를 바라보는 연세에도 60여 년 전의 제자들을 일일이 걱정하고 많은 글을 남기며 노년의 이상적인 자화상에 스스로 본을 보이신다. 또한 호서대 창업자 강석규 이사장님도 70세에 비로소 학교를 열었다. 참으로 존경하지 않을 수 없는 노익장들의 본을 보며 믿음을 갖게 되기에 나도 자신의 모습을 미래에 담아 본다.

노년의 문화

우리에겐 '노년의 문화'가 필요하다.

내가 생각하는 웰 에이징(well aging)은 '노년의 문화'와 밀접한 관계를 갖는다. 즐거운 노경, 행복한 여생을 살아가려면 꾸준한 자기발전이 요구된다. 그러므로 노년이라 일컬어지는 자는 누구든 평소에 하고 싶었던 일에 남은 정열을 쏟아 낼 필요가 있다. 스피노자(Spinoza)의 "내일 지구의 종말이 온다 해도, 한 그루의 나무를 심는다."는 말과 같이.

시적인 희열을 가지고 지식의 지속적인 발전과 완성을 추구하고, 축적된 경험을 전달하고 소유를 나누면서 살자. '노년의 문화'는 후진들이라는 나무가 자랄 수 있는 양질의 토양 역할을 하며, 그 그늘에서 쉬어 갈 수 있는 '미루나무'를 심어 가꾸는 일이다. 이것이 노년기를 장식할 수 있는 노년의 역할이 아닌가 한다. 그러기 위해서는 최소한 사랑과 용서, 아량, 부드러움, 그리고 여유 있는 마음가짐 등으로 노인이 가질 수 있는 소양과 아름다운 인격을 먼저 갖추어야 한다.

나는 10여 년 전의 일들을 뒤돌아보았다. 당시에 계획했던 컴퓨터 관련 정규과정을 이수했고 컴퓨터를 이용해 자신만의 이야기를 글로 옮겨 놓는 작업을 통해 문인으로 등단했으며, 그리고 학위를 받아 그 전문성을 가지고 세상과 더불어 살아가는 기초를 마련하면서 살아왔다. 그러나 노인이 갖추어야 할 아름다운 성품보다는 현실에 급급해 있었다는 회한을 지울 수가 없었다. 이웃과 더불어 희로애락을 함께 하며, 가정과 자식의 안녕을 깊이 걱정하는 아름다운 삶이 더 아쉬워진다.

인생에는 3대 악재가 있다고 한다. 의외로 '초년의 출세'가 3대 악재 중의 하나로 꼽힌다. 젊어서 출세한 사람은 초년의 환상으로 종종 독선과 아집에 빠지거나 비인간적이고, 심지어 교만해지기 쉽기 때문이라고 한다. 무능했던 나에게 해당되는 말이기도 하다. 한때 교만으로 인한 거드름 때문에 하늘의 노여움을 사게 되었던 중년의 일들이 그러하다.

둘째는 '중년의 상처'를 꼽았다. 그리고 셋째는 '노년의 빈곤'을 들었다. 열심히 일해서 자식들을 공부시키고 결혼까지 시키고 나면, 어느 때부터인가는 외롭게 혼자라는 느낌에 더해 경제적으로 궁핍해지는 경우를 흔히 볼 수 있다. 젊어서 고생과 가난은 인생의 자양분이 될 수도 있으나 노년의 빈곤은 노추(老醜)를 가져올 뿐이라 했다. 내 경우는 어떠한가?

노년의 빈곤을 극복하기 위해서 우선 건강을 생각했다. 대중교통을 이용하는 나는 하루에 평균 7,000보 이상을 걷는다. 그리고 틈나는 대로 등산, 독서 등 돈이 적게 드는 건전한 취미와 활동으로 건강을 유지하고, 불규칙적이지만 기업의 자문 활동으로 생기는 자금, 그리고 적은 액수지만 정기적인 수입 등으로 생활을 영위하고 눈높이를 낮추며, 거기서 생활의 즐거움을 찾는다.

이처럼 지난 10여 년 동안에 계획한 것의 일부를 이루었다고는 하나 특별히 내세울 것이 없으니 이제 글을 맺기까지 유감스럽게도 감히 '성공적인 노후'라고 말할 수가 없다. 지금은 다만 자신이 걸어온 길이 다소 곧은 길은 아닐지라도 이제는 바로 서 있으니 '후반기 인생'을 계획하는 이에게 미력하나마 길잡이가 되었으면 하는 마음에서 이 글을 남기고자 한다. 이제부터 또 하나의 꿈을 갖는다면, 이후 10년 동안 전개될 80대의 생활을 통해 나만의 '노년의 문화'를 실현하는 계기를 마련하고 '성공적인 노후'를 주제로 좋은 글을 남기고 싶다.

나는 오늘도 희망의 파도를 탄다

이창섭(전남과학대학교 초빙교수)

제3의 삶을 설계하다

남녘의 시골 마을은 사시사철 어디로 눈길을 주나 그림 같은 풍경이다. 새 움을 틔우는 봄은 봄대로, 녹음이 우거진 여름은 여름대로, 따스한 햇살이 쏟아져 남국의 과실을 탐스럽게 만들어 가는 가을은 가을대로, 하얀 눈으로 덮여 선경(仙境)을 이루고 우리를 사유의 숲으로 이끄는 겨울은 겨울대로 풍요롭고 평온하며 여유롭다. 골목에서 뛰어노는 아이들의 목소리는 사라지고 없지만 감나무와 은행나무, 목련과 살구나무, 대나무는 아이들의 웃음과 이야기를 고스란히 간직하고 있다가 이따금 우리의 가슴을 뒤흔든다. 대부분의 울타리가 시멘트 블록 담장으로 바뀌었지만, 아직 흙돌담으로 남아 있는 담장 위로 능소화가 흐드러지게 피어 꽃들의 잔치가 한창인 옛 농가의 대문을 들어서니, 발바리 한 쌍이 꼬리를 치면서 반갑게 맞아 주고 부엌에는 한 초로의 주부가 찬송가에 맞추어 홍겨운 점심준비가 한창이다. 도시생활을 청산하고 시골에 내려와 생활이 불편할 텐데도 아내는 '이곳이 천국이다' 생각하며 만족스럽다고 한다. 그래서 그런지 늘 웃는 얼굴이다.

이곳이 내가 두 번째 퇴직을 하고 제3의 일자리를 찾아 내려와 노후를 보내고 있는 곳이다. 동네 노인들은 나를 부러워하고, 젊은이들도 내 노후를 동경하기도 한다. 70이 넘은 나이에 현역이면서 아내와 아이들이 건강하고 연금에 의지해 경제적으로 별 어려움이 없이 생활하고 있으니 이만하면 행복한 삶이다 싶은데, 나는 무엇이 불만인지 그리 행복하지 않다. 아마 마음 수련이 덜 되어서 그러지 않나 싶다.

생명공학의 발달로 인간의 평균 수명이 100세를 바라보고 있고 얼마 지나지 않아서는 120세까지 살 수 있다고 한다. 그러나 평균 수명이 높아지는 것이 그렇게 반갑지만은 않다. 오랫동안 사는 것이 중요하는 것이 아니라 어떻게 살 것인가가 중요하기 때문이다. 예전 같으면 60세쯤 정년을 마치고 나서 한 20년 살다 하나님 품으로 돌아가면 그만한 복이 없었다. 퇴직 전까지가 제1인생이라면 퇴직 후는 제2의 삶이었다. 그러나 이제는 제3의 삶을 준비해야 한다. 70세까지는, 아니 넉넉하게 잡아 80세까지는 그래도 현역으로 일할 수 있다. 그러나 80세 이후에는 몇몇 사람을 제외하고는 그야말로 현장에서 뒤로 쭉 물러나 앉아 있을 것이다. 그러면 80세 이후에는 어떻게 살 것인가, 어떻게 살아야 잘 사는 것인가?

이 글을 통해 25여 년의 군 생활을 마치고 얻은 두 번째 직장이었던 국민연금관리공단에서 퇴직한 후 세 번째 직업을 맞으면서 적응하는 과정에서 내 생활과 삶을 조명해 보고, 이어 제3의 인생을 설계해야 하는 나는 어떻게 남은 삶을 살아갈 것인가에 대한 계획과 고민을 담아 본다.

퇴직 후 나의 생활과 삶 돌아보기

나는 두 번의 퇴직을 했다. 첫 번째 퇴직생활은 20여 년의 군 생활을 마친 뒤 1년여의 기간이었다. 엄한 규율과 규칙적인 생활이 몸에 밴 나는 일없이 집에서 빈둥거리며 산에나 오르고 여행을 하면서 시간을 보내는 일이 무료하기 짝이 없었다. 그렇다고 사업을 시작하자니 내겐 그러한 재능이 주어지지 않았을 뿐만 아니라 제대 후 사업하다가 실패한 많은 선배들의 사례는 나 혼자의 일을 꾸미는 것을 주저하게 만들었다. 그래서 사업을 포기하고 직장을 찾아 나섰으나 쉽지 않았다. 어떻게 하든 오로지 출근을 위해서 찾은 임시직의 일자리는 지루하고 따분하여 삶의 의미를 찾을 수가 없었다.

임시직에서의 퇴직을 앞두고 첫 번째 퇴직 후에 체험했던 암담한 기억들이 되살아나 불안하고 걱정이 되었다. 퇴직 후 어디서 무엇을 하고 살아야 할까? 다행히 아이들이 독립해 제 삶을 살 수 있어 생계부양자로서의 부담이 줄어들었고 60세의 정년퇴직으로 1차 퇴직과는 상황이 많이 다르지만, 걱정스럽기는 마찬가지였다.

나이도 들고 정년퇴직을 했으니 편안하게 쉴까도 생각했으나 아무 일 없이 집에서 놀기에는 신체적으로나 정신적으로 아직은 젊고 쉴 나이가 아닌 것 같았다. 쉬면 빨리 늙고 적응이 더디어지므로 자칫 병이라도 얻기 쉬울 것 같아 무엇인가 해야만 할 것 같았기에, 퇴직 후 내가 취할 수 있는 여러 가지 방안을 놓고 고민 끝에 3가지 방안으로 압축되었다.

하나는 서울에서 생활하면서 의미 있는 어떤 일을 찾는 것이고, 다른 하나는 시골에 내려가 책을 보면서 어떤 일거리를 찾아보는 것이었다. 마지막은 외국에 나가 공부하거나 생활비가 적게 드는 동남아 지역에 나가서 즐기면서 생활하는 것이었다.

그러던 중 시골에서 반가운 소식이 왔다. 시골에서 내려와 살면서 학교에서 강의를 할 수 있겠느냐는 것이었다. 학교에서 생활한다는 것은 내 평소의 바람이었을 뿐만 아니라 가장 즐겁고 유쾌한 의미를 찾을 수 있는 좋은 기회라고 생각했다.

두말없이 퇴직과 함께 서울 생활을 청산하고 시골에 내려가기로 결정했다. 은퇴 후에도 일할 수 있는 기회를 가진 것은 행운이요 신의 축복으로 생각되었다. 그래서 나는 학교에서 일하기로 하고, 집사람은 교회에서 자기가 할 수 있는 일을 찾아보기로 마음먹었으니, 시골로 금의환향은 아니지만 귀향을 한 셈이다.

학교생활을 하기로 결정한 이유는 군 재직 시 사관학교를 비롯한 교육기관에서의 강의 경험이 있었고, 교육에 대한 관심이 있어 고려대학교에서 위탁교육을 받으면서 교직과정을 이수하고 석사과정을 마친 후 나름대로 틈틈이 준비를 해 왔기 때문이다.

반가운 소식을 듣고 1년여에 걸쳐 도서관에서 관련 학과 자료를 찾아 읽고 열심히 강의 준비를 했다. 퇴직과 함께 시골로 내려와 방학기간 중에 강의계획서를 작성하고 나름대로 강의안을 준비했다. 그러나 막상 강의에 임했을 때 학생들의 반응에 대한 실망과 함께 내 강의 능력에 대한 한계가 느껴졌다. 군에서는 피교육생들의 수강 태도가 질서정연했는데 대학의 학생들은 너무나 자유분방하고, 강의에 집중하지 않는 학생들이 많아 고역이었다. 그래도 학기를 마쳐야 하므로 꾸준히 준비하고 열과 성을 다하여 강의를 진행했다. 시간이 지나면서 차츰 학생들의 호응도 늘어 가는 듯했다. 학기말 강의평가를 통해 몇몇의 학생들이 보내 준 감사는 큰 힘이 되었고 자신감이 생겼다. 그러면서도 강의는 하면 할수록 어렵다는 것과 무한한 책임감이 나를 짓누르고 있음을 느꼈다.

누구와 잘 지내야 할까?

심리학자 디너(Diener)와 셀리그만(Seligman)은 "아주 행복한 사람과 덜 행복한 사람의 차이는 만족스러운 사회적 관계의 존재 유무에 있다"고 말했다. 서로 아끼고 사랑하는 사람이 없으면 고독한 노년을 보낼 수밖에 없다. 가까이 있는 가족, 이웃, 친구들과 함께하면서 즐겁고 의미 있는 시간을 보내는 것이 행복을 위한 필요한 조건이다.

서울의 집은 아들 내외에게 맡기고 퇴직 전 숙소의 짐만 가지고 시골집으로 내려왔다. 그러니 직계보다는 가까운 곳에 살고 있는 형제와 외가 친척들과의 관계를 더 중요시할 수밖에 없었다. 그중에서도 어려서부터 보살펴 주시고 장성한 후에도 의지가 되었던 외숙부님 내외와 외사촌 형제들과 자연스럽게 밀접해지게 되었다. 아들과 딸 내외와는 전화로 안부를 묻고 방학 때나 손자와 손녀들이 와서

북적이고 돌아가곤 한다. 아들 딸 내외가 가끔 들르긴 하지만 우리 내외가 서울에 올라가는 경우가 많다. 명절이나 생일 때에도 아이들이 내려오면 번거로울 뿐만 아니라 자동차의 안전문제가 걱정되어 우리가 서울로 올라가 명절을 보내고 내려오는 것이 한결 편하고 마음이 놓인다. 게다가 서울 집에 가면 될 수 있는 대로 오래 머물지 않고 돌아오는 것이 나도 편하고 아이들의 생활리듬도 깨지지 않을 것 같아서 그렇게 한다.

고맙게도, 나와 아내의 관계는 원만한 가운데 40여 년을 행복하게 살아왔다. 나는 아내에 대해 가부장적으로 군림하는 경향이 있지만, 사실은 매우 의존적이며, 퇴근하여 아내가 집에 없으면 불편하다. 이런 내 태도에, 같이 늙어 가면서 무슨 예속물도 아닌데 부담없이 자유롭게 외출하도록 해 달라면서도 아내는 순종적이며 희생적이다. 괴팍하고 변덕스러운 남편과 함께 가정을 꾸려 준 데 대해 감사하게 생각한다. 바라기는, 아내에 앞서 평화롭게 생을 마칠 수 있도록 해 달라는 것이 나의 두 번째의 기도제목이다.

친구나 이웃관계는 세상을 살아가면서 소중하지만, 특히 노년기에는 가족 이외의 주요한 지지 기반으로서 긴장과 걱정거리를 털어놓는 대상이므로 정신적인 건강과 사기에 상당한 영향을 미친다. 특히 시골에서 이야기 상대가 부족한 경우에는 더하다. 다음과 같은 일화에서처럼 이야기를 들어 주는 상대가 필요한 것이 바로 노년기다.

어떤 노인이 길을 가다가 개구리 한 마리를 잡았습니다.

개구리는 노인에게 말했습니다.

"내게 키스해 주면 저는 예쁜 공주로 변할 거예요."

이 말을 들은 노인은 개구리를 주머니 속에 넣어 버렸습니다.

그러자 개구리가 깜짝 놀라 노인에게 물었습니다.

"키스를 하면 예쁜 공주와 살 수 있는데 왜 그렇게 하지 않나요?"

그러자 노인이 말했습니다.

"너도 내 나이가 되면 공주보다는 말하는 개구리가 더 좋다는 것을 알게 될 거야."

허심탄회하게 어울릴 수 있고 오래 숙성된 장맛 같은 친구가 많으면 좋지만 그렇지 못하다. 그래도 성실하게 대하다 보니 호감이 가는 친구들이 있어 이들과 내가 먼저 연락하고 만나러 쫓아다닌다.

군 동기나 직장에서 만난 친구들이 있지만 그래도 마음을 터놓고 이야기할 수 있는 친구들은 역시 고향 중고등학교 친구들로 여겨지는 터라 광주와 서울의 정기적인 모임이나 비정기적인 모임에도 가능하면 참석하려고 노력한다. 시골에 있는 옛 친구들은 격의 없지만 관심의 대상이 달라 내가 그들의 이야기를 들어 주는 입장이다 보니 잘 만나게 되지 않는다.

더욱이 사교성이 부족한 나는 새로운 친구를 사귀기 힘든 편이어서, 교류관계가 지속되어 온 몇몇 친구들이나 중고등학교 친구들과 어울려 주로 그들의 이야기를 들어 주는 입장에 선다. 친구관계를 원만하게 유지하고 오래 지속하기 위해서는 여러 가지 방법이 있는데, 나는 내 주장을 접어 두고 친구의 이야기를 들어 주는 입장에 선다. 그리고 진솔한 마음을 가지고 조금 양보하며 성의를 보이면 잘 유지된다고 믿고 그렇게 한다.

집안이 넓어 우리 둘만이 살기에 적적하고 심심해서 강아지를 기르고 있다. 시골에 내려오면서 순종의 진돗개 등 여러 종류 중에서도 사람을 잘 따르고 기르기 쉬운 잡종의 발바리를 얻어 10여 년을 같이 살고 있다. 우선 집에 들어서면 제일 먼저 달려와 반갑게 맞아주고, 아침에 일어나면 반갑게 꼬리를 치면서 인사를 한다. 집을 많이 비운 사이 개들이 있어 짖어 대곤 하니 이 집이 빈집이 아니고 사람이 살고 있는 집으로 인식되는데다 외롭지 않아서 좋다. 발바리는 빼놓을 수 없는 우리 식구다. 또한 텃밭에 채소를 심고 화단에 화초도 가꾼다. 힘든 삽질이나 무거운 것을 나르는 일은 내가 하고, 풀을 뽑고 정리하는 것은 아내의 몫이다. 강아지나 화초는 사람의 정성을 기울이면 그만큼 결과로 보답하는 자연의 이치를 깨닫게 한다. 나이가 들어 노인들만 사는 집에는 사람을 잘 따르는 애완동물이나 화초를 가꾸는 것이 심심치 않아서 좋고 스트레스를 관리하는 데 필요할 것 같아 이를 권한다.

젊음을 어떻게 유지할까?

인간은 누구나 젊게 살고자 한다. 그러나 젊은이란 무엇을 뜻하는가? 이것은 수치적인 것만 의미하는 것이 아니다. 유태인 시인인 사무엘 울만(Samual Ulman)은 "청춘이란 인생의 어느 기간이 아니라 마음의 상태를 말한다"라고 했다. 즉, 나이를 더해 가는 것만으로 사람은 늙지 않으며 이상과 열정을 잃어버릴 때 비로소 늙는다는 것이다.

96세에 타계한 피터 드리거(P. Drieger)는 타계 직전까지 강연과 집필을 계속했다. 그가 페루의 민속사를 읽고 있을 때, 아직도 공부하시냐고 묻는 젊은이에게 "인간은 호기심을 잃은 순간 늙는다"는 유명한 말을 했다.

일본에서 신노인(新老人) 개념을 주창해 새로운 사회운동으로 발전시킨 히노하라 시게아기(日野原重明 · 99) 박사는 "나이가 들어서도 얼마든지 건강하고 창조적인 삶을 펼칠 수 있고 그렇게 되어야 한다"고 단호하게 말하고 있다. 100세를 앞둔 고령에도 불구하고 여전히 일본 최고의 스타 의사로 활동하면서 작년 가천의대 장수의학연구소 개설 기념 특강 차 우리나라에 와서 과거의 노인의 개념을 버리고 끊임없이 움직이고 열정을 가질 것을 역설했다. 그리고 목숨이 얼마나 중요한지를 깨닫고 먼저 산 세대로서의 자원봉사 의무를 강조한 바 있다.

평생을 글 쓰는 일과는 무연하게 살아온 시바타 도요(99세) 씨는 92세가 되어서야 처음으로 시를 쓰기 시작해 98세에 시집 『약해지지 마』를 펴냈다. 시집은 발간된 지 6개월 만에 70만 부가 팔렸다. 일반인과 전혀 다를 것 없는 평범한 일상생활을 보내고 있는 시바타 씨의 장수비결은 다름 아닌 왕성한 호기심이다. 그는 눈에 보이는 것, 들리는 것 모든 것에 관심을 갖고 침대 머리맡에도, 거실에도 언제나 펜과 종이를 두고 생각나는 것을 메모한다. 100세를 코앞에 둔 최근에도 '나도 인터넷을 해 보고 싶다'는 의욕을 내비치기도 하고, 아침에 일어나면 매일같이 깨끗한 기모노를 입고 모자를 쓰며 화장을 한다. 100세가 되어서도 그 이상이 되어도 언제나 여자로서 살고 싶다는 소망이 시바타 씨를 건강하게 장수하도록 한 것이다.

이상의 노인들보다는 젊지만 가까이서 모시고 있는 올해 85세의 우암 조용기 박사는 고령임에도 불구하고 자신의 살아온 길을 회고하며 젊은 학생들에게 앞으로의 비전을 제시하는 내용을 담은 『길을 찾아서』라는 제목의 책을 펴내고, 주 2회에 걸쳐 조용기 인간학을 강의한다. 또한 국가원로회의 위원, 한국사학법인연합회 회장직도 맡고 있다. 2차에 걸친 회장직 연임과 고령을 이유로 수차례 고사했음에도 불구하고 아직도 그 회장직 수행을 위해 1주를 2등분해 홀로 서울에서 생활하다가 내려와 월요일과 금요일에 학교에서 강의를 하고 있다.

우암 선생도 건강을 위해서 새벽 4시에 정확하게 일어나 라디오 4시 뉴스를 듣고 난 후에 산책을 하면서 하루의 일과를 계획하고 정리하며 본인 스스로가 개발한 건강 체조를 하루도 거르지 않는다.

이분들에 비하면 나의 육체적인 나이는 훨씬 젊을 뿐만 아니라 건강도 좋다. 따라서 이분들을 거삼으로 삼아 변화가 심한 세상에서 뒤지지 않고 적응하기 위해서 새로운 것을 배우고 익히기 위해 노력하고 있다. 그래서 60대 후반에 학위과정을 시작하여 70에 박사학위를 받았다. 학위는 우암 선생의 격려와 질책 그리고 지도교수의 각별한 지도와 배려에 힘입어 어렵게 마쳤다.

아울러 필요한 학회에 꾸준히 참석하여 새로운 정보도 입수하고 가르칠 방향을 잡아 나간다. 최근에는 한국노년복지학회, 노년교육 독서회, 한국건강심리학회, 그리고 한국명상치유학회에 가입하여 정기적으로 구독하고, 특별한 일이 없는 한 세미나에 참석하여 지식과 정보를 얻으며 젊은이들의 학문적인 열정을 터득하고 있다. 앞으로도 건강이 허락하는 한 이러한 활동과 관심 분야의 공부를 계속하고자 한다.

마음이 청춘이면 몸도 청춘이 된다. 확실히 늙음은 나이보다 마음에 있다. 죽고 사는 생사의 문제는 우리의 마음대로 할 수 없으나, 일을 할 수 있고 다른 사람에게 도움이 될 수 있을 때까지 살면 감사한 인생이 되지 않겠는가? '이 나이에 무슨…' 하는 소극적인 생각을 버리고 늘 젊은 마음을 지닌 채 끊임없이 새로운 일에 도전하면서 감사하는 마음으로 바쁘게 살다 보면 젊음의 기운이 절로 솟아오르고 건강하게 살아갈 수 있을 것이다.

건강을 어떻게 유지할까?

내 첫 번째 기도는 우리 부부가 자식들이나 주위 사람들에게 폐를 끼치지 않고 건강하게 살다가 죽음을 맞이할 수 있도록 소원하는 것이다. 다행히 아직까지는 큰 병 없이 일상 생활하는 데는 불편이 없다. 건강을 위해 하루 세 끼를 꼭 챙겨 먹고, 운동을 지속적으로 하며, 건강보험관리공단에서 실시하는 건강검진과 예방주사를 맞고 있다.

식생활에서는, 아침은 간단하게 먹고 점심과 저녁은 입맛에 따라서 챙겨 먹는다. 동물성 지방을 줄이는 것이 혈압에 도움이 된다기에 주로 채식과 생선이 식탁에 올라오게끔 하는데, 사실 그보다는 육식을 좋아하여 이것저것 가리지 않고 잘 먹는 편이다. 간식은 거의 하지 않는 편이지만 음식을 빨리 먹고 포만감을 느껴야 할 정도로 많이 먹는다. 전 세계의 100세 이상 사는 사람의 공통점은 아무거나 잘 먹고 식사량의 80% 정도만 규칙적으로 먹으며, 주로 야채를 중심으로 한 저지방 저칼로리 음식으로 식단이 짜여 있다는 것인데, 이와 다른 필자의 식습관은 좋지 않게 생각되어 바꾸어 보려고 노력해도 썩 잘 되지 않는다.

운동은 주 3~4회 이상 정기적으로 하고 있다. 처음 시골에 내려와서는 아침 일찍 일어나 앞산을 올라가는 산책과 주말 등산, 그리고 수영을 계속했는데, 나이가 들어서인지 무릎관절에 무리가 있어 의사의 권유로 산행은 지양하고 있다. 그래서 최근에는 국선도의 조신법과 하타요가 중의 일부가 혼합된 요가와 명상을 하고 난 다음, 평지의 하천 둑길을 따라 산책과 함께 걷기명상을 하고 있다.

저녁에는 수영장에 가서 30~40분 정도의 수영을 한 다음 샤워를 하고 집에 돌아와 저녁을 먹고 나면 쉽게 잠자리에 들 수 있어 좋다. 예전에는 저녁 먹고 산책을 나갔는데, 혼자 어두운 들녘을 거니는 게 어쩐지 거북해서 요즘은 그만두었다. 혈압과 당뇨약을 복용하지만 남들이 보아도 건강하게 보인다 하고 나 자신도 그렇게 느낀다. 아내도 매일같이 새벽기도를 위해 들판 길을 3~4km 걸으면서 새벽의 신선한 공기를 마시고 간절한 기도를 마치고 나면 마음이 한결 가뿐해지고 새로운 활력소를 얻는다고 한다. 저녁에는 함께 수영을 하며 고혈압과 퇴행성 관절염을 다스려 나가고 있어 다행스럽게 생각한다.

치매예방과 뇌의 건강을 위해 다르마 싱 칼샤(Dharma Singh Khalsa)의 뇌 장수 프로그램에 관심을 가지고 이 중에서 몇 가지를 실천하려고 노력 중에 있다. 칼샤는 인도 출신 미국인으로 미국치매예방재단의 총재이며 애리조나 주 투산에서 치매치료 전문클리닉을 운영하고 있는 정신과 의사다. 그는 뇌가 장수하려면 4가지를 해야 하는데 그것이 영양치료, 스트레스 관리, 훈련(심혈관 운동, 지적훈련과 심신수련), 그리고 약물복용이다. 이 4요소는 서로 상승작용을 하므로 뇌를 재생하는 데 꼭 필요하다는 것이다. 그러나 이 중에서 꼭 하지 않아도 되는 것은 약물복용이라고 한다.

영양치료에서는 균형 잡힌 음식을 섭취하도록 권장하고 있다. 건강상의 문제를 야기하는 불균형적인 고지방 음식을 피하고, 가공하지 않은 곡물, 야채, 과일, 그리고 비동물성 단백질과 함께 저지방의 낙농제품과 저지방 육류를 균형 있게 섭취하도록 한다. 음식만으로 충분한 양의 영양소를 섭취할 수 없는 경우에 전문의의 처방을 받아 보충제와 신경전달물질의 영양공급을 하도록 권한다.

운동, 전통요가, 명상을 통해서 스트레스 관리와 함께 몸의 유연성을 확보하고 마음의 평온함을 유지하도록 하며, 지적 훈련을 통하여 사고를 확장하고자 노력할 것을 강조하고 있다. 그래서 균형 잡힌 식단, 운동, 지적 훈련은 평소에 지속적으로 하고 있고, 명상을 통한 스트레스 관리와 마음의 평온, 그리고 감사하는 마음을 가지려고 노력 중에 있다.

그리고 국민건강관리공단의 건강검진도 정기적으로 받을 뿐만 아니라 동네 가정의학과 의사선생과 허물없이 건강에 대한 이야기를 하고 지도를 받으면서 건강을 챙긴다.

건강은 생물학적 존재로서의 우리의 생명을 유지시켜 주는 핵심으로, 개인적으로는 물론 사회적으로 인간다운 생활을 유지하는 데 지대한 영향을 준다. 특히 노인들에게 있어 건강은 다른 연령층보다 중요한 개인적 자원으로서 생활만족에 중요한 영향을 미친다. 노인들이 말하는 좋은 건강이란 아무런 질병도 없는 상태를 말하는 것이 아니라, 가지고 있는 질병이 자신의 신체적 · 사회적 기능을 방해하지 않는 상태를 의미하며, 노인의 건강은 객관적인 척도보다는 스스로 지각하는 주관적인 건강 상태가 행복에 영향을 미치므로 건강을 유지하도록 노력해야 한다.

경제적 상황은 어떠한가?

나의 경제적 상황에 대해 언급하자면, 연금과 학교에서 주는 약간의 보수로 생활하고 있다. 20여 년의 군 생활과 정년퇴임 후 새로운 직장생활에서 얻은 것이라고는 서울의 집 한 채에, 아이들 가르치고 결혼시켜 분가한 것이 전부다. 군에서 퇴역 시에 일시금을 받지 않고 정기적으로 나누어 받는 군인연금과 국민연금으로, 풍족하지는 못하지만 아이들에게 손 벌리지 않고 우리 부부가 그럭저럭 살아가고 있다.

퇴직 시에 일시금으로 수령하여 사업을 하거나 부동산에 투자하는 친구들도 있었는데, 본시 사업수완이 없는 탓에 일시금을 받지 않고 연금을 택한 것이 훌륭한 결정이었다고 생각한다. 연금으로 아직은 그런대로 생활을 유지하고 있으나 나이가 들어 가면서 큰 병을 얻는 게 두려워 예방 차원에서 건강을 유지하려고 노력하고 있다.

노년기에 있어서 경제적인 안정과 보장은 의식주의 기본적 욕구를 충족시키는 것은 물론, 건강을 유지하고 여가 활동을 증진시키며 노인의 지위와 자아를 유지시켜 줌으로써 행복한 노년생활을 영위하는 데 큰 영향력을 미치게 되는 중요한 생활 자원이므로 퇴직 전에 기본적인 생활을 유지할 수 있도록 미리 준비해 두어야 한다.

여가시간을 어떻게 활용하는가?

나의 일과는 아침에 일어나 뉴스를 들으면서 한 시간 정도 하타요가와 명상을 하고, 30~50분 정도의 산책을 마친 후에 아침을 먹고 연구실에 출근하는 것으로 시작된다. 출근해서 이것저것 하다가 5~6시경에 수영장에 가서 운동을 마친 다음 집에 돌아가 저녁을 먹고 아내와 같이 연속극이나 다큐멘터리를 보다가 잠자리에 든다. 아내도 교회에서 자그마한 봉사생활을 하다 보면 나보다 더 바삐 움직이기 때문에 집에 같이 있고 싶어도 떠밀려서 출근하게 되는 경우도 많다. 그리고 옛 시골집의 관리와 봄 여름에 텃밭에 채소를 심고 가꾸는 일, 마당의 잔디밭과 주변의 풀을 뽑는 일 등으로 오히려 옛 직장에 있을 때보다 훨씬 더 바쁘게 하루하루를 보낸다.

그래서 우리 부부는 주말이면 나들이를 좋아하시는 외숙부 내외분을 모시고 교회에서 예배 후에 근처 군립공원을 산책하거나 경치 좋은 곳을 찾아 나선다. 일주일 동안에 쌓인 피로와 긴장감을 털어

내고 새로운 활력으로 재충전한다. 노인들을 모시는 동안 나는 많은 것을 배운다. 이 노인들이 살아온 지난날을 회상하면서 이야기하는 동안 삶의 지혜를 배우고 노년의 삶을 어떻게 살아갈 것인가를 터득하게 된다.

우리 부부는 여행을 좋아해, 매달은 아니지만 철 따라 국내여행을 즐기는 편이다. 피서여행은 민박이나 여관, 콘도보다는 자연의 숨소리를 가장 가까이 느낄 수 있고 비용도 적게 드는 텐트 야영을 30여 년째 계속해 오고 있다. 국내 여행을 하다 보면 우리의 주변 경치는 마치 한 폭의 산수화를 그려 놓은 듯하다. 어느 외국에 비할 수 없을 정도로 아름다운 그야말로 금수강산이라는 것을 실감하게 되며, 굳이 힘들게 외국에 나갈 필요가 있는가 생각하게 된다.

지난 6월부터는 공공도서관에서 운영하는 서예교실에 등록해 난생 처음으로 붓을 잡기 시작했다. 참으로 재미있을 뿐 아니라 정신 수양과 함께 의미 있는 시간을 보내기에 훌륭한 예술 활동으로 여겨져 계속하고자 한다.

역할이 감퇴되어 가고 위축되어 가는 노년기에도 매일매일의 생활을 얼마나 유용하게 보내는가 하는 것은, 노인에게 있어서 그 어느 문제 못지않게 중요한 일이다. 노년기의 여가는 젊은 시절의 여가와는 달리 일하고 잠시 쉬는 여가가 아닌 생활 그 자체이기 때문에 여가를 어떻게 활용하느냐에 따라 행복한 노후생활이 결정된다고도 할 수 있다. 노년기 여가 선용을 위해서는 자신의 사전 준비와 가족의 지원이 필요하다. 여가는 아무 준비 없이 이루어지는 것이 아니고, 즐길 수 있는 요령을 터득하지 않으면 안 된다. 여기에 건강과 경제력이 어느 정도 뒷받침이 되어야 하므로 역시 사전의 준비가 뒤따라야 한다.

소노 아야코의 『계로록』에 보면 여행지에서 죽는 한이 있더라도 여행을 떠나라고 한다. 일상에서 벗어나 마음에 맞는 사람과 여행길을 떠나 수다 떨고 웃으면서 새로운 활력을 찾아보는 것이 여가를 즐기는 제일 좋은 방법 중의 하나인 것 같다.

제3의 인생을 위한 준비하기

지금도 시골의 농가를 가꾸며 살아가는 데 힘이 들지만 건강이 허락하는 한 시골 생활을 계속하려고 하는데 뜻대로 될지는 알 수 없다. 70여 년을 살아오면서 남을 위해서 한 일이 무엇이냐고 물으면 '이거다' 하고 자신감 있게 내놓을 일이 생각나지 않는다. 그래서 남을 위해 내가 할 수 있는 일이 무엇일까를 찾고 있다. 노인들의 답답한 마음을 털어놓을 대화의 상대자가 되어 주는 노인상담이나 노인전화상담은 어떨까? 아니면 시설을 찾아다니면서 요가나 명상을 지도하는 방법, 지역의 노인회와 협의하여 노인대학에 나가 내가 지니고 있는 지식을 전달하고 공유할 수 있는 방법 등을 좀 더 깊이 생각해 보고자 한다.

마음 다스리기

마음을 어떻게 먹느냐에 따라 현 상황이 천국이 되고 지옥이 될 수 있다. 마음에서 진행되는 생각이 우리 삶의 모습을 결정하는 것처럼, 마음을 다스리는 것이 행복으로 가는 지름길이다.

내 성격은 기질적으로 외향적이기보다는 내향적이고, 신경증 그리고 열등의식 등이 마음의 기저에 자리하고 있어 심리적인 면에서 행복감을 느끼는 데 여러 가지 문제점을 안고 있다.

나이가 70이면 물질에 대한 집착과 명예욕이 멀어진다고 한다. 그런데 나는 아직도 내면적인 가치보다는 외면적인 가치에 더 비중을 두며 물질적인 욕구를 억제하지 못하고 집착하고 있는 편이다. 내가 그러한 욕구를 추구한다 하더라도 세월이 흐르면 흐를수록 상황은 나아지지 않고 오히려 경제적 수준은 더욱 낮아질 것이고, 건강이 나빠지고 손수 일을 할 수 없어 더 힘들어지고 주변의 상실과 함께 어려움이 더 많아질 것이 분명한데 말이다.

이러한 상황을 냉정하게 객관적으로 파악하지 못하고 있으니 내가 생각해도 한심하다. 얻어먹을 힘만 있어도 주님께 감사하라는 말을 되새기면서 물질적인 욕구를 억제하고 주어진 것에 만족하며, 작은 것에 감사할 줄 아는 넉넉하고 평온한 마음을 가지는 것이 무엇보다 절실하다.

다행히 많은 심리학자들이나 마음 수련자들은 수련을 통해 마음의 개조가 가능하다고 강조하면서 여러 가지 수련방법을 제시하고 있다. 셀리그만은 행복한 마음도 자전거 타기와 같이 후천적으로 배워서 더 행복해질 수 있다고 하며 달라이 라마는 뭐든지 계속해서 훈련하면 익숙해지고 쉬워져 습관은 훈련을 통해서 개조할 수 있다고 하니, 마음 훈련을 통해 주어진 것에 만족하고 감사하는 마음을 유지할 수 있도록 노력하고자 한다.

사람이 얼마나 행복한가는 그의 감사의 깊이에 달려 있고 감사의 느낌이 곧 행복의 조건이다. 행복한 삶의 길을 감사하는 마음에서 찾아보고자 한다.

마음훈련은 여러 사람들이 권하고 학술적으로 입증되고 있는 명상과 심신수련, 그리고 서예를 통해서 계속하고자 한다. 또한 긍정심리학과 생사학에 관해 보다 깊은 관심을 가지고 공부해 보고 싶다.

긍정심리학은 지난 한 세기 동안 정신의학자들이 프로이트(G. Freud) 등의 영향으로 마음의 부정적인 면에 몰입한 데 대해 반성하고 마음의 밝은 면을 규명하여 북돋아 주려는 심리학의 새 분야다. 긍정심리학자들은 '행복감은 심리적인 특질인 기질과 관련성이 있지만 한두 가지의 기질적인 요인에 의해서 좌우되지 않고 후천적으로 계발할 수 있으며, 이러한 기질적 요인을 계발함으로써 얼마든지 행복을 느낄 수 있다.'고 강조하고 있다.

또한 생사학은 죽음과 삶의 관계를 연구하는 학문이다. 죽음은 시대와 남녀를 막론하고 인간이라면 누구에나 직면할 수밖에 없는 절실한 과제요 자연스러운 인간 발달과제다. 삶과 죽음은 별개의 것이 아니라 하나인 것이며, 인간이 삶 속의 죽음을 의식할 때 그만큼 삶의 열정도 강렬해질 수 있으며 삶다운 삶을 살아갈 수 있는 마음의 자세를 갖는 데 중요한 기능을 한다. 그런데 사람들은 의식적으로 혹은 무의식적으로 자신의 죽음만을 회피하고 부정하려는 마음을 고수하는 역설적인 태도를 보이고 있다. 죽음이란 모든 사람에게 찾아오는 엄연한 섭리임에도 불구하고 사람들은 죽음에 대해서 이야기하는 것을 싫어한다. 우리나라 사람은 죽음을 공포와 부정으로 인식하고 매우 싫어하면서도 노년기에 편안한 죽음을 맞는 것을 행복의 중요한 요건으로 인식하고 있다.

따라서 긍정심리학에서 인간의 기본적인 욕망인 행복과, 생사학에서 죽음을 통해서 삶의 의미를 찾아 나서 보려고 한다.

제3의 인생을 꾸리다 보니 사뮤엘 울만의 〈청춘〉이란 시가 생각난다.

> 아름다움, 희망, 용기, 영원의 세계에서 오는 힘
> 이 모든 것을 간직하고 있는 한
> 언제까지 그대는 젊음을 유지할 것이다.
> 영감이 끊어져 정신이 냉소라는 눈에 파묻히고,
> 비탄이라는 얼음에 갇힌 사람은
> 비록 나이가 이십 세라 할지라도 이미 늙은이나 다름없다.
> 그러나 머리를 드높여 희망이란 파도를 탈 수 있는 한
> 그대는 팔십 세일지라도 영원한 청춘의 소유자일 것이다.

그렇다. 젊은이들은 '나이는 단지 숫자에 불과하다'고 하는 우리들을 보고 억지스럽다고 비웃을지 모른다. 그러나 그렇게 억지라도 부려 젊게 살고 싶은 열망이 있다면 그가 바로 청춘이다. 나는 비록 팔순을 앞두고 있지만 그동안 내가 살아온 여정을 재산 삼아 제3의 삶을 설계해 봤다. 내 설계가 뜻대로 되지 않을 가능성이 더 많으나 그래도 나는 매일매일 희망의 파도를 탄다. 파도가 그저 보통 물가

의 출렁거림에 불과할지라도, 작은 출렁거림에도 감사하는 마음으로 파도를 탈 것이다. 왜냐하면 내 몸에서는 늘 새로운 강물이 흐르고, 그 위로 바람이 불고 있기 때문이다.

| 참고문헌 |

건설교통부(2006). 고령자 주거지원 중장기 계획수립연구.

고수현(2008). 노인복지 이론과 실제. 서울: 학현사.

공정거래위원회, 한국소비자단체협의회, 한국소비자원(2010). 대한민국에서 현명한 소비자로 살아가기: 노인교육 편.

곽윤직(2006). 민법총칙. 서울: 박영사.

교육부(1996). 학생봉사 활동의 이론과 실제.

국토해양부(2007). 2007년도 주거실태조사: 노인가구.

권중돈(2009). 노인복지론. 서울: 학지사.

금융감독원, 한국은행(2010). 2010년 가계금융조사.

김경재(1997). 죽음에 대한 이해와 성찰. 삶과 죽음을 생각하는 회 (편). 죽음학 강연회 강연집 (pp. 333-346).

김난도(2007). 사치의 나라 럭셔리 코리아. 서울: 미래의 창.

김명미(2009). 신! 노인과 건강. 서울: 광림북하우스.

김석태(2008). 삶 안에 흐르는 은총과 영원한 생명. 대전가톨릭대학교 부설 평생교육원 (편). 가톨릭 상장례 봉사자 전문 교육 교재 (pp. 127-136).

김성순(1981). 노인복지론. 서울: 이우출판사.

김시원 외(2006). 우리나라 중고령자의 경제생활 및 노후준비 실태. 국민노후보장패널조사 기초분석 보고서. 국민연금연구원.

김애순(2002). 성인발달과 생애설계. 서울: 시그마프레스.

김유경, 김양희, 임성은(2009). 한국가족의 위기변화와 사회적 대응방안 연구: 경제위기 이후 가족생애주기별 위기 유형을 중심으로. 한국보건사회연구원 연구보고서 2009-18.

김주수(2008). 민법개론. 서울: 삼영사.

김주수(2010). 친족상속법. 서울: 법문사.

나항진(2005). 노인교육론. 서울: 교육과학사.

노유자, 한성숙, 안성희, 김춘길(1994). 호스피스와 죽음. 서울: 현문사.

농림부(2006a). '07농림사업시행지침서.

농림부(2006b). 은퇴자 마을 유형 검토 재구성, 은퇴자마을 조성지원 방안.

농림부(2006c). 은퇴자마을 조성 콘테스트 개최 방안 정책.

농림부, 한국농촌공사(2006). 농촌에서 제2의 인생을 위한 전원마을 해외 사례집.

동아일보(2010. 2. 23). Economy+은퇴특강, B6면.

류시화 엮음(2006). 법정 잠언집, 살아 있는 것은 다 행복하라. 서울: 조화로운 삶.

매일경제(2008. 2. 14). 베이비붐 세대, 私교육비 부담에 노후준비 제대로 못해.

매일경제(2009. 10. 24). 베이비부머 은퇴쇼크 시작됐다. 제1부 / ② OECD 100점, 한국은 47점.

메디칼투데이(2010. 11. 18). 노인영양결핍, '심각수준'.

미래에셋생명(2008). 러브에이지플래너.

미래에셋퇴직연금연구소(2009). 미국노동부에서 추천하는 은퇴준비 10계명. 미래에셋 연금뉴스, 30, 1-6.

박명인(2008). 건강 100세, 장수 100세. 서울: 농민신문사.

박상준(2009). 6회 투자의 개념을 잡자, 은퇴자금의 투자원칙. 미래에셋 연금뉴스, 29호, 22-25.

박상철 외(2009). 한국형 노후생활 설계 교육 프로그램 개발 연구. 보건복지가족부.

박석돈 외(2009). 노인복지론. 파주: 양서원.

박영섭(2010). 친족상속법. 서울: 박영사.

법무실무연구회(2006). 재산상속 · 유언 · 유증 · 상속세 및 증여세. 서울: 양서원.

보건복지가족부(2006). 사회복지 자원봉사 통계연보.

보건복지가족부(2009). 지역특성을 고려한 고령친화 모델지역 특성화 사업 추진 계획.

보건복지가족부(2010). 2010년 노인 복지시설 현황.

보건복지부(2006). 노후 소득보장 체계의 재구축.

서동인(1996). 친조부모, 손자녀에 대한 모의 관점 및 중재에 관한 연구: 10대 자녀를 둔 부모를 중심으로. 대한가정학회지, 34(2), 153-166.

서병숙(1996). 노인연구. 서울: 교문사.

신세라(2009). 은퇴자의 은퇴준비 과정 및 생활실태 분석. Survey Report(2). 미래에셋퇴직연금연구소.

신윤아(2006). 운동이 중년여성의 세포노화 지표인 텔로미어 길이에 미치는 영향. 서울대학교 대학원 박사학위 논문.

여성가족부(2006). 제1차 건강가정기본계획.

오상진(2005). 인체노화. 서울: 탐구당.

윤가현(2006). 성문화와 심리. 서울: 학지사.

윤진(1989). 성인 노인 심리학. 서울: 중앙적성출판사.

이병순 외(2007). 노인복지를 위한 노인영양관리. 서울: 광문각.

이병화(2007). 민법개론. 서울: 에듀컨텐츠.

이영준 외(2006). 유산 · 상속 · 유언의 법률상담. 서울: 법전출판사

이충일 외(2001). 한국 노년의 건강. 서울: 도서출판소화.

이혜원(1998). 노인복지론. 서울: 유풍.

이호선(2010). 노인과 노화. 서울: 시그마프레스.

이호선(2011). 노인의 성과 성문화. 서울: 시그마프레스.

일본개업의사회(2009). 의사가 권하는 노년기 건강관리(김명호 편역). 서울: 산수야.

임경숙(2002). 노년기 영양관리. 생활과학논집, 6(1), 151-160.

장인협, 최성재(1996). 노인복지학. 서울: 서울대학교출판부.

저출산고령 사회위원회(2006). 2006 고령 사회 주거지원 종합대책. 대한주택공사.

정진홍(2007). 죽음이란 무엇인가? 각당복지재단 (편). 웰다잉 전문지도 강사 매뉴얼 (pp. 229-236).

조유향(2000). 재가노인을 위한 간호 서비스. 한국재가노인복지협회 (편). 재가노인복지 서비스. 서울: 동인.

조해경(2002). 성공적 노화에 관한 연구: 노인들의 성인학습을 통하여. 연세대학교 대학원 박사학위 논문.

최규련(2007). 가족관계론. 고양: 공동체.

통계청(2004). 사회통계조사.

통계청(2005). 2004 생활시간조사 결과.

통계청(2006). 인구주택총조사.

통계청(2007). 사회통계조사.

통계청(2008a). 경제 활동인구조사, 55세 이상 고령층 부가조사.

통계청(2008b). 사회조사통계.

통계청(2009). 2009년 이혼통계결과.

통계청(2010a). 가계수지동향.

통계청(2010b). 고령자통계.

통계청(2010c). 노인취업률.

통계청(2010d). 인구 총조사.

통계청(2010e). 장래인구추계.

한국보건사회연구원(2009). 노인건강정책의 현황과 향후추진과제.

한국보건사회연구원(2010). 노인가구소비실태조사보고서.

한국소비자원(2011). 소비자피해구제연보 및 사례집 2010.

한국영양학회(2000). 한국인 영양권장량(제7차 개정판).

한국인구보건연구원(1989). 노인가구의 구조적 특성에 관한 연구.

한정란(2005). 노인교육의 이해. 서울: 학지사.

한정란, 조해경, 이이정(2004). 노인 자서전 쓰기. 서울: 학지사.

허정무(1998). 퇴직자의 사회적응에 영향을 미치는 관련변인 탐색을 통한 퇴직준비교육 프로그램 모델 개발. 한국노년학, 18(3), 1-18.

홍숙자(2004). 노년학 개론(개정판). 서울: 도서출판 하우.

황수관(2007). 9988 건강강좌. 군포: 기독문화선교회.

PCA생명보험(2005). *All Ready?*

潮見佳男(2005). 相續法 第2版. 서울: 홍문당.

浦知壽子(2002). 행복하게 나이드는 비결(오경순 역). 서울: 리수.

국가건강정보포털(http://health.mw.go.kr/)

국민연금관리공단 홈페이지(http://www.nps.or.kr)

국민연금관리공단(2004). 2030부터 시작하는 老테크. 인터넷자료.

국토해양부 홈페이지(www.mltm.go.kr)

소비자상담센터 홈페이지(http://www.ccn.go.kr)

한국소비자원 홈페이지(http://www.kca.go.kr)

한국주택금융공사 홈페이지(www.khfc.co.kr)

http://blog.daum.net/phsoo123/25494

http://glaw.scourt.go.kr/jbsonw/jbson.do

http://law.go.kr/main.html

http://www.work.go.kr

Beck, U. (1999). 아름답고 새로운 노동세계(홍윤기 역). 서울: 생각의 나무.

Carter, J. (1999). 나이 드는 것의 미덕(김은령 역). 서울: 끌리오.

Cho, Byung Eun. (1988). Intergenerational family relationships and satisfaction among korean aged parents. University of Delaware. Doctoral Dissertation.

Cicirelli, V. G. (1998). Personal meanings of death in relation to fear of death. *Death Studies, 22*, 713-733.

Cicirelli, V. G. (2001). Personal meaning of death in older adults and young adults in relation to their fears of death. *Death Studies, 25*, 663-683.

Cohen, G. (2008). Mature mind: 장 · 노년기 두뇌를 새롭게 하는 8가지 방법(김성현 역). 서울: 지식더미.

de Beauvoir, S. (2000). 노년: 나이의 의미와 그 위대함(홍상희, 박혜영 역). 서울: 책세상.

Deeken, A. (2002). 죽음을 어떻게 맞이할 것인가(오진탁 역). 서울: 궁리.

Elder, H. W., & Rudolph, T. M. (1999). Does retirement planning affect the level of retirement satisfaction? *Financial Services Review, 8*, 117-127.

Feifel, H. (1977). *New meanings of death*. New York: McGraw-Hill.

Friedrich, H., & Wiedemeyer, M. (1998). *Arbeitslosigkeit ein Dauerproblem*.

Grün, A. (2009). 황혼의 미학(윤선아 역). 칠곡군: 분도출판사.

Hartshorne, T. S. (1994). "Friendship". In V. S. Ramachandram (Ed), *Encyclopedia of Human Behavior* (Vol. 2). San Diego: Academic Press.

Havighurst, R. J., & Glasser, P. (1972). Story study of reminiscence. *Journal of Gerontology, 27*, 245-153.

Havighurst, R. (1963). Successful aging. In R. H. Williams, C. Tibbits & W. Donahue (Eds.), *Process of Aging* (Vol. 1). New York: Atherton.

Hoyer, W. J., Rybash, J. M., & Roodin, P. A. (1999). *Adult development and aging* (4th Ed.). New York: McGraw Hill Co. Inc.

Kalish, R. A. (1985). *Death, Grief, and Caring Relationships* (2nd ed.). Monterey, California: Brooks/Cole Publishing Company.

Kastenbaum, R. J. (2006). *Death, Society, and Humam Experience* (9th ed.). Allyn and Bacon.

Knox, A. B. (1977). *Adult development and Learning: A handbook on individual growth and competence in the adult years for education and the helping profession*. San Francisco: Josey-Bass Company.

Kübler-Ross, E., & Kessler, D. (2006). 인생수업(류시화 역). 경기: 이레.

Lee, W. K. M., and Law, K. W. (2004). Retirement planning and retirement satisfaction: The need for a national retirement program and policy in Hong Kong. *Journal of Applied Gerontology, 23*, 212-233.

Lepp, I. (1968). *Death and its mysteries*. New York: The Macmillan Company.

Medley, M. L. (1976). Satisfaction with life among persons sixty-five years and older: a casual model. *Journal of Gerontology, 31*(4), 448-455.

Neugarten, B. L. (1968). *Middle age and aging*. The University of Chicago Press.

Neugarten, B. L. (1994). The young-old and the ate-irrelevant society. Reprinted from the proceedings of a conference entitled "The youngold: A new North American phenomenon"(pp. 1-12). Couching Institute, Toronto, Canada.

New York Times(2010. 7. 19).

OECD(1996). Technology, Productivity and Job Creation, Paris.

OECD(2004). 한국의 고령화와 고용정책에 관한 보고서.

Pausch, R., & Zaslow, J. (2008). 마지막 강의(심은우 역). 파주: 살림출판사.

Reichard, S., Livson, F., & Peterson, P. G. (1962). *Aging and Personality: A Study of Eighty-Seven Older Men*. New York: John Wiley.

Romaniuk, M. (1978). Reminiscence and the elderly: An exploration of its content, function, press, and product. unpublished doctoral dissertation. University of Wisconsin-Madison.

Rowe, J., & Kahn, R. (2001). 성공적인 노화: 새로운 노년문화를 위한 지침서(최혜경, 권유경 역). 서울: 신정.

Terry, R. D., de Teresa, R., & Hansen, L. A. (1987). Neocortical cell counts in normal human adult aging. *Ann Neurol, 21*, 530-539.

Toffler, A. (1992). 제3의 물결(김진욱 역). 서울: 범우사.

Tomer, A. (1992). Death anxiety in adult life: theoretical perspectives. *Death Studies, 16*, 475-506.

Vaillant, G. E. (2010). 행복의 조건(이덕남 역). 서울: 프런티어.

Wenestam, C, G., & Wass, H. (1987). Swedish and U.S. children's thinking and death: A qualitative study and cross-cultural comparison. *Death Studies, 11*, 99-121.

| 찾아보기 |

인명

내용

저자 소개

김귀자	한국메멘토모리협회 회장
김현순	단국대학교 교양기초교육원 교수
김형수	인천광역시 노인정책자문위원회 위원
나항진	중원대학교 사회복지학과 교수
박선미	한국소비자원 정보교육국 차장
박성희	공주대학교 BK21 연구교수
이경희(a)	대진대학교 교직과 교수
이경희(b)	이화여자대학교 사범대학 교직부 특임교수
이광우	이광우심리상담센터 소장
이이정	상명대학교 복지상담대학원 강사
이창섭	전남과학대학교 초빙교수
이혜연	한국방송통신대학교 원격교육연구소 연구원
이호선	서울벤처대학원대학교 사회복지상담학과 교수
임현민	미국 Pennsylvania State University 박사
조혜경	경기대학교 교양교직학부 대우교수
최일선	경희대학교 교육대학원 교수
추은경	프리랜서 노후설계 강사
한정란	한서대학교 노인복지학과 교수
홍석태	주식회사 이써클 대표이사

* 책의 전반적인 기획과 은퇴수업 준비하기는 한정란이 맡았고, 1강 '건강하게 은퇴하기'는 최일선, 김현순, 이호선이, 2강 '활기차게 은퇴하기'는 박성희, 이경희(a), 이호선이 담당했다. 3강 '행복하게 은퇴하기'는 조해경, 이경희(b), 이혜연이, 4강 '풍요롭게 은퇴하기'는 김형수, 나항진, 박선미가, 5강 '지혜롭게 은퇴하기'는 이이정, 김귀자, 조해경이, 그리고 은퇴실습은 이광우, 이창섭, 홍석태가 각각 집필하였으며, 추은경과 임현민은 편집과 교열 작업에 도움을 주었다.

인생의 2막을 위한 라이프 디자인
은퇴수업

2012년 9월 24일 1판 1쇄 인쇄
2012년 9월 30일 1판 1쇄 발행

엮은이 • 노년교육연구회
지은이 • 김귀자 · 김현순 · 김형수 · 나항진 · 박선미 · 박성희
이경희(a) · 이경희(b) · 이광우 · 이이정 · 이창섭 · 이혜연
이호선 · 임현민 · 조해경 · 최일선 · 추은경 · 한정란 · 홍석태

펴낸이 • 김진환
펴낸곳 • (주) 학지사
121-837 서울시 마포구 서교동 352-29 마인드월드빌딩 5층
대표전화 • 02-330-5114 팩스 • 02-324-2345
등록번호 • 제313-2006-000265호

홈페이지 • http://www.hakjisa.co.kr
커뮤니티 • http://cafe.naver.com/hakjisa

ISBN 978-89-6330-412-0 93330

정가 14,000원